흔적을 남기는
글쓰기

흔적을 남기는 글쓰기

쐐기문자에서 컴퓨터 코드까지,
글쓰기의 진화

매슈 배틀스 지음 송섬별 옮김

반비

차례

들어가며: 페이지로서의 정신

나는 왼손잡이였고 1학년 때 선생님은 나를 어떻게 지도해야 할지 감도 잡지 못했다. 여러 사람들이 그리움과 불쾌감의 아지랑이 속에서 회상할 팔머 필기법* 교본은 글씨를 쓸 때 종이를 시계 방향으로 기울이고 펜을 바깥쪽이 아니라 몸 쪽으로 기울이는 오른손잡이들의 세계에서 쓰인 것이었다. 우리는 이런 정서법이 신체에 처음으로 가하는 윤리이자, 신성한

---

* Palmer Method, 19세기 말 오스틴 팔머(Ausitn Palmer)가 기존의 장식적인 필기체의 대안으로 고안한 필기법. 타자기의 등장과 궤를 같이하는 단순하고 효율적인 서체로 상업 분야에서 빠르게 확산되어 미국 전역에서 널리 쓰였다. 20세기 초에는 정규교육에 포함되었고 1950년대 이후 보다 현대적인 필기법에 자리를 내주었다.

텍스트를 써넣을 때 해야 하는 목욕재계와 같은 의식임을 알아야 한다. 그럼에도 나의 신체는 미세하게나마 남들과는 다른 질서로 배열되어 있는 바람에 W 선생님의 윤리적 요구에 응답할 수 없었다. 등을 곧게 펴고, 종이의 각도를 알맞게 조정하고, 연필을 쥔 손에 부드럽게 힘을 주어라. 십계명이나 황금률에 맞먹는 힘을 가진 명령적 규범. 선생님이 아무리 꾸짖어도, 또 연필에 색색의 고무 교정기와 보조 장치를 아무리 달아도 손목이 자꾸 꺾이고 종이의 방향도 반대로 트는 통에 내가 따라 쓴 글씨들은 근본 없이 구부정한데다가 흐리게 번져버렸다. 왼손 손날이 종이 위를 스친 부분에는 흑연이 묻어 흐릿하게 번들거렸다.

그래도 나는 꿋꿋이 계속했다. 글자를 채 읽고 쓸 줄도 모르던 무렵부터 알파벳의 각 글자에 오로지 나만 아는 변하지 않는 독특한 특성들이 있다고 생각했던 것이다. 예를 들면 M은 분명 갈색에 납작한 코를 킁킁거리는, 어깨가 떡 벌어진 짐승이었다. H는 두운을 맞춘 것처럼 집(house)이었는데, 검고 튼튼한데다 비가 오면 다른 글자들이 전부 다 들어갈 만큼 넓은 집이었다. 글자 안에 들어 있는 머나먼 거리만큼 새하얀 A는 저 멀리 나란히 뻗어나가며 점점 희미해지는 철길이었는데 때로 그 철길 끝에 하늘을 찌를 듯한 첨탑을 인 거대한 H가 딱 버티고 서서 모습을 드러내기도 했다. 그런 식이었다.

8

글자들이 가진 이런 매력 때문에 나는 W 선생님이 아무리 성마르게 재촉해도 참을성 있게 버텼다.

나이를 먹으며 생생하던 공감각은 희미해졌다. 하지만 문자를 향한 나의 애착은 자꾸만 더 커져서 열한 살 무렵에는 캘리그래피 수업까지 듣게 되었다. 도서관에서 챈서리 이탤릭체, 고딕체, 그리고 '갤릭 라운드핸드'라는 이름의 경쾌하면서도 차분한 글씨체를 설명해주는 책들을 빌려 읽었다. 페이지 위에서 글자들은 낱낱이 분해되고 한 획 한 획으로 해부되어 번호와 이름이 붙었다. 부모님이 나를 화방에 데려가서 필요한 것들을 맘껏 사게 해주셨다. 펜대, 마음이 설레는 갖가지 색 잉크가 든 큼직한 잉크병, 그리고 약간은 위협적으로 느껴지는 금속 펜촉, 특히 펜촉 끝의 각도를 달리해 왼손잡이용으로 나온 것이 있어서 기뻤다. 그러다가 나의 캘리그래피는 어느 날 내가 한 선생님의 결혼식 청첩장 글씨를 망쳐버리면서 모두 끝이 났다. 내가 받은 처음이자 마지막 개인 주문이었다.

새로운 즐거움을 가져다준 것은 아버지의 타자기였다. 평범한 로열(Royal) 타자기로 전용 플라스틱 케이스와 일체형인 휴대용이었다. 나는 타자기 앞에 앉아 내 눈앞에서 타닥타닥 부딪치는 조개처럼 모여 있는 자판을 해머가 두드리게 만드는 것을 좋아했고 하늘거리는 고정폭 글꼴로 셀 수 없이 많은 페이지를 가득 채웠다. 사실 나는 어정쩡한 각도로 움직이는, 활자가 붙어 있는 예리한 막대가 조금 위협적이라고 생각했고, 내가 두 손을 활짝 펼쳐 자판을 한 번에 다 눌러버리면 메뚜기 떼, 아니 매표소의 작은 창구 앞에 요란하게 모여드는 한 무더기의 팬들처럼 고무 롤러에 타이프바가 모여드는 모양에서 나도 모르게 윌리엄 버로스(William S. Burroughs)가 창조한 바퀴벌레 형상의 괴물 클라크 노바*가 떠올랐다. 캘리그래피를 할 때처럼 나는 의미 있는 글을 쓰는 것보다 글자 자체를 쓰는 데 더 관심이 있었다. 나는 타자기를 두들겨 의미 없는 글자들로 선과 물결무늬와 곡선을 그려보거나 작은 글자들로 이루어진 큰 글자를 만들어내는 데 몰두했다.

몇 년 뒤에는 한 친구가 생일 선물로 전동 타자기를 받았다. 자판마다 촉촉해 보이는 투명한 사각형 보호재가 코팅된 스미스코로나(Smith-Corona) 제품이었다. '자동 모드'에서는 자판을 두들겨도 종이에 아무 글자도 나타나지 않고 타자기 내부 어딘가에 저장되었고, 나중에 버튼 하나만 누르면 저장되었던 글자들이 편지지 크기의 본드지 위로 우르르 달려 나왔다. 기말 보고서를 제출해야 하는 마감 날이 다가오자 우리는 타자기를 둘러싸고 모여 자판에는 손도 대지 않았는데도 데이지 휠**이 찰칵찰칵 돌아가며 말도 안 되는 속도로 15쪽

---

* Clark Nova, 윌리엄 버로스의 『네이키드 런치』에 나오는 벌레의 모습을 한 타자기.

짜리 기말 보고서를 토해내는 모습을 넋을 놓고 지켜보았다.

그러나 중학생 시절에 벌써 컴퓨터라는 것이 나온다는 소문이 돌고 있었다. 어느 겨울 학기가 되자 비어 있던 교실에 베이지색 애플 II 컴퓨터 한 무더기가 자리를 잡았다. 반짝이는 작은 사각형 커서에서 이상야릇한 초록색 글자가 쏟아져 나와 모니터를 가득 채웠다. 하지만 이 글자들은 무언가를 할 수 있는 글자, 만들어낼 수 있는 글자였다. 모니터 위의 글자들은 페이지 위의 글자들이 알지 못하는 방식으로 자신들의 힘과 기능을 취사선택하는 것 같았다. 이 글자들은 상징도 하인도 아니었고, 스크린이라는 공간을 메우고 전기와 블랙박스에 담긴 시스템의 본질을 향해 자기 몫의 삶을 요구하는 동료들 같았다.

나의 자전적인 경험들을 꺼내놓은 이유는 내가 어쩌다가 글쓰기의 역사에 관심을 가지게 되었는지 설명하기 위해서이기도 하고, 디지털 시대에 글쓰기가 맞게 될 운명을 생각할 때 이 역사로부터 어떤 희망을 되찾을 수 있는지를 직관적으로 바라보기 위해서이기도 하다. 이 책을 준비하기 위해 자료 조사를 하는 동안 나는 처음부터 내 상상력의 초점이었던

★★ Daisy Wheel, 데이지 휠 프린터. 데이지꽃 모양으로 둥글게 배열된 회전판 주변에 활자가 붙어 있어 키를 누르면 회전판이 돌아가 해당 활자가 인쇄되는 초기의 충격식 프린터다.

글자와 서체, 글쓰기의 재료에 대한 한 줄기 매혹의 빛을 찾아다녔다. 그러나 그 빛은 개인적인 이끌림이라는 한계를 넘어서는 그 무엇을 비추어주었다. 캘리그래피, 팔머 필기법 교본, 휴대용 타자기, 애플 II 컴퓨터 모두는 개인적인 경험 양식으로서 글쓰기의 변천을 나타내는 표지이지만, 이는 목적론적 관점에서 피할 수 없었던 단계라기보다는 오래되고 굴곡진 글의 역사 속에 위치하는 각각의 순간들이다.

우리가 하는 글쓰기에서—적어도 내가 매일 하는 글쓰기에서—글쓰기의 양식과 재료는 서로 겹쳐지고 뒤섞인 채로 중첩되어 있다. 내 손가락에는 아직도 연필을 너무 세게 쥐어서 생긴 굳은살이 솟아나 있고, 맥북 에어의 자판을 부드럽게 두드릴 때도 무의식중에 타자기의 탁탁거리는 노랫소리가 떠오른다. 감각과 방식의 질감은 마치 팰림프세스트(palimpsest)처럼 한꺼번에 다가온다. 팰림프세스트는 고대에 이루어진 양피지의 재활용으로, 옥스퍼드 영어사전은 "원본 글이 삭제되거나 일부 지워진 자리 위에 새로운 글을 적어 넣은 표면"이라고 정의하고 있다. 그러나 고대의 경제를 향한 실용적인 찬사가 '팰림프세스트'가 가지는 의미의 전부는 아니다. 옥스퍼드 영어사전의 '확장된 용례'에 따르면 팰림프세스트는 "특히 예전 형태의 흔적을 여전히 간직한 채로 재사용되거나 변경되었다는 의미에서 이런 표면과 엇비슷한 것"을 가리키기도 하기 때문이다. 옥스퍼드 영어사전은 이 정의를 뒷받침하는 예문으로 토머스 드퀸시(Thomas De Quincey)의 말을 실었다. "인간의 두뇌만큼이나 자연적이며 힘센 팰림프세스트가 또 어디 있겠는가?"

편지는 지상의 기쁨—
신들이 버린 것—
—에밀리 디킨슨(Emily Dickinson)

내가 너를 내 손바닥에 새겼고
너의 성벽이 항상 내 앞에 있나니.
—「이사야서」49장 16절

편지는 언제나 그 목적지에 도착한다.
—자크 라캉(Jacques Lacan)

1장

흐르는 개울 속의 책

글 읽기는 아주 오래전부터 존재했지만 글쓰기는 최근에 발명된 것이다. 숲에 드넓게 펼쳐진 풀밭의 꽃이 외치는 감탄사, 눈 속에 남은 발자취의 단속적인 구, 특정한 종의 엽조(獵鳥)들이 이동하려 모이거나 떼를 지을 때 내는 고르지 못한 리듬, 이런 분절적인 가락에 대한 우리 선조들의 해석은 언제나 읽기에 선행하는 것이었다. "나무에게서 말을, 흐르는 개울 속에서 책을 보고, 돌 속에서 설교를 찾으며, 모든 것에서 선(善)을 찾으십시오."『뜻대로 하세요』에 등장하는 노공작의 가르침이다. 우리의 패턴화된 행위들 속에는 글 읽기가 가진 명징성과 혼란, 황홀 모두가 들어 있다.

그런데 글쓰기가 최근에 발명된 것이기는 하지만 글쓰기를 통해 충족할 수 있는 욕구는 오래된 것이다. 우리 선조들이 감지하기 어려우리만치 더딘 속도로 단순한 자극을 수천 가지 모양새를 띤 상상계의 얼굴들로 만들어 힘, 정체성, 생명력을 불어넣기 시작하면서 글쓰기라는 임무가 생겨났다. 독자가 소설을 읽으며 경험하는, 인물의 감정 상태가 페이지에서 뛰어나오는 것만 같은 공감적 만남의 순간은 우리가 자연 세계와 맺어온, 의미로 풍부한 관계 속에 오래전부터 존재해온 것이다. 이러한 변화의 단계들은 파괴적인 변형보다는 감지하기 어려운 개화(開花)처럼 되돌아볼 때에야 혁명임을 알 수 있는, 서서히 진화하는 상태다.

이 페이지에 적힌 글자들 역시도 진화의 산물인 동시에 어찌 보면 진화의 이탈물들이다. 실제로 이 글자들은 다윈(Charles Darwin)이 『종의 기원』마지막 부분에 이르러 고찰한 "뒤엉킨 강둑(tangled bank)"의 "가장 아름답고 가장 신기한 무한한 형상들" 중에서도 가장 복잡하고 고도로 진화한 것들의 일부를 이룬다. 우리는 글자가 자연 세계에서 태어났음을 기억해야 한다. 글자 속에 DNA처럼 웅크린 고리와 세리프*, 글자들의 탄생과 재탄생의 역사, 픽셀, 기계, 철필, 펜촉, 깃펜, 붓, 그리고 갈필(葛筆)로 적히고 새겨진 글자들. 글자의 과거는 나무와 마찬가지로 서로를 둥글게 에워싸며 어린 묘목의 심재(心材)에 이르기까지 그 모체를 단단히 휘감고 있다. 그리고 글쓰기는 진화적 변천의 과정에서 우리의 문화와 의식 속에 깊이 뿌리내렸다. 글쓰기는 밈(meme)―정확히는 밈의 떼―이며, 서로의 내부에 묘한 아이디어의 둥지를 틀고 있는 공동체이며, 이들의 생태계는 (확장되고 분배된) 정신이다. 그러나 언어와는 달리, 그리고 앞서 이야기한 광범위하면서도 인간적일 수밖에 없는 글 읽기와도 달리, 우리는 글쓰기 없이도 아무렇지 않게 살아갈 수 있다. 우리는 실제로 수만 년 동안 글쓰기 없이 살아왔고, 오늘날에도 수많은 사람들이 글쓰기 없이 살고 있다. 언어와는 달리 글쓰기는 두뇌 속에 부재하면서도 외상을 남기지 않을 수 있다. 그러나 글쓰기가 두뇌에 한번 자리를 잡고 나면 끄집어낼 수 없다.

우리가 글쓰기를 필요로 하는 것 이상으로 글쓰기도 우리를 필요로 한다. 글쓰기는 체스처럼, 신고전주의 건축처럼, 그리고 종교처럼 의식을 먹고 살아가는 것이며, 살아남고 번식하기 위해 인간의 정신을 필요로 한다. 이렇게 설명한다고 해서 글쓰기라는 근사한 우발적 사건의 위엄과 경이가 줄어드는 것은 아니다. 실은 그 사실이 내가 글쓰기를 찬양하는

---

* serif, 글자의 획 끝부분 일부가 돌출된 형태.

이유의 바탕이기도 하다. 글쓰기는 다채로운 형상으로 존재할 필요가 없음에도 다채롭다. 또 글쓰기는 텍스트와 이미지, 상상력으로 비옥해진 정신 속에서 한층 빨리 진화한다. 다윈의 뒤엉킨 강둑처럼, 글쓰기의 "각기 너무나 독특한 형태를 띤, 무척 복잡한 방식으로 서로 독립되어 있는 정교하게 구축된 형상들은 모두 우리를 둘러싸고 작용하는 법칙들의 산물이다." 다만 글쓰기의 경우에는 이런 법칙이 말하지도 보지도 못하는 행위자가 아니라 인간 두뇌의 작용으로서 우리를 통해 작용한다는 점이 다르다.

중첩되는 형상들로 이루어진 글쓰기라는 뒤엉킨 타래에 대해 흔히 쓰이는 은유가 있다. 바로 팰림프세스트(palimpsest)다. 기존에 쓰였던 텍스트의 잉크와 희미한 흔적은 새로운 텍스트 아래에 존재하며 지워진 것의 흔적을 보존한다. 이와 연관된 시 장르인, 시인이 앞서의 의견을 철회하면서도 완전히 말소할 수는 없는 개영시(palinode)처럼, 팰림프세스트는 진정한 삭제란 없음의 방증이다. 저자-지우는 자의 손아귀를 빠져나가는 잔류 흔적이 언제나 존재할 것이기 때문이다. 페이지 위의 글은 아무리 갓 쓰였다 해도 팰림프세스트다. 로마자 아래에는 그리스문자가 있다. 인쇄된 글자의 세리프 아래에는 휴머니스트 서체와 트라야누스의 기둥이 있다. 대리석 아래에는 메소포타미아의 땅을 일구던 황소가 앞

뒤로 왔다 갔다 하던 발자국이 있다. 그리고 글쓰기의 팰림프세스트는 시간을 거슬러 가면 갈수록 동시에 새로운 형태를 향해 자신을 밀어붙일 것이다. 팰림프세스트에는 오래된 흔적을 아무리 지우려 한들 반드시 그 흔적이 남기 때문이다.

프로이트(Sigmund Freud)는 「'신비스런 글쓰기 판'에 대한 소고」라는 짧은 에세이에서 인식과 기억 사이의 연쇄를 설명하기 위해 지워지는 밀랍 판을 탐구하면서 이 밀랍 판을 현대적 형태의 실용적인 팰림프세스트로 이해한다. 프로이트에 따르면 대개의 글쓰기 매체는 기억의 불완전한 버전이다. 지나치게 한정적이고 고정된 것(메모지)이거나 일시적이다(밀랍 판 또는 서판). 문제는 저장성과 유연성은 대립한다는 것이다. 프로이트는 이렇게 쓴다. "무제한적 수용력과 영구적인 흔적 보존은 우리가 기억의 대용품으로 쓰는 장치에서는 양립할 수 없는 특성으로 보인다. 수용 면이 갱신되거나 노트가 파괴되어야 한다." 프로이트는 밀랍을 바른 카드 상단 모서리에 비닐이 한 겹 덮여 있는 "신비스런 글쓰기 판"이라는 장난감을 현대적 예시로 든다. 비닐 덮개에 첨필로 글씨를 써서 아래의 어두운 색 밀랍에 자국을 내면 반투명한 비닐에 글자가 비쳐 보인다. 비닐 덮개를 밀랍 카드에서 벗겨내면 마치 마법처럼 이 자국은 '지워진다'. 이는 인식이 정신에 도달하여 기억과 무의식의 기질(基質)과 접촉할 때 그 흔적이 잠시간 남아 있다가 외부 표면이 깨끗이 치워지며 사라지는 것과 비슷하다. 맨 위에 덮인 투명한 막(여기서는 비닐 덮개)이 외부 세계에서 침투하는 인상의 힘을 제한해 연약한 에고가 영구적으로 손상되지 않도록 보호해준다. 그럼에도 흔적은 반드시 남는다. 표피 아래 어두운 색 밀랍 위, 기억에 새겨진 문구들은 지워지지 않고 뒤섞인다.

프로이트의 에세이 제목인 「'신비스런 글쓰기 판'에 대한(upon) 소고」는 말놀이(pun)다. 이 제목을 오독하면 마치 이 글에서 묘사한 신비스런 글쓰기 판(Wunderblock) 위에(upon) 이 글을 썼다는 말 같기 때문이다. 프로이트의 이론은 신비한 글쓰기 판에 쓴 메시지처럼 후대의 담론에서 상당 부분 벗겨져 나갔으나, 그럼에도 집단 무의식의 끈끈하고 어두운 피질에 남아 신과 신화, 별자리로 이루어진 불안정한 팰림프세스트 사이에 자리 잡았다. 반짝이는 선들은 사라졌으나 팬 홈은 남아 있다. 이런 패턴은 몹시 인간적이면서도, 또 하나의 팰림프세스트인 지구상의 생명체에게 근본적인 것이기도 하다. 손가락과 지느러미, 다채로운 빛깔의 깃털들이 선사시대의 균형, 고대 예비 세포질의 공생 관계의 흔적, 생명체의 최초의 불확실한 계통이 남긴 흐릿한 파편 위에 가로놓였다.

글자 자체도 새긴 글에서 시작된다. 글자(character)의 어원은 자국을 남기거나 새기는 도구를 뜻하는 그리스어

χαρακτηρ(카락테르), 그리고 '새기다', '조각하다', '자르다'라는 뜻을 가진 동사 χαρακτηιγ(카락테인)이다. 영어 character의 첫 용례는 글자 그 자체가 아니라 새겨진 모든 흔적과 기호를 가리키는 것이었다. 인쇄술이 도입되기 전까지 character는 알파벳의 글자들을 가리키는 단어가 아니었다. (그리고 물론 인쇄된 글자는 새기고 주조된 상형자로부터 만들어졌다.) 인물을 뜻하는 캐릭터, 즉 개인이 가진 고유한 성격의 부호인 캐릭터는 세계와 인간이 접촉하며 형성하는 국면과 연관된다. 존 스튜어트 밀(John Stuart Mill)은 『자유론』에서 "자기만의 욕망과 충동, 즉 자신의 문화로 인해 개발되고 수정된 스스로의 본성의 표현을 가진 사람을 성격(character)을 가졌다고 할 수 있다."(강조는 저자)고 썼다. 우리 동네에는 아주 오래된 소나무 한 그루가 있었는데 나무의 몸통이 휘어져 있었다. 땅에서 6미터 떨어진 높이에서 나무줄기가 열린 괄호처럼 휘어진 채 약 1.5미터 높이로 자라다가 다시 우듬지까지 곧게 뻗어 올랐다. 나무는 어느 지점에선가 사라진 지 오래인 이웃 나무의 가지와 일종의 조화를 이루는 단계에 도달했을 테고, 사라진 이웃 나무의 자취는 살아남은 이 나무 속에 문자 그대로 살아남은 것이다. 문자 역시 자신의 운(韻)을 따르되 세계에 의한 수정을 거쳐 성숙하는 것이다.

'팰림프세스트'의 고대 인도유럽어족 뿌리는 '집어삼

키다'라는 뜻을 가진다. '캐릭터'는 잘린 것이다. '글쓰기(to write)' 역시 고대 게르만어족의 '새기다', '가르다', '찢다'라는 표현에서 유래한다. 다시금 다윈의 뒤엉킨 강둑으로 돌아오자면, 글쓰기란 가장 아름답고 신기한 형상들의 영광이되, 이와 발톱이 시뻘겋게 물든 근본을 갖고 있다. 역사는 피투성이 팰림프세스트이며, 집어삼킴의 기록, 셀 수 없이 많은 불완전한 것들을 문질러 지운 기록이다. 그리고 문자의 체계란 결국 구멍과 빈틈투성이로 악명 높은 불완전함이며 이 때문에 우리를 상실된 상태로 내버려두는 동시에 앞으로의 진화에 박차를 가하도록 한다.

그러나 글쓰기의 힘을 알 수 있는 척도 역시 그 한계에서 나온다. "편지[letter, 글자]는 지상의 기쁨"이라고 에밀리 디킨슨은 쓴다. "신들이 버린 것." 전능한 신은 글자가 가진 기쁨과 경이를 파괴해 이를 불필요하게 만들기 때문이다. 신은 글자의 (또는 행이나 단어의) 수용이나 해석에 대한 어떠한 기대도 궁금증도 없기에 필연적으로 글쓰기 너머에 존재한다. 디킨슨의 짤막한 시는 서한문의 쾌락(epistolary erotics)이라고 일컬음 직한 편지 작법의 리듬, 전달력, 강렬한 감정과 기대의 소용돌이를 보여준다. 강렬하고도 열정적으로 편지를 썼던 디킨슨은 이런 기쁨을 잘 알았던 사람이다. 디킨슨이 편지에 대해 한 말은 글자에 대해서도 똑같이 옳다. 자신의 시를 흘림

체로 풀어내 연구자들이 패시클(fascicle)이라고 이름 붙인 소
책자로 신중하게 엮은 디킨슨 자신에 대해서는 갑절로 옳다
고 할 수 있다. 널찍하게 곡선을 그리는 필적 하나하나가 서한
(missive)이자 에세이, 증언이자 심판이다. 디킨슨이 글쓰기를
통해 자신의 삶을 구성한 정도는 가히 타의 추종을 불허한다.
그녀의 삶은 작품의 신체(body), 글쓰기로 이루어진 신체이자
패시클 속에 꽂힌 시와 편지들로 구성된 아바타다. 소크라테
스는 편지란 정적인 것으로 독립된 삶이 없다며 흠을 잡았으
나 디킨슨에게는 바로 이 같은 흠결이야말로 자신을 숨기는
동시에 확장하는 힘이었다. 편지는 간극을 메워준다. 오독된
편지는 무의미의 가장자리에서 뻗어나간, 의도로 만들어진
잔교처럼, 제임스 조이스(James Joyce)가 만들어낸 스티븐 디
덜러스의 실망의 다리처럼* 서 있다. 편지는 선창과 부두처럼
서로를 연결하고자 한다.

　그러나 이런 메시지가 지우는 책무도 있다. 서한(missive)
은 사명(mission)과 어원을 같이한다. 편지는 저자로부터 독
자에게 사명을 전달할 뿐 아니라 사명을 부과하기도 한다. 문
자가 가진 교권(敎權, magisterium)은 작문과 이해를 노동으
로, 소명으로, 마침내는 직업으로 바꾼다. 문자는 홀로 작동

---

* 조이스의 『율리시스』 주인공 스티븐 디덜러스의 "잔교(pier)는 실망의 다리다."라
는 말을 응용한 것.

이 장 시작 부분에 인용한 에밀리 디킨슨의 '시'가 처음 등장한 것은 개인적인 서한의 한 구절이다. 디킨슨은 이 구절을 특히나 좋아해서 온라인 에밀리 디킨슨 아카이브에 따르면 최소 세 통의 편지에 같은 구절이 등장한다. 디킨슨 사후에 이 구절은 메이블 루미스 토드(Mabel Loomis Todd)에 의해 시 형태로 다듬어져 출판되었다. 800여 편에 이르는 디킨슨의 시 대부분은 작가 사후 종이를 접어 실로 제본한 소책자 형태로 발견되었고 여기에 '패시클'이라는 이름이 붙었다. 접고 꿰맨 순서가 단순히 연대순인지 아니면 보다 고차원적인 편집 순서를 따르고 있는지는 이 편지 뭉치가 발견된 이래 학자들의 의견이 분분히 엇갈렸으나, 결정적으로 글씨의 강렬함과 그 구성의 정교함에 비추어 볼 때 한 글자 한 글자씩 이윽고 접히고 펼쳐지는 이 시를 발견하는 기분 좋은 선물을 받은 사람은 바로 디킨슨 자신이었던 것이 틀림없다.

하는 것이 아니라 조합과 분리의 대상이 된다.

디킨슨이 복수(複數)로 표현한 신에게 글쓰기의 필요와 기쁨이 낯선 것이라면 대문자로 쓰인 유일신이야말로 글쓰기의 책무에서 가장 동떨어진 존재다. 신의 지식, 신의 권능과 마찬가지로 신의 독자성 역시 절대적인 것이기 때문이다. 애초에 전지전능한 신과 편지를 주고받을 이가 누가 있겠는가? 신은 전달자가 아니라 창조자다. 그러나 디킨슨의 말과 배치되는 사실은, 성서에서 야훼는 저자, 그것도 자신의 의도를 이루지 못한 좌절한 저자라는 점이다. 편지를 받을 사람들은 신의 피조물인 유한한 존재들이기 때문이다. 그의 서판이 깨어지고 소실된 뒤에야 그의 글자들은 팰림프세스트의 방식으로 피조물의 의식 속으로 들어가나, 이 피조물들은 그들을 둘러싸고 또 그들을 위해 영영 새로이 쓰이는 창조라는 위대한 텍스트의 의미를 줄곧 무시하기 때문이다. 그렇기에 「이사야서」 49장 16절 "내가 너를 내 손바닥에 새겼고"에서 야훼는 아이를 달래듯 인류에 대한 사랑을 자신의 손바닥에 적어 넣는다.

유한한 인간에게도 이 새겨진 글은 영영 불확실한 것이다. 글에는 늘 수용자 측면의 불확실성, 그리고 독자라는 미지의 존재가 있기 때문이다. 독자는 누구이며 그 밖의 또 누가 글을 읽는가? 소크라테스라면 글은 신비롭지만 이런 점에서 병 속에 담은 편지와 같다며 비난했으리라. 그러나 우리는 에밀리 디킨슨처럼 이러한 신비를 포용하는 법을 배운다. 디킨슨의 서한의 시학은 필연적이면서도 확고하게 "편지의 오류는 시간의 날조다."로 귀결된다. 신은 편지가 쓰이는 것을 마지막까지 지켜본다. 그 목적이 달성되고 그 이야기가 드러날 때까지. 자크 라캉은 에드거 앨런 포(Edgar Allen Poe)의 「도둑맞은 편지」를 논하면서 "편지는 언제나 그 목적지에 도착한다."고 맺는다. 「도둑맞은 편지」에서 정부 고관이 협박을 위해 훔친 편지는 눈앞에 뻔히 보이는 곳에 숨겨져 있다가 발견된다. 우리는 잘못된 곳으로 발송되어 의도치 않은 수신자의 손에 들어간 메시지조차도 그 사명을 찾는다는 라캉의 관점에 동의할 수 있을 것이다. 더 이상 읽을 사람이 남지 않기 전까지는 편지가 품은 가능성은 소진되지 않는다. 이는 마치 편지 속에 읽히고자 하는 욕구, 선조들이 그들을 위해 준비한 정신 속으로 깃들고자 하는 욕구, 그리고 이러한 정신이 미래의 편지를 기다리게끔 준비하고자 하는 욕구가 깃들어 있는 것 같다. 라캉이 "편지의 욕구"라고 이름 붙인 것 속에는 확장, 매혹, 고정과 같은 속성들이 들어 있다.

그러나 아름답고, 적극적으로 확산되고 변형되며, 풍부하다는 사실에도 불구하고 글쓰기는 어렵다. 글쓰기는 우리에게 수업료를 치르게 하며 반드시 그 값을 받아낸다. 그러니

"글쓰기가 원하는 것은 무엇인가?"라고 물어볼 법하다. 글쓰기는 우리의 인지를 방해하는, 거의 넘어갈 수 없을 만큼 어마어마한 장애물을 내어놓는다. 인간 진화의 역사 속에서 50만 년간 가능했던 사고와 감각의 수월한 전달을 글쓰기가 상당 부분 가로막기 때문이다. 인간은 면 대 면으로 나란히 소통하도록 진화했다. 상어에 붙어 다니는 청소물고기처럼 단어에는 몸짓이 따라붙는다. 눈꺼풀의 깜박임, 호흡의 리듬은 물론 체취와 체열까지도 대화를 이루는 요소다. 글쓰기는 이 모든 요소를 벗겨낼 뿐 아니라 독자에게 해독, 계산, 조합과 알고리즘이라는 일련의 새로운 도전 과제들을 내놓는다. 에세이나 단편소설 쓰는 법을 배우는 초등학생들은 점토판에 홈을 파서 엉성하게 셈을 하던 행위를 언어를 붙드는 그물로 만들던 고대 수메르의 필경사들이 맞닥뜨린 것과 같은 문제를 푸는 것이다. 셈을 위해 작대기를 긋는 것 이상으로 나아가면서 상징적 삶으로의, 은유와 대응물의 게임으로의 도약이 이루어졌다. 아이들이 삼나무에서 괴물의 얼굴을, 구름에서 신의 형상을 찾아낼 때, 고대의 필경사들이 이미 독자였던 자신들의 삶에서 끄집어내야 했던 것은 무엇일까?

리처드 세넷(Richard Sennett)은 『장인』에서 이렇게 쓴다.

글쓰기를 가르칠 때 나는 학생들에게 신제품

소프트웨어에 동봉된 설명서를 다시 써보라는 과제를 주었다. 이 완벽하게 정확하며 사악한 문서는 때로 무슨 수를 써도 이해되지 않을 때가 있다. 이런 설명서는 죽은 의미를 극단까지 몰아붙인다. 기술 문서를 쓰는 사람들은 '누구나 아는' '간단한 것들'을 누락시키는 데 그치지 않고 직유, 비유, 그리고 다채로운 부사를 억누른다. 우리는 이런 창조적 도구들을 이용해서 암묵적 지식의 납골당에 묻힌 것들을 끄집어낼 수 있다. 소프트웨어 설명서를 다시 쓰는 사람은 새가 노래를 하며, 벌이 춤을 추며 내보내는 신호를 일깨움으로써 하이퍼텍스트가 하는 일과 이를 경제적으로 이용하는 방법을 이해할 수 있는 표현으로 바꿀 수 있다.

물론 글쓰기 역시 기예이며 다른 기예와 마찬가지로 글쓰기 역시 배워야 할 수 있는 일이기에 언어와 이미지의 세계에서가 아니라 신체적 차원에서 발생하는 규율에 따라야 한다. 글쓰기 선생이 글 자체를 활용하는 데는 한계가 있다. 선생은 문자언어 바깥에 거하는 신체적 현실에 의지하는 수밖에 없다. 초등학생 시절을 떠올려보자. 구부정한 자세, 힘주어 웅크린 손, 잇새에 물린 혀, 이는 모두 몸짓과 자세, 그리고 체조에 가까운 고초가 글로 쓰인 지침서는 닿을 수 없는 영역까지 나아갈 수 있음을 시사한다. 글쓰기는 지침서만으로 배울 수 있는 것이 아니다. 글쓰기는 신체적으로 학습하는 육체의 기예이며, 아마 메소포타미아 시대의 신참 필경사들도 겪었음 직한 체벌을 종종 수반한다. 오늘날 손글씨 커리큘럼 중에는 '눈물 없이 손글씨 쓰기(Handwriting Without Tears)'라는 제목이 있다. 글쓰기 학습에서 익히 등장하는 불편과 수치심을 걷어내고자 하는 고귀한 시도라 할 수 있다.

이윽고 이 불편함은 누그러진다. 몸짓과 자세가 몸에 배면서 글쓰기는 습관이, 반사작용이, 충동이 된다. 고도로 세련된 동시에 인지적으로 우리의 일상적 습관에 안전하게 스며드는 기예로서 의식의 공생자가 되는 글쓰기의 이같이 놀라운, 그리고 놀라우리만치 단순한 능력은 현대인의 삶에서 글쓰기가 가진 불가피한 역할이 유용한 만큼 그 책무 또한 짊어진다.

글쓰기는 매체에 있어서는 엄청난 기술적 변화를 겪었다. 그러나 능숙한 컴퓨터 사용자들도 손글씨를 쓰고자 하는 충동이 있음은 컴퓨터 모니터에 겹겹의 꽃잎처럼 붙어 있는 접착식 메모지만 보아도 알 수 있다. 네트워크 시대라 할지라도 만약 손글씨가 존재하지 않았더라면 우리는 손글씨를 발명해야 했을 것이다. 이런 메모에는 보통 역사 속의 손글씨가 가진 우아함은 없지만 최악의 악필 속에도 이상적인 글씨의 흔적은 남아 있다. 글쓰기에는 내가 유그래피*라고 이름 붙이고 싶은 진정한 글씨(매력적이고 영원하며 도달할 수 없는)의 구성에 대한 유토피아적 믿음이 담겨 있다. 우리는 언제나 전문가들 사이의 초심자로서 글쓰기에 접근한다. 영감을 주는 동시에 우리를 억압하는, 기존에 쓰인 문서의 움푹 파인 자국에 의지해 길을 찾는다.

　나는 인간의 경험에 글쓰기가 미치는 영향을 교권이라고 부른다. 원래는 신학적 주제에 있어 교회의 가르침이 가지는 권위를 일컫던 교권이라는 단어는 스티븐 제이 굴드(Stephen Jay Gould)가 상호 보완적인 지적 분야인 과학과 종교에 붙인 이름이기도 하다. 글쓰기의 교권은 그리 오래된 교권도 아니고 음악이나 신학이 가진 덕망을 따라잡지도 못한다. 그러나 글쓰기의 교권은 역사적으로는 새로운 것임에도 불구하고 읽고 쓰는 사람들의 개별 정신과 집단의식 속에 촘촘하게 엮여 있다. 글쓰기는 무척이나 심도 깊고 밀접하게 읽고 쓰기의 정신을 재구성하기에 그것이 힘을 행사하는 방식은 우리에게 보이지 않는다. 글쓰기는 그것이 가진 인지적 카리스마, 팰림프세스트적인 장식무늬와 가혹한 규율에 힘입어

*　eugraphy, '진정한, 좋은, 선한' 등을 나타내는 접두사 eu-를 붙여 만든 조어.

인간 정신 속에서 영원한 생명을 얻는다. 아마 무슨 도전이건 스스로의 교권을 확장시키는 기회로 바꾸는 문자의 교권에 필적할 만한 것은 음악과 종교뿐일 것이다.

　글쓰기는 그 역사 내내 고대의 방식을 유지하고 보존하는 동시에 새로운 매체와 양식으로 확장하며 혁신했다. 쐐기문자, 선형문자 A, 마야 상형문자 등 매우 중요한 몇 가지 문자 형태는 실제 쓰이는 문자 체계로서는 완전히 사멸하였으나, 역사 속 대부분의 문자는 선행하는 형태를 병합하고 뒷받침하며 발전해나갔다. 그 좋은 예로 15세기에 등장한 가동활자*를 들 수 있겠다. 인쇄술은 필사본의 종말을 알리는 듯 보였겠으나, 최초의 인쇄본은 16세기 초반 이탈리아에서 처음 등장한 필사 교본들이었다. 루도비코 비첸티노 델리 아리기(Ludovico Vicentino degli Arrighi), 그리고 잠바티스타 팔라티노(Giambattista Palatino) 같은 초기의 서체 디자이너들은 동시에 글쓰기를 가르치고 그 테크닉을 인쇄된 페이지에 적용한 캘리그래피 장인이기도 했다. 이들이 펴낸 필사 교본에는 글자를 구성하는 테크닉뿐 아니라 잉크 조합법, 적절한 자세 유지, 깃펜 깎는 법과 종이 고르는 법까지 실려 있었으며, 펜으로 글을 쓰는 것을 인문주의의 가치와 연결 짓기도

★　movable type, 조합과 재조합이 가능하도록, 알파벳의 각 글자에 따르는 활자를 개별적으로 제작해 활판인쇄를 가능하게 한 구텐베르크의 발명품.

했다. 음각 에칭과 조판 인쇄술은 오래전의 목판인쇄술을 뛰어넘는 방식으로 인쇄된 캘리그래피에 생명을 불어넣었으며, 필사 테크닉이 중세에 가능하고 바람직하다고 여겼던 범위를 뛰어넘어 더 많은 사람들에게 다가갈 수 있게 했다. 펜의 자연스런 흐름을 따라가는 손글씨의 미덕을 극찬한 서예가들과 달리, 조판공들은 금속과 산이라는 단단한 매체를 파내 흐르는 듯한 캘리그래피를 새기고 조각도를 비롯한 보다 특수한 도구를 이용해 깃펜의 두꺼운 세로획을 재창조해야 한다는 어려움을 겪었다. 금속활자의 형태 자체도 펜으로 쓴 글씨에 바탕을 둔다. 처음 가동활자가 등장한 뒤 19세기에 이르기까지 필사 기술의 변화는 조판공의 기술 발전에도 영감을 주었다. 인쇄술은 필사가 사라지게 만들기는커녕 캘리그래피가 문자문화에 자리 잡을 수 있게 했다. 인쇄된 책이 긴 그림자를 드리우는 와중에도 필사는 그 그림자 속에서 새로운 권위와 신비, 친밀성을 띠며 꽃피었다.

물론 인쇄본과 필사본은 사실상 상충되는 것이 아니었다. 둘 다 하나의 덩굴에서 나온 것이기 때문이다. 글쓰기의 특질 중 하나는 확산되려는―분출되고 진화하려는―, 그리고 역사와 문화상의 우연한 사건과 물질적 수단을 사용해 그 자신을 변형시키려는 욕망이다. 우리는 이를 위해 글쓰기를 필요로 하지 않지만, 글쓰기는 자신의 성장과 진보를 위해 우리를 필요로 한다.

인간은 다양한 시공간에서 글쓰기 기술을 새로운 형태적 발전 없이 고스란히 다음 세대에게 전해주는 것만으로 만족했다. 보수적인 문화는 말하자면 펜을 가까이 두고 문자를 예술, 종교, 일상생활에 대한 제한적인 침투로만 허용했다. 그러나 글쓰기는 문화 갈등이 일어나거나 종교가 만개하는 시기 또는 경제적 변화가 생산적으로 요동치는 가운데 개방된 경계, 즉 점이지대를 찾아 새로운 형태와 종을 헤치며 활로를 찾는다. 그리고 새로운 형태가 등장하면 오래된 형태는 변형되고 적응해 새로운 틈새를 메운다. 영어의 필사본(manuscript)이라는 단어는 인쇄술의 영향력이 대중의 삶 속에 속속들이 배어든 뒤에야 생겨났다.

나는 이 장의 처음에서 읽기가 쓰기보다 오래된 것이라고 말했다. 신화에서는 문자를 신의 선물로 보았으나 문자는 단계별로 발생한 것으로, 글 쓰는 인류인 호모 스크리벤스(Homo Scribens)가 변덕스레 진화하는 동안 스스로 역사의 형태를 갖추며 펼쳐낸 본성이다. 글쓰기는 단순한 기원으로부터 확산되고 그 세를 확장하며 글쓰기라는 의식을 종교, 과학, 이야기에 입혔다. 그렇게 문자는 그 힘을 한 글자 한 글자씩 훨씬 더 광범위한 영역까지도 확장한다.

2장 기원과 본성

문자의 충동

문자는 자명하면서도 요령부득인 것이다. 마치 음악처럼 인식하기는 쉬우나 설명하기는 어렵다. 서양에서는 문자가 그림문자나 메소포타미아 쐐기문자처럼 기억을 보조하기 위해 작대기를 긋는 것으로 시작되어 한자나 이집트 상형문자와 같은 복잡한 표의 체계를 거쳐 26개의 자음과 모음을 가진 로마자 알파벳의 꾸밈없고 분석적인 단순성에 이르는 점진적 발전의 계보를 가진 것으로 이해해왔다.

물론 알파벳은 전혀 단순하지 않다. 이상으로서의 알파벳은 실생활의 알파벳과는 다르다. 우선, 알파벳은 한 가지가 아니다. (인쇄술의 발명으로 인해 생겨난) 대문자(uppercase)와 소문자(lowercase)는 실제로는 서로 뒤엉켜 있으나 별개인 두 가지 알파벳이다. 로만 알파벳과 이탤릭 알파벳은 알파벳이라는 속(屬)에 해당하는 두 개의 아종(亞種)으로 그리스문자와 에트루리아문자, 그리고 같은 페니키아어 계통에서 저마다의 방식으로 뻗어져 나온 히브리, 페르시아, 드라비다 문자의 사촌이다. 다음으로 구두점과 발음, 리듬, 강세를 나타내는 발음부호는 알파벳이 아니지만 이 또한 모두 문자다. 언어에서 쪼개져 나온 기호들은 계산, 음표, 속기법, 기업 로고, 사진, 그래피티의 태그, 그리고 컴퓨터 기기에서 논리 역학을 담당하는 부품의 역할을 한다. 보조적인 동시에 강화하는 체계, 부가물인 동시에 낙오자인 부호들은 제 나름의 역사를 지니고 있기에 언어가 혼란스러울 만치 다양한 표식 및 요소와 뒤얽혀 있음을 상기시켜준다.

인간을 동물과 구분하는 특성, 가장 고도로 발달한 인류 문명의 바탕이 되는 특징은 한편으로는 인류에게는 너무나 기본적인 것이기에 본능이라 불러도 좋을 정도다. 이는 기억 그리고 기억을 향한 갈망, 즉 시간 속에 자신의 존재를 드러내는 표식을 새겨놓고자 하는 조바심이다. 이는 바로 언어와 그 언어에 의미를 불어넣고자 하는 충동으로, 이 욕망은 (언제나 그런 것은 아니지만) 대체로 구술 발화(oral speech)라는 형태를 취한다. 도처에서 모습을 드러내는, 이름을 붙이고 묘사할 뿐 아니라 약속하고, 맹세하고, 거짓말하고, 이야기를 하고자 하는 열망이다. 패턴에서 패턴을 찾고, 색깔을 음악으로, 성장을 움직임으로, 사건을 이야기로, 말을 대사로 만들고자 하는 충동이다. 특정한 문자군이 등장하기 전, 상형문자와 그림문자, 음절문자 체계가 등장하기 전, 문자는 한층 더 깊은 곳에 뿌리내린 알파벳으로 이루어졌다. 전자기적 스펙트럼의 가시 범위 내에서 우리의 눈이 점멸하는 움직임을 좇아 형체와 배경을 인지하도록 하는 두뇌의 반사작용, 그리고 시간의 흐름을 감지하여 언술은 물론 살아 있는 모든 것을 행과 구두점으로 만들어내고자 하는 비극적 감각이 바로 그것이다.

그러므로 알파벳의 진화라는 거대한 연쇄 작용은 글자, 상형문자, 기호가 심지어 에로틱하게 느껴질 정도의 내밀한 열정 속에서 뒤죽박죽 엉킨 덩어리가 된다. 이 덩어리 속을 관통하는 태, 법, 문법적 특징 등의 문법 요소는 이들을 구획하고 구별할 뿐 아니라 연계하고, 공명시키고, 결합시키고, 동시에 운율을 자아낸다. 읽고 쓸 줄 아는 영어 사용자라면 누구나 잘 알고 있는 글자들 속에서도 문법은 음표나 건반처럼 이 글자들이 갖는 지시적 의미에 특정 주제나 성질을 부여한다. 숫자를 예로 들어보자. 사람들은 대부분 어렵잖게 2나 3, 4의 배수를 차례로 읊을 수 있고, 수학적인 감각 없이도 아무 숫자에서나 시작해 거꾸로 수를 셀 줄 안다. 그러나 숫자와 똑같이 확고한 질서로 나열된 기호인 알파벳을 가지고 똑같이 해보자. 지금 바로 알파벳을 거꾸로 읊어보자. 손 닿는 데 연필이 있다면 알파벳을 끝에서부터 써보자. 이런 연습을 이미 여러 번 해보아 익숙한 사람이거나 타고난 천재가 아니라면 기억력을 있는 힘껏 끌어올리지 않고는 불가능할 것이다.* 알파벳은 마치 나무껍질이나 상어 피부처럼 결이 있어서 앞에서 뒤로 쓸어야 부드럽다. 반면 숫자는 적어도 앞서 든 예에서만큼은 양방향, 쌍방향적인 것이다. 이 점이 우리의 의미 체계에 대해 시사하는 바는 무엇일까? 이는 우리의 인지구조

★ [원주] 내 아내 리베카가 알파벳을 거꾸로 외울 줄 안다는 사실을 알았을 때 나는 굉장히 놀랐다. 아내는 수학자이자 컴퓨터 프로그래머였기에, 나는 아내가 암산의 천재라는 증거를 또 하나 목격했다고 생각했다. 질투가 난 나는 2주를 들여 알파벳을 거꾸로 외우는 연습을 했는데, 결국 우리가 알파벳을 가장 처음 배울 때 했던 것과 똑같이 모차르트의 「반짝 반짝 작은 별」 멜로디에 실어서 노래를 만들어 외우기 시작한 다음에야 진전이 있었다. 우리가 알파벳의 각 글자에 붙인 이름이 전부 균형 잡힌 운율을 가지고 있는 것이 아니었기에 거꾸로 외우기는 쉽지 않았다. F쯤 왔을 때면 자꾸 헷갈리곤 했다. 마침내 Z에서부터 A까지 거꾸로 외우기에 성공한 나는 리베카에게 자랑스레 이를 읊어주었다. 그제야 아내는 자신이 알파벳을 거꾸로 외울 수 있었던 것은 불가사의한 능력 때문이 아니라 학습의 결과임을 털어놓았다. 어린 시절 언니와 함께 알파벳 노래를 거꾸로 부르는 놀이를 했었다는 것이다.

또는 의미의 종류와 분류에 해당하는 것일까, 아니면 학습 과정에서 우리가 훈련해온 관행이나 습관일 뿐일까? 물론 그 답은 지금 이야기한 모든 것이다. 기호의 속성, 양성(養成), 그리고 인내심 있는 가르침 말이다.

나는 궁극적으로는 그 해답은 앞서 말한 모든 영역, 즉 인지적, 사회적, 문화적 에너지의 응집을 아우르는 것이라고 장담할 수 있다. 그러나 문자의 비밀은 무엇보다도 종합(synthesis)의 가능성 속에 숨겨져 있다. 문자와 숫자는 결국 같은 것이기 때문이다. (간단히 설명하자면, 나는 이 말을 '한 번' 했다는 표현을 'M번' 했다고 바꾸어 표현할 수 있다는 뜻이다.) 어떤 사물을 다른 사물로 대체할 수 있다는 인식, 즉 '은유'라고 불리는 기이한 습관은 끝없는 의미의 생성과 확장을 가능케 한다. 그럼에도 이 기호가 담기는 팔레트는 자연이 우리에게 물려준 시각, 청각, 후각, 미각, 촉각이라는 제한적인 동시에 특수한 감각의 스펙트럼을 거쳐 우리에게 전해진다. 인간의 문자는 인간의 특수성을 체현한다. 돌고래의 문자와 오징어의 문자는 인간의 것과는 사뭇 다른 방식으로 작동할 것이다. (오징어에게도 먹물이 있긴 하지만 말이다.) 사소하며 뻔한 관찰로 보일지 몰라도, 그것이 바로 문자의 특성과 한계를 물리적으로 결정짓는다.

시나이산에서 내려온 신의 서판, 천사의 메시지, 연금술의 난해한 상징들은 모두 우리에게 인간의 문서로 전달된다. 문자의 역사가 이어지고 문자가 디지털 영역까지 확장되고 난 뒤 우리는 인간의 손으로 빚어진 문자의 유동적인 특성이 기계의 감각적이고 인지적인 습성과도 일맥상통함을 알게 된다.

언어가 아니라 사물에서

고전적 문자 이론은 기억, 그리고 구술 발화 안에서 일어나는 리드미컬하며 덧없는 행위와 요소를 보존하고자 하는 충동에서부터 시작한다. 물론 구술 기호와 시각 기호 사이의 조응에 단순하며 직접적인 체계가 있는 것은 아니다. 언어는 변화하고 문자 또한 변화하기에 이 둘 사이 조응의 타래는 점점 더 긴밀하게 뒤엉킨다. 그러나 문자의 출현에 장해물이 되었을 이런 복잡성의 증대는 단순한 문자 체계가 가진 힘(과 쾌락)의 일부가 된다. 즉 문자는 기록하고 표현하는 수단 외에도 놀이의 매개이기도 하다. 아마 단순한 문자 체계를 직접 고안해보면 이해가 더 쉬울 것이다. 우리의 조상들이 했던 것처럼 그림으로 시작해보자.

이 그림을 통해 나는 "나는 당신을 본다.(I see you.)"라고 말하려고 한다. 이 문장에 담긴 각 단어와 뜻을 표현하기 위해 어떤 간단한 기호를 써볼까 궁리하다가, 사람을 작대기 형상으로 표현하기로 결정했다. (이런 식의 접근법에는 명백한 문제가 있는데, 곧 다시 이야기하겠다.) 동사를 표현하기 위해서는 앞서와 사뭇 다른 방식으로 작동하는 또 다른 그림을 택했다. 이는 일부분을 통해 전체를 제시하는 환유로, 인간의 눈이 가지는 의미가 우리 안에 깊이 뿌리박혀 있는 이상 상당히 효율적인 선택인 것 같다.

물론 '보는 행위'와 관련된 사물에 바탕을 둔 상징의 집합을 제시하면서 우리는 이미 어느 정도 분석적인 작업을 했다. 그런데 작대기 형상에는 또 다른 차원의 문제가 담겨 있다. 주어와 목적어라는 문법적 요소를 구별하기 이전에 이미 무엇이 무엇인가를 구분해야 한다는 근본적인 문제에 마주치기 때문이다. 두 작대기 형상이 똑같이 생겼기에 다의성이 생겨나고, 이 때문에 소프트웨어에 버그가 생기는 것처럼 구문론의 프로그램 전체가 멎어버린다. 이렇게 결합된 기호들은 문장으로 '읽히지' 못하고 그저 결합될 뿐이다. 이대로는 이 그림이 무엇을 말하고자 하는지를 알 수 없다. 한 사람이 다른 사람과 눈을 공유한다는 뜻일까? 아니면 이 두 사람은 거대한 눈을 숭배하는 컬트적 종교의 숭배자들일까? 아니, 애초에 이 그림이 눈을 의미하는 것이 맞을까? 우물, 커다란 과일, 아니면 서핑 보드 위에 올려놓은 농구공이 아닐까?

이렇게 내 첫 시도는 실패로 돌아갔다. 그러면 어떻게 하면 좋을까? 다의성이라는 문제를 자아내긴 했지만, 내 생각에는 눈을 표현한 그림문자는 상당히 괜찮았다. 문제는 사람 형상이다. 행위자를 구분할 수 있도록 강조점이나 구별 부호를 생각해보는 것이 좋겠다. 자, 여기서 우리는 벌써 단순한 모방을 넘어서서 그림문자의 지시적이면서 상징 생산적인 특성을 강조하는 기호학에 접어들었다. 사람 형상을 가리키는 화살표를 '나', 사람 형상에서부터 뻗어 나가는 화살표를 '당신'이라고 해보자. 보다 정확히 표현하면, 자기 자신을 가리키는 화살표가 1인칭, 이제 막 태어난 독자를 가리키는 화살표를 2인칭이라고 할 수 있을 것이다.

물론 우리는 "나는 당신을 본다."라는 진술에서 "당신"

이 독자 중 특정 누군가를 가리키는 것이 아닌 불특정한 '당신'을 의미한다는 관습에 동의해야 할 것이다. 그렇게 함으로써 처음에는 단순한 그림문자였던 이 체계는 구술 발화로부터 한층 더 멀어지고, 보다 분석적이고 가변적이며 유연한 범주로 들어가게 된다. 그러나 그 대신 문자의 탄생을 촉발한 이상이던 즉시성 그리고 보편적 번역 가능성은 손실된다.

그러나 구술 발화가 가진 독특한 특성과 그림의 가능성을 이용한 또 다른 해법도 있다. 음성 모방이라는 언어의 독특한 특성을 떠올리며 동음이의어(homonym)를 궁리하고 전치를 이루어보는 것이다.

이제 동사를 나타내는 기호에서 부분을 전체로 치환하는 환유의 즉시성은 사라졌다. 여기서는 언어―특정 언어, 정확히 말하면 영어―가 가진 특정한 음과 효과라는 기본적인 특성을 이용해보았다.* 하나의 음성언어에 기호를 결부시키는 이 과정에서는 일종의 코미디(유치하다는 점을 인정하겠다.)가

★ 저자는 'I', 'see', 'you'와 각각 음이 같은 눈(eye), 바다(sea), 암양(ewe)의 그림을 이용하고 있다.

발생한다. 한편으로는 이 형이상학적인 드라마 속에서 우리는 에덴동산에서의 추방, 바벨탑(어쩌면 바아벨[*]?)의 파멸과 언어의 혼란을 재연하게 된다.

쐐기문자가 새겨진 점토로 이루어졌던, 한때는 비옥했던 티그리스강과 유프라테스강 사이의 지역에서 시작된 장대한 역사에서부터 동쪽에서는 중국에서 시작된 마찬가지로 강력한 흐름에 이르기까지, 문자는 마치 완성된 상태로 태어나서 서판과 돌, 잎 위로 홍수처럼 넘쳐흐르기 시작한 것처럼 보인다. 그러나 홍수와 마찬가지로 문자는 언어에 잠입해 언어를 훈육하고, 질서를 만들고, 그 적나라함을 드러내고 이를 가시화함으로써 언어를 확장한다. 또한 문자는 언어에 옷을 입히는 한편 자신의 흔적을 숨기는 탓에 오랜 세월 사상가들을 골몰하게 한 형이상학적 공백을 만들어낸다.

그러나 이런 그림문자가 언어의 발생이라는 복잡성에 가 닿기는 아직 멀었다. 최소한의 의미로 표현했을 때, 문자란 언어의 시각적 부호화다. 그러나 실생활에서 문자의 쓸모는 구술 발화의 쓸모를 뛰어넘는다. 문자화된 기호의 쓸모를 몇 가지만 꼽아도 음표, 리듬, 수학 공식, 화폐단위를 들 수 있다. 또 이 체계 속에서 시각 기호 역시 강세나 부호로 확장되어 언어

---

[*] 양이 우는 소리를 흉내 낸 말장난.

의 색조와 색상을 구분하고 명시하며 강화한다. 이와 같은 시각 기호로 이루어진 표지는 쐐기문자 또는 이집트 상형문자에서 유래된 초기 문자 체계에서도 동음이의어를 구분하는 수단으로 사용되었다. 오늘날 이는 전자 문서를 검색하고 처리하기 위한 태그나 문자부호라는 형태로 다시금 등장한다. 그렇기에 이 경우 우리는 eye라는 단어의 음성이 시각을 담당하는 신체 기관을 가리키는지 아니면 동음이의어로 1인칭 '나'를 뜻하는 I를 가리키는지를 알려주는 관습을 따라보기로 한다. 앞서 작대기 형상에 화살표를 덧붙이던 소극적 시도와는 사뭇 다르게, 이번에는 보다 추상적이고 임의적인 강조 기호를 사용해보자. 기호 위에다 단순한 수평선을 그어보는 것은 어떨까?

you라는 단어의 음성을 표현하기 위해 동음이의어인 ewe(암양) 위에도 같은 선을 그었다. 또 아까와는 다른 동사를 표현하는 새로운 기호도 시험 삼아 넣어보았다. 아마 여러분은 이 기호를 어렵잖게 읽어낼 수 있을 것이다. 이는 로맨스/에로스/큐피드/밸런타인데이를 뜻하는 것으로 보편적으

로 받아들여지는 기호이기 때문이다. 사랑하는 독자 여러분, 이제 여러분의 배려와 인내심을 향해 내가 느끼는 감정을 나만의 문자 체계로 표현할 수 있게 되었다.

문자의 가장 위대한 성취로 꼽을 수 있는 것 하나는, 문자가 부호화하거나 완성하거나 기생하는 언어와 마찬가지로 문자 역시 확장성을 가진다는 것이다. 문자는 인지적인 동시에 사회적인 수단을 이용해 스스로를 확장해 새로운 것들을 표현한다. 이런 일을 가능케 하는 마법의 열쇠는 유비, 은유, 모방, 분류 등 인간의 정신에 내재된 도구들이다. 또 문자는 우리의 두뇌 회로를 활용(그리고 변경)해 우리의 머릿속에 안전하게 깃든다. 여분러은 아마 알벳파을 거로꾸 외울 수는 없지을는 몰라도, 대분부의 사들람은 단틀어 이는루 글들자을 뒤섞어놓도아 쓰인 문을장 읽넬어 수 있다. 바로 이 문장이 언어가 인간의 인지능력을 길들이는 힘이 있음을 보여주는 강력한 예시일 것이다. 문자는 우리의 뇌에게 가지각색의 재주를 가르친다.

또 언어는 탈체화(disembodiment)라는 불편한 특성 역시 가지고 있다. 글로 쓰인 기호는 그 글을 쓴 사람의 운명과는 무관하게 그 의미를 무한히 전달할 수 있다. 문자는 이렇듯 불안하고 불편했기에 소크라테스를 괴롭혔고, 문자가 가진 초자연에 가까운 지속성은 예수를 동요시켰으며, 이후 예수

46

의 신도들은 언어의 이러한 양면성을 전폭적으로, 또 고통스럽게 깨닫게 된다. 문자가 가진 불멸이라는 경향성은 왕권을 강화하는 동시에 약화시키는 능력을 가졌기에 메소포타미아의 왕들을 매혹시켰으나 또한 골치 아프게 했다. 돌에 새겨지고 서판에 기록된 승리는 보존되는 동시에 수정될 수 있는 것이었기 때문이다.

지금까지도 잘 알려진 인간의 특성에 대한 오래된 이해에 기대어 말하자면, 언어는 야만과 문명 사이의 경계를 표시한다. 문자가 고안되기 전에는 인간은 앞을 내다볼 수 없는 공포에 시달리며 그들을 이끌어줄 조상들의 지식도 지혜도 얻지 못한 채 알 수 없는 세상을 헤매야 했다. 그들에게 과거는 미래만큼이나 깜깜한 망각의 공간이었다. 그들은 문학 대신 정신을 마비시키는 노랫가락을 웅얼거렸다. 역사가 없었기에 원초적인 환상을 두려워하며 겁에 질렸다. 지식 대신 변덕스럽고 포괄적인 신화가 있었다. 부동의 법령 대신 당장의 욕구라는 폭압이 있었다. 이렇게 바라볼 때, 언어는 역사의식, 안정적인 개인의 정체성, 정부와 기록 보관소, 과학과 연구, 과거와 미래를 선사한다. 야만과 문명을 한데 묶고 경계를 흐릿하게 하는 온갖 요인들 속에서 문자는 이 둘 사이에 선명한 선을 그은 것처럼 보인다.

그러나 어쩌면 그 선은 그리 선명하지 않을는지도 모른

다. 우리가 문자를 역사의 필수 요건으로, 과거를 분명히 인식하고 우리와 역사의 관계를 측정할 수 있게 하는 매개로 받아들임에도 불구하고, 문자의 기원을 설명할 때 우리는 종종 신화를 빌려 온다. 법, 과학, 수학, 문학을 비롯해 문자에 기반을 둔 다른 모든 문명의 요소들과는 사뭇 다르게 문자는 원형과 연상, 동종 요법과 상동성, 마술과 미스터리로 이루어진 신화적 혼돈 속에 뿌리를 두고 있다.

물론 문자와 같이 복잡하며 근본적으로 미완일 수밖에 없는 발명품은 당연히 그 뿌리를 추적하기도 어렵고, 수많은 갈래로 뻗어 있으며 그 결 또한 세밀하다. 또 다른 수많은 신화적 창조물과 마찬가지로 문자는 그와 전혀 무관한 사물의 연계 속에서 분출하고, 진화하고, 태어나야 한다는 모순에 봉착해 있다. 이는 논리적인 난문에 그치는 것이 아니라 존재에 관한 근원적인 질문이다. 신화는 이에 대해 다양한 방식으로 질문을 던지는데, 신화란 우리가 역사적으로 또 근본적으로 붕괴시키는 (그러나 결코 뿌리 뽑을 수는 없는) 세계의 의미를 창출하고 검수하는 수단이다. 또한 문자는 자연선택이 빚어낸 압도적인 수수께끼기도 하다. 그러나 문자의 역사라는 과제는 이보다 더 깊이 새겨져 있다. 읽고 쓸 줄 아는 사람들은 문자가 시간과 무관하게 존재하는 것, 형언할 수 없는 이상적인 성질을 띠는 것이라는 생각을 공유하기 때문이다. 서체 디자이너인 에릭 길(Eric Gill)은 유대교 신비주의의 가르침과 맥을 같이하는 "글자는 사물의 그림이 아닌 사물 그 자체다."라는 말을 남겼다. 어떤 체계를 사용하건, 어떤 매체에 새겨지건, 상형문자는 다시 새겨지고 확산되고 매체를 초월할 수 있는 특성을 가지고 있다. 구술문화가 서서히 쇠퇴하면서 그 흔적은 문자 속, 우리가 문헌이라고 부르는 텍스트화된 복잡한 장치 속에 새겨져 결국은 구술문화를 쇠락시킨 바로 그 매개에 의해 보존된다.

기호와 경이

신화 속에는 글쓰기의 힘을 나타내는 이야기들이 무궁무진하다. 한 예로 핀란드의 민족 신화인『칼레발라』를 보자. 여기에 등장하는 영웅 베이네뫼이넨(Väinämöinen)은 미궁 같은 타이가 지대와 안개 덮인 백해의 섬들을 떠도는 음유시인이었다. 그는 숲과 축축한 습지 저 너머에 존재하는 세계의 비밀과 힘을 찾고자 배를 만들기로 했다. 그의 조력자인 어린 삼프사 펠레르뵈이넨(Sampsa Pellervöinen)이 나무에게 목재를 달라고 청하자 물푸레나무와 전나무는 거절했으나 떡갈나무가 자신을 내주었다. 그렇게 배를 만들 목재를 구한 베이네뫼이

49

넨은 신화 속 음유시인이 할 법한 일을 했다. 즉 노래를 불렀던 것이다.

> 늙고 노련한 베이네뫼이넨
> 영원한 경이의 창조자가
> 마술을 부려 탈것을 만들고
> 마법을 걸어 배를 만든다네.
> 떡갈나무를 베어낸 목재로
> 기둥과 널빤지와 갑판을 만들고
> 노래를 부르며 뼈대를 조립하고
> 두 번째 노래를 하며 측면부를 세우고
> 세 번째 노래를 하면서 노받이를 달더니
> 노와 가로대와 키를 만든 다음
> 측면과 가로대를 잇는다네.

처음에 베이네뫼이넨의 마법은 전적으로 구술적인 것, 음유시인의 주문이었다. 그러나 배는 아직 완성되지 않았고, 그는 난간을 조립하고 선미를 둥글리고 뱃머리를 깎으려면 '대마법사의 세 가지 주문'이 필요하다는 것을 알게 된다.

> 이 마법의 주문들을 찾으려면

대마법사의 사라진 말들을 찾아 어디로 갈까?

수많은 제비들의 두뇌일까,

죽어가는 백조들의 머리일까,

회색 오리들의 깃털일까?

영웅은 이 주문을 찾아

수많은 백조를 죽이고

뚱뚱한 오리들을 죽이고

또 수많은 제비를 죽였지만

그럼에도 마법의 주문을

대마법사의 사라진 말들을 찾지 못했네.

지혜를 노래하는 음유시인 베이네뫼이넨은

자꾸만 궁리하며 애를 썼네.

"어쩌면 잃어버린 그 주문들은

여름 순록의 혀 위에 있으려나,

하얀 다람쥐의 입 안에 있으려나."

이 마법의 주문은 자연 세계의 아바타들 가운데 사물의 형태로 이미 존재한다. 그러나 베이네뫼이넨의 서사시 속에는 문자 기호의 형태로 따로 언급되어 있지는 않다. 옛이야기 속에 나타난 문자 기호의 흔적을 찾으려면 좀 더 서쪽으로 눈을 돌려 고대 스칸디나비아의 신들, 그리고 아홉 세계를 다스릴 힘을 얻을 지혜를 찾아 나선 변신술의 귀재 오딘(Odin)을 살펴보자. 그 지혜는 오로지 희생을 통해서만 얻을 수 있는 선물이었는데, 오딘은 이 지혜를 간절히 원한 나머지 세계수인 물푸레나무 위그드라실(Yggdrasil)에 매달린다.

> 나는 바람에 흔들리는 나무에 매달린 채로
> 아홉 밤을 내리 지새웠다.
> 창을 들어 내 손으로 나에게 꽂은 뒤 오딘을 바쳤다.
> 어느 뿌리에서 싹텄는지
> 누구도 모르는 이 나무에.

그렇게 아무도 찾아오지 않는 가운데 고통스럽게 매달려 있던 오딘 앞에 지혜가 뿌리 사이에 숨겨져 있던 룬문자의 형태로 모습을 드러냈다.

> 나에게 빵 하나, 물 한 잔 주는 이 없어
> 아래를 내려다보는 순간 나는 룬을 발견했고
> 그 문자를 깨우친 뒤 나무에서 내려갔다.

이 룬문자는 그 문자로 만들어낸 시와 마찬가지로 오딘 혼자만의 것이 아니었다. 이 문자는 오딘의 희생이 인간과 신들에게 준 선물이었던 것이다.

> 너는 룬을 찾으리라, 풀이된 글자들을,
> 아주 커다란 글자들을, 아주 힘이 센 문자를,
> 위대한 연설가가 설명했고,
> 크나큰 권력자가 형성하고
> 권력의 왕자가 새겨낸…….

> 그대는 이 문자를 새기는 법을 아는가?
> 이 문자를 풀이하는 법을 아는가?
> 이 문자를 설명하는 법을 아는가?

이렇듯 신화에 영감을 준 문자의 마력은 다만 문자의 발생 초기에만 국한되는 것이 아니다. 문자의 발달 과정 내내 사람들은 자기가 새긴 글자들을 바라보며 그 속에서 상징과 경이를 읽어내고 그 기원을 찾고자 했다. 알파벳의 각 글자들은 고대 서아시아에서 쓰이던 여러 언어의 자모들을 나타내던 흘려 쓴 쐐기문자와 이집트 상형문자로부터 개량된 것이다. 근대의 고고학자들은 기원전 약 1700년에 형성된 원시 가나안문자의 알파벳을 황소, 집, 쟁기가 등장하는 현재는 유실된 설화와 연관 지었다. 대부분의 설화가 그렇듯 그 이야기가 진실인지 아닌지는 그 누구도 알 수 없다. 심지어 과학으로 무장한 19세기의 학자들 역시도 쐐기문자의 재발견이라는 압도적인 기쁨 앞에서 황소의 형상에서 히브리문자의 알파벳 알레프(א)가, 집의 형상에서 베트(ㄱ)가 탄생했다는 식의 믿기지 않는 설화들을 입에 올리기 시작했다.[*]

16세기 영국의 천문학자이자 연금술사이며 신비주의자였던 존 디(John Dee)는 자신이 천사의 언어를 발견했다고, 인간의 언어의 기원이 된 바벨 이전의 원시언어가 룬문자와 상형문자로 이루어진 문자 체계로 자신에게 전해졌다고 주장했다. 디가 주장한 천사의 언어라는 것은 초기 문자 체계라기보다는 기독교에서의 방언에 가까운 것이었지만, 그렇다고 해서 그의 말에 귀를 기울인 청중이 없었던 것은 아니다. 디가 고안한 에녹문자(Enochian)는 현재 다양한 디지털 폰트의 형태로 존재하고 있다.

아마도 문자의 기원에 관한 가장 환기적인 이야기는 이 이야기가 품은 신비스러운 매혹 때문이 아니라 오늘날까지 전해오는 문자의 변화무쌍함과 혼란스러운 힘을 시적으로 표현하고 있기에 널리 회자되는 것이리라. 직접 쓴 글은 전혀 남

---

[*] 히브리문자는 원시 가나안문자가 발달한 형태로, 19세기 이후 학자들은 원시 가나안문자의 기원을 이집트 상형문자에서 찾았다. 히브리문자 알레프와 베트는 각각 황소의 머리와 집의 형상으로부터 유래했다는 유실된 설화가 있다.

기지 않았던 소크라테스는 문자의 쓸모뿐 아니라 안전성에도 의문을 제기했다. 파이드로스와 함께 아테네 외곽을 산책하며 사랑의 특성이며 설득 기술이 불러오는 문제를 논하던 소크라테스는 이집트의 신 토트의 이야기를 한다. 토트는 전령과 측량의 신으로 진흙과 파피루스로 가득한 나일강의 강둑을 쏘다니는 물새인 따오기의 형상을 한 신이다. 토트는 예민하고 호기심이 많은 신으로 산술과 천문학은 물론 주사위에 이르기까지 수많은 발명품을 남겼다. 그러나 그 많은 발명품 가운데 스스로 가장 자랑스러워했던 것은 글쓰기의 토대인 글자였다. 그는 자신이 발명한 글자들을 이집트 신왕인 타무스에게 선보이며 이렇게 말했다. "이 글자가 있으면 이집트인들은 더욱 현명해질 것이며 기억력도 좋아질 것입니다. 이는 기억과 지혜를 동시에 발달시킬 영약입니다." 그러나 지혜로운 타무스는 글자 앞에서 회의했다. "글자의 아버지인 그대는 글자가 도저히 담을 수 없는 특성들을 이야기하고 있군요. 그대가 발명한 글자는 사람들이 기억을 위한 노력을 등한시하게 만들어 결국 잘 잊어버리게 만들 것입니다. 그들은 스스로 기억하는 대신 외부에 있는 글자에 의존하고 말 것입니다. 그대가 만들어낸 영약은 기억이 아니라 회상을 도울 것이며, 그대는 제자들에게 진실이 아니라 진실을 닮은 것들을 가르치게 될 것입니다. 그들은 수많은 것들을 듣는 동시에 그 무엇도 배우지 못할 것이며, 모든 것을 아는 동시에 결국은 아무 것도 모르게 될 것입니다. 그들은 실체 없는 지혜를 자랑하여 함께 있기 꺼려지는 사람이 될 것입니다."

소크라테스는 언어의 작용을 농사에 비유하면서 파이 드로스에게 문자는 아름답고 매혹적이기는 하지만 영혼과 는 벽으로 격리된 정원 안에 언어를 가둔다고 했다. 그는 문자 의 정원에 씨를 뿌리는 것이 고귀한 것일지는 몰라도 "보다 고 귀한 것은 변증술을 사용해 주변에 있는 이를 붙잡고 지식을 통해 스스로에게 도움이 될 수 있는 씨앗을 뿌리는 일"이라고 충고했다.

그러자 파이드로스 역시 "그것이 분명 더 고귀한 것입니 다." 하고 동조했다.

소크라테스와 글쓰기의 관계—그의 사상을 대필하고 설 파한 시인 플라톤이 주장한 바대로라면—는 양가적이며 복 잡하다. 특히 이 책의 다른 장에서 다룰 권력과 권위를 창조 하고 유지하는 매개로서의 언어의 역할에 있어서 문자와 시, 배움에 대한 소크라테스와 플라톤의 각기 다른 관점은 서로 충돌하면서 결합하여 서구 사상에 동요와 결실을 가져오게 된다. 그러나 일단 앞서 이야기한 파이드로스와의 대화에서 드러나는 바대로라면 소크라테스는 문자가 인간성의 뿌리로 회귀하고자 하는 건강한 질서를 무너뜨리는 파열이라고 보았다. 신화라는 구술 세계에서 발생한 문자에 대한 이 같은 회의주의는 이후로도 건재하다.

신화와 텍스트, 자연과 문화 사이의 공간인 고대인들의 분투가 녹아 있는 상상적 세계를 살펴보고, 문자에 대한 신화들이 갖는 이질적 에너지들을 담론으로 가져오고자 하는 시도는 유혹적이다. 이제 신화 속에 등장하는 문자의 페르소나를 또 하나 소개해보겠다. 칼라모스(Kalamos)는 소아시아의 멘데레스강의 형상을 한 신 마이안드로스의 아들로, 님프와 서풍 사이에서 난 아들인 카르포스와 사랑하는 사이였다. 이에 노한 칼라모스의 아버지가 카르포스를 물에 빠뜨려 죽이자—두 젊은이는 수영 대결 중이었는데, 이때 마이안드로스가 그들의 친밀한 관계를 못마땅해한 것이었는지는 알 수 없다.—절망한 칼라모스 역시 물에 뛰어들어 죽었다. 죽는 순간 그는 강가의 갈대로 변신했다. 그는 그렇게 돌에 새겨져 있던 이집트 상형문자가 나일강의 파피루스라는 형태로 유통될 수 있는 매개가 되었다. 그뿐만 아니라 그는 고대 사람들이 사용한 글쓰기 도구에도 자신의 이름을 남겼다. 산스크리트어로는 칼라마(kalama), 라틴어로는 칼라무스(calamus), 아랍어로는 칼람(qalam)이 그것이다. 언어에 선행하는 비언어적 모방을 통해 칼라모스는 깃펜을 가리키는 단어가 되었다.

그러나 그것은 모두 지금부터 들려줄 이야기의 후일담이

다. 뙤약볕에 달아오른 칼라모스는 비통한 마음으로 핼쑥해진 채 강물 속 개흙 위에 누워 있다. 그가 한숨을 쉬자 기다란 강줄기의 수면에 잔물결이 일고 그는 머릿속으로 그의 가족, 강 그 자체이자 티탄과 님프의 신인 아버지, 그리고 바람처럼 세차지만 모두를 익사시키는 그의 사랑에 대해 생각한다. 그렇게 칼라모스는 여러 날이 가고 홍수와 계절과 문명이 지나가며 활력을 갉아먹던 슬픔이 서서히 사라지는 내내 생각에 잠겨 있다. 이제는 낯설게 느껴지는 과거를 사색하고 생각하고 한숨짓던 그는 온몸이 흑백의 털로 뒤덮여 있으며 새카만 머리에는 기다란 갈고리 모양의 부리가 달려 있는 기묘하게 생긴 형상이 진흙투성이 강둑에 내려앉는 것을 보았다.

"친애하는 칼라모스여." 부리가 달린 친구가 말했다. "아직도 불만을 품고 부스럭대는 중인가?"

"아, 토트님." 바람 한 줄기가 지나가서 흔들리던 칼라모스가 대답했다. "제가 알게 된 것을 토트님도 알 수 있다면 얼마나 좋을까요? 운명이라는 것이 어쩌면 이렇게 아름답고도 인정사정없는 것인지, 삶과 우주라는 것은 어찌나 변덕스러운 것인지……."

"그래, 그렇지." 토트가 윤기 나는 하얀 날개의 깃털을 다듬으며 말했다. "하지만 나는 그런 것들로 머리를 어지럽힐 짬이 없단다."

"친애하는 새님." 칼라모스가 말했다. "그 밖에 무엇이 그리 중요하십니까?"

"일이지!" 토트가 깍깍 울었다. "선과 악의 균형이며, 끊임없이 변해가는 영혼의 무게, 우주를 이루는 무작위적 사건과 관계, 그 모든 것들을 다스려야 한단 말이야!"

"아, 그렇겠지요." 칼라모스는 한숨을 쉬었다. "하지만 토트님은 태양신 라(Ra)의 부섭정으로, 신의 입이나 마찬가지인 분 아니십니까."

"바로 그거야." 토트가 대답했다. "네 괴로움을 덜어주기 위해 요즘 내가 연구하고 있는 발명품 이야기를 해주겠네. 그것이 내 끝이 없고 보람도 없는 소명에서 짐을 덜어줄 거라고 믿는단다."

"참으로 쓸모가 있을 것 같습니다. 그게 무엇입니까?" 칼라모스가 대답했다.

그러자 토트는 고개를 이리저리 흔들며 갈대숲 속에 둘의 대화를 엿듣는 스파이가 숨어 있지 않은지를 확인했다.

"그건…… 일종의 체계야." 토트가 음모를 꾸미듯 낮게 속삭였다.

"음, 체계라." 칼라모스가 그 말을 되뇌어보았다. "글쎄요, 체계라는 것은 지금도 이미 많지 않습니까? 해가 뜨고 지는 것도, 극지방을 순회하는 별들도, 심지어 날씨도 체계입니다. 그런데 이 우주에 어째서 새로운 체계가 필요합니까?"

"우주를 위한 것이 아니라 나를 위한 체계지." 토트는 다리를 구부려 위아래로 몸을 끄덕이며 까악 울었다. "수많은 생각들을, 또 사물들을 기록해야 하니까!"

"그러자고 이게 있는 거 아닙니까." 칼라모스가 몸을 뻗어 토트의 머리를 탁탁 두드렸다. "일단 무슨 생각인지 한번 말해보십시오."

"방금 이 갈대밭을 걷다가 생각난 거야." 토트가 대답했다. "내가 심판해야 할 영혼들, 그리고 태양신 라님의 명령과 계획을 머릿속에 담고 터벅터벅 걸어가다 보니 한 걸음 한 걸음에 새로운 걱정과 사실이며 칙령이 담겨 진흙 속에 푹푹 파묻히더군. 그러다 진흙에 새겨진 발자국을 쳐다보았더니 발자국 하나하나가 내 발바닥 모양을 있는 그대로 찍어내고 있었지……."

"굉장히 멋진데요." 강 언저리에 길게 남은 토트의 발자국을 보며 감탄한 칼라모스가 말했다.

"그래서 생각했지. 한 발자국에 생각 하나, 흔적 하나마다 사상 하나. 발자국 하나하나가 각각의 생각을 나타내고 있다고 말이야!"

"정말 뛰어난 생각이십니다. 하지만 어느 생각이 어느 발자국에 담겼는지는 어떻게 기록하지요?"

이번에는 토트가 커다란 날개를 펼쳐 머리를 툭툭 두드렸어. "바로 기억이지, 슬픔에 잠긴 갈대 친구야."

"그럼…… 기억해두고 싶은 생각을 하는 동시에 모래 위에 남은 흔적을 머릿속에 새겨 넣는다고요?"

"바로 그거야. 그래서 내가 나만의 새로운 체계를 떠올린 거지. 자, 이 발자국이 바로 그 체계를 담고 있단다."

"정말 유용한 생각입니다! 문제는…… 이 발자국도 여느 다른 발자국과 똑같이 생긴 것 같은데요."

"그렇지."

"그렇습니다. 만약에 머릿속에 떠오른 생각을 애초와는 다른 순서로 기억하려 한다면 어떻게 하실 작정입니까?"

토트는 물새 특유의 이해할 수 없는 침착함을 띤 채 두 날개를 미끈한 방패처럼 온몸에 두르고 혼자만의 생각에 잠겼다. 오랜 시간이 지난 뒤에 토트가 입을 열었다. "다시금 생각해보니 새로운 문제가 한둘이 아니군. 하지만 해답이 있어. 발자국 하나하나를 전부 조금씩 다르게 만드는 거야! 특정한 생각을 담은 발자국은 그 자체로 특정한 모양을 갖는 거지. 이렇게 말이야."

그렇게 토트가 비틀비틀 강둑을 걸어가더니 머릿속에 떠오르는 생각에 따라 걸음걸이를 달리해 움직였다. 칼라모스는 그런 토트의 모습을 넋을 놓고 바라보았다. 물새의 모양을 한 신이 움직이는 모양을 보고 있는 것만으로도 칼라모스는 깊고 깊은 슬픔을 잠시 잊을 수 있었다. 하지만 뭐라도 쓸모 있는 일을 하면 기분이 한결 나아질 것 같았다. 그리하여 칼라모스는 일어나서 자기 자신을 간단한 도구로 쓸 수 있도록 강바람에 허리를 구부렸다. "이 다양한 발자국을 발가락 말고 이 도구로 새겨보십시오."

기가 질릴 정도로 체계적이었던 따오기 신 토트와 마찬가지로 인간 역시 테두리가 깔쭉깔쭉한 세계의 파편들을 한층 쓸모 있게 조합하고자 분투해왔고, 문자가 고안되기 전에 이 과정은 신화의 형태를 띠었다. 그리고 클로드 레비스트로스(Claude Lévi-Strauss)가 보여주고자 했던 것처럼 신화는 곤경의 다른 이름이다. 문자의 발명이 신화의 요소라는 말은, 문자가 미신의 수렁에서 발생했다는 뜻이 아니라 문자의 발생이 신화 속 폭풍우에서부터 사랑, 전쟁 등과 마찬가지로 자연적인 현상이었다는 뜻이다. 토트와 베이네뫼이넨처럼 우리는 언어를 통해 사물을 구축한다. 칼라모스와 오딘처럼 우리는 언어의 힘을 손에 넣고 그 광휘를 다스리고자 한다. 서로 다른 개념과 사물을 수선하듯 이어 붙이는 것이 레비스트로스의 유명한 개념인 '브리콜라주(bricolage)'다. 프랑스어 '브리콜뢰르(bricoleur)'가 품은 이미지는 일종의 기능공인 동시에 취미가이며, 한편으로는 (중요한 측면인데) 석기시대의 혈거인이기도 하다. 이 이미지는 사상가에게 레비스트로스의 작업이 명시적으로 위치하는 인류학이라는 영역에 국한되지 않는 자극과 매혹을 불어넣는다. 브리콜뢰르는 그 단어가 지시하고자 하는 대상을 선명하게 드러내는 예이자 유용한 은유인 동시에 놀랍게도 레비스트로스가 가지고 있었던 신화 창작의 기질을 드러낸다. (결국 브리콜라주 역시 신화이기 때문이다.)

우리는 이렇게 알고 있다. "브리콜뢰르는 여러 가지 작업을 해내는 데 능하며 …… 손에 집히는 무슨 도구든 응용한다. …… 그는 자신의 금고를 이루는 혼종적인 사물들을 모두 심문하고 …… 문명의 특정한 상태가 부과하는 제약 안에 머무른다." 하지만 수수께끼가 생겨나는 건 브리콜뢰르가 제약을 받는 사람일 뿐 아니라 동시에 제약하는 사람이기도 한 것처럼 보인다는 점에서다. 문화의 산물들을 뒤섞는 힘과 그 속에서 활약하는 교활한 중개인은 신화의 저자와 신화 속 음유시인의 관계와 같다. 후자를 독립적인 인간 존재로 볼 수 있다면 전자는 깊은 시간* 속에 파묻힌 사람이다. 이 기호의 과학속에서 브리콜뢰르는 일종의 지적인 젤리그**, 떠다니는 기표

---

* deep time, 지질학적 시간을 일컫는 존 맥피(John Mcphee)의 용어로, 인류가 존재하기 이전의 기나긴 과거의 시간이다.

** Zelig, 우디 앨런(Woody Allen)의 영화 「젤리그」(1983)에서 유래한 단어로 상황에 따라 자유자재로 모습과 성격을 바꿀 수 있는 사람을 말한다.

이자 떠다니는 기의이기도 한 성령이다. 우리는 그를 어디서 찾을 수 있을까?

아마 글쓰기가 전설 속에 등장하는 것은 그것이 발명된 것이 아니라 진화한 것이기 때문일 것이다. 통상적으로 개별적인 사건들, 일어난 일(happening)과 그 원인의 기록이라고 정의되는 역사는 진화의 현상들을 단속적으로 다룬다. 진화는 사건이 아니라 이름이나 장소로 축약할 수 없는 과정이기 때문이다. 진화는 광범위한 것으로 동시에 여러 장소에서 일어나고, 한순간 인지할 수 있는 변이를 만들어내는 것이 아니라 점진적이다. 그리고 진화라는 맹목적이고 인정사정없는 창조물 속에서 문화의 모든 아우성과 변덕이 일어나는 것이다.

글쓰기의 효과는 급진적이다. 글쓰기의 기원부터 의식 속에서 수행하는 밀접한 역할, 그 모양새 모두가 언어와 기억과 문명의 뿌리를 뒤흔든다. 급진적(radical)이라는 말의 어원 역시 뿌리를 의미하는 라틴어 radix다. 글자와 기호는 직선과 곡선이 타래처럼 엉킨 채로 땅에서 뽑아 올린 뿌리처럼 생기기도 했다. 어둠 속에 묻힌 채 우리가 언어로 일구어내는 의미들을 키우고 지탱하는 것이다. 의미론에서 단어 속 굴절하지 않는 의미를 가리키는 용어는 어간(radical)이다. 중국어 사전은 글자를 이루는 근원적인 시각 단위에 따라 구성되고 이 시각 단위를 부수라고 하는데, 중국어-영어 사전에서는 이 기본 글자를 radical이라고 일컫는다. 옛 중국인들은 글자를 뿌리처럼 땅속에 묻히는 죽은 이의 뼈에 비유했다. 이 이미지 속에서 문자 기호는 마치 우리 조상들이 거했던 배나 처소 같이, 또 그들의 영혼을 붙들고 싣고 드러내는 실타래나 바구니 같이 느껴진다.

뿌리 파내기

글쓰기의 뿌리는 무엇일까? 어떻게 지금의 형태가 된 것일까? 생김새도 체계도 다양하지만 대개의 문자 형태는 대단히 비슷한 특징을 띤다. 바로 교차하고 이어지고 구부러지는 선으로 이루어져 있으며 일렬로 배열된다는 점이다. 왜 그럴까? 예를 들어 색상이나 명암, 상대적인 위치로 의미를 전달하는 문자 체계는 왜 없을까? 물론 문자의 생김새는 상당 부분 인간의 생리학적 한계(나는 가능성이라는 말을 더 선호한다.)에 의해 결정된다. 그러나 이 한계는 역동적이다. 인간의 한계는 스스로를 변화시킴으로서 변화에 반응하는 한편 새로운 가능성을 만들어낸다. 신석기시대의 항아리에 새겨진 기하학적 문양에서 오늘날의 기업 로고에 이르기까지 기호는 유연하고도 친숙한 그래픽 문법인 선의 위상학(topology of line)을 공유한다.

문자 체계는 자유분방하리만치 다양하지만 이를 이루는, 흔적들이 결합해서 형성된 글자의 필수적 형태 또는 구성─진정한 시각적 뿌리라고 표현해도 될 것이다.─은 놀랍도록 적다. (대부분을 나열해보자면) 십자, 원, 선 같은 것들이 합쳐져 의미를 실은 여러 가지 변주들을 만드는 것이다.

이 배치는 인간의 시각적 경험에서 나온 형태들을 접합하거나 중첩시킨 것에서 나왔다는 주장이 오래전부터 제기되어왔다. 숲속 나무들의 뒤엉킨 뿌리와 가지, 평원을 구불구불 가로지르는 강줄기, 젖은 모래에 점점이 남은 새들의 발자국, 아마 이런 것들이 문자의 본보기(어쩌면 그보다는 뮤즈)가 되었을 것이다. 하지만 위상학이 중요할까? 혹시 우리는 위상학적 배치를 특별히 구분하도록 '조율'된 것일까? 인간의 시각기관에 원과 선이 연결된 것의 의미를 더하거나 복잡하게 하는 독특한 무언가가 있어서 이 형상들을 두드러지게 보여주는 것일까?

인식의 뿌리에 대한 추측은 시각 기호들이 가지는 기본적인 역사, 즉 알파벳이건 표의문자건 간에 모두 사물의 그림으로서 시작되었다는 점을 간과한다. 이러한 인식의 기본 원칙들은 어째서 글쓰기가 우리에게 효과를 발휘하는지, 어떻게 3000년이 넘는 시간 동안 이 기호들이 잘 보존되었는지에 대한 근거를 보여준다. 알파벳은 어근/어간/위상학적 차원에서 놀라우리만치 보수적이다. 그리고 또 글자들은 보여지거나 읽히기 위해서뿐만 아니라 만들어지기 위해서 진화했다. 쓰이기 위해서 말이다. 결국은 우리는 만드는 사람, 조작에 능하며 세상과 서로를 새로이 만들어내고자 하는 호모 파베르가 아닌가?

그러니 질문을 이렇게 정리해볼 수 있을 것이다. 글자는 뿌리와 비슷한 걸까, 아니면 꽃과 더 비슷한 걸까? 즉 문자는 우리가 종종 그렇게 믿고 싶어 하듯 의미의 근본 단위인가, 아니면 매혹적인 동시에 환영 같은, 하나의 상상력이 피어나서 우리의 이야기와 생각을 받아들이고 재현하도록 다른 이들을 초대하는 꽃일까?

인간의 본래적이며 원시적인 인지적 특성의 잔존에 초점을 두는 진화심리학자들은 두뇌가 읽기와 쓰기를 위해 진화한 것이 아니며, 따라서 그런 목적에 두뇌가 적응한 것은 우발적인 일이라고 주장한다. 마찬가지로 인간의 척추가 육지에서의 이족 보행을 위해 수직으로 세워진 몸통과 허리를 떠받치는 역할을 하는 것 역시 그 '원래의 목적'이 아닌 우발적인 것이라고 한다. 그러면 우리는 애초에 읽고 쓸 운명이 아니었던 건지도 모르겠다. 하지만 이 말은 우리의 척추가 원래는 육지를 걸어 다니는 포유류의 몸통 위에 얹힌 커다란 두개골을 떠받치기 위해 진화한 것이 아니므로 우리가 이족 보행할 '운명'이 아니었다고 말하는 거나 마찬가지다. 우리 조상들이 똑바로 일어나서 서로 이야기라는 것을 하게 된 것은 말할 것도 없고 애초에 바다를 떠나지 않았어야 한다고 말이다.

2008년 파리 피티에살페트리에르 병원의 뇌신경학자 스타니슬라스 드앤(Stanislas Dehaene)과 그의 연구팀은 글을 읽을 때 두뇌는 두 가지 경로로 작동한다는 것을 발견했다. 익숙한 구절을 유창하게 읽을 때는 빠른 복측(ventral) 경로를 통하고, 낯설거나 읽기 어려운 단어를 해독할 때는 느린 배측(dorsal) 경로를 통한다는 것이다. 이 두 가지 경로는 물 흐르듯 넘나들 수 있는 것이 아니라 방아쇠와 같은 문턱을 거치는데 그 위치는 각 독자의 읽기 능숙도에 따라 다르다. 짐작건대 이 문턱이라는 방아쇠를 만드는 것은—특히 두뇌 발달의 결정적 시기에는—읽는 행위다. 그리고 이 두 가지 경로는 숲속의 두 갈래 길과 같은 것이 아니다. 두뇌는 단순히 뉴런의 효율성을 위해 험준한 바위와 지그재그 길이 있는 긴 오르막길을 마다하고 편한 길을 택하는 것이 아니기 때문이다. 두뇌가 쉬운 길을 선택하는 건 힘든 길을 준비하기 위해서다. 그리고 정신의 문간에 좀 더 면밀히 읽어야 할 단어가 등장하면 두뇌는 이 단어를 지켜보고 그것의 규칙과 특이점을 알 수 있도록 가파른 길로 보내는 것이다.

이렇게 스스로 변화하고 분기하고 복잡해지는 것이야말

로 두뇌가 가진 놀라운 점이다. 하지만 이때 우리는 닭이 먼저 인가 달걀이 먼저인가 하는 의문을 갖게 된다. 유창한 글쓰기를 위해서 두뇌가 읽기에 익숙해져야 한다면, 애초에 어떻게 글쓰기가 생겨난 걸까? 글쓰기를 만들어낸 우리의 두뇌는 신화 속의 토트 신처럼 문맹이었으며 기호를 시각적으로 해독하기 위해서 순진무구한 배측 경로를 사용했을 것이다.

읽기와 쓰기라는 살아 있는 씨실과 날실은 어떻게 두뇌의 아래쪽 더 빠른 경로를 찾아갔을까? 글쓰기의 충동이 이렇게 두뇌를 통과하기까지 어째서 그렇게 오랜 시간이 걸렸을까? 글쓰기가 생겨나기 전 기나긴 시간 동안 인간은 두뇌로 무슨 일을 했을까? 그 시간 중 대부분을 인류는 풍부하고 복잡한 상징적 행위에 참여했다. 죽은 자를 기리기 위해 단순히 실용성을 넘어선 우아하고 균형 잡힌 형태의 돌널을 만들었다. 아마도 노래를 했을 것이고, 분명 춤도 추었을 것이다. 그림을 그리고 색칠도 했고, 이들이 남긴 그림들은 막대한 양이었으며 때로 비상하기도 했다.

고대에 그려진 그래픽아트에서 가장 유명하고도 놀라운 예 가운데 유럽의 동굴벽화가 있다. 오늘날의 서유럽에 해당하는 지역에서 약 3만 2000년 전 시작된 구석기시대의 사람들은 스페인의 알타미라나 프랑스의 라스코 등의 동굴에 사냥감과 포식자, 때로는 자신들을 그림으로 그려 넣었다. 라스코 동굴 하나에 그려진 그림만 해도 2000개가량이다. 다작을 즐기던 구석기시대 화가들은 2만 년이 넘는 기간 동안 깜깜하고 침침한 동굴 속에 그림을 그려댔고, 이는 지구상에 오스트레일리아 외에는 그 어디에서도 유례를 찾을 수 없는 꾸준한 문화적 생산이었다.

구석기시대의 유럽은 지금의 유럽 대륙과는 전혀 다른 곳이었고, 심지어는 루비콘강을 건넌 로마인들이 발견한 중세 이전의 숲과 들로 이루어진 지형과도, 북유럽의 신화와 민담에 등장하는 모습과도 다르다. 석기시대의 유럽은 훨씬 추웠다. 오늘날 유럽의 기후를 온화하게 해주는 멕시코만류가 지금보다 남쪽으로 치우쳐 있었기 때문에 유럽반도는 북극 대기에 그대로 노출되었다. 혹독한 기후 덕분에 남부에는 나무가 자라지 못하고 브리튼섬에서 캄차카반도에 이르는 광대한 초지가 생겨났다. 심지어 그 너머 지금의 알래스카주와 북부 캐나다도 마찬가지였다. 고인류학자 R. 데일 거스리(R. Dale Guthrie)가 '매머드 스텝(Mammoth Steppe)'이라고 이름 붙인 이 광대한 생태계에는 마스토돈, 들소, 텁수룩한 털을 가진 야생마와 같이 털로 덮인 대형 포유류와 그들을 사냥하는 포식자인 검치호, 동굴곰, 그리고 인간이 살았다. 인간은 이 거대한 생물군 서식지의 남쪽 변두리, 도르도뉴 같이 계곡이 떡갈나무와 오리나무로 이루어진 터를 감싸고 있고 강이 흐르며 나무 한 그루 없는 끝없는 스텝을 지나 불어오는 북풍을 조금이라도 막아주는 언덕이 있는 지역에 살았다.

19세기 이후로 인류학자들은 구석기시대 화가들의 그림 속에서 의미를 찾기 시작했다. 어떤 학자들은 샤머니즘 문화의 흔적인 꿈과 환각을 그려놓은 것으로 보았다. 또 다른 학자들은 쌍을 이루고 대조하는 구조주의적인 리듬 속에서 오록스와 붉은 사슴, 회갈색 말과 매머드의 의미를 변조하는 일종의 동물적 문법을 찾아내려 분투했다. 그들은 라스코 동굴에 그려진 수천 가지 그림은 하나의 연속적인 신화를 이야기하고 있다고 주장했다.(그 신화가 무엇인지는 그들도 알 수 없다. 그것들은 그림이지 글이 아니니까.) 그러나 저서 『구석기시대 예술의 특성(The Nature of Paleolithic Art)』에서 동굴벽화를 초자연적인 것으로 보는 가정에 이의를 제기했던 거스리는 이 벽화가 수렵 문화에 대한 성인 남성의 매혹과 예민하게 발달한 관찰력을 보여준다고 주장한다. 거스리는 알래스카에 거주했고, 선사시대 역사를 연구하는 한편으로 수렵과 어획으로 가족을 부양하기도 했다. 그는 수렵 생활에서는 샤머니즘의 환각에 의존하지 않고서도 충분히 많은 경험을 얻을 수 있다는 것을 알았던 것이다.

거스리는 라스코 동굴벽화에서 환각이 유발한 공상 대신 풍부한 자연사를 발견해낸다. 구석기시대 화가들은 말과 사슴의 털로 계절의 변화를 드러냈다. 동물들이 꼬리를 치거나 입을 벌린 것은 발정기나 구애 중임을 나타내는 특징이다. 크고 위험한 사냥감에 대해 조금이라도 더 알고자 했던 사냥꾼들에게는 중요한 사항들이었을 것이다. 동굴 화가들이 그린 동물 그림이 가장 놀라운 것은 이 상세하고 자연스러운 그림들과 개수도 많지 않고 훨씬 초보적인 사람 그림을 비교해보았을 때다. 과거에 이 차이가 인간 정체성에 대한 감수성이 덜 발달한 증거라고 보았을 때는 그 원인을 석기시대의 생활 조건에서 찾았다. 작은 사회에서는 개인들 간의 차이는 크게 눈에 띄지 않는 반면 사냥감을 구분하는 사냥꾼의 감각은 발달했으리라는 것이다.

하지만 거스리는 동굴벽화에 담긴 순전한 상상력의 에너지가 관찰보다 더 중요하다고 주장했다. 도르도뉴의 동굴에서 발견된 사냥감을 그린 그림들(그리고 훨씬 수가 적은 인간 그림들) 다수는 완전하게 구현된 장대한 수수께끼다. 그러나 완성된 그림보다 더 많이 발견된 것들은 고대 화가들의 스케치와 시도, 끄적끄적 그려놓은 불완전한 낙서다. 거스리는 이 화가들이 무척 친숙하고도 반복적인 놀이를 하고 있었던 것이라고 생각한다. 놀이는 다만 시간을 보내는 수단이 아니라 적응력을 가진 행위다. 우리는 놀이를 통해 새로운 것과 계산에 익숙해지고, 결과를 예측하는 법을 배우고, 타인의 동기를 직감한다. 인간처럼 커다란 두뇌를 가진 종에게 놀이는 어느 정도의 쾌락을 제공하지만, 그렇다고 이 사실이 놀이가 가진 전적으로 실용적인 속성과 모순되는 것은 아니며, 오히려 쾌락은 그 실용적인 속성에서 나온다. 그럼에도 놀이는 그것이 자아내는 기쁨 속에서 그 자체가 목적이 된다. 우리의 유희적 활동은 자연선택의 명령과 강박적 행동의 무거운 대가 사이 아슬아슬한 경계에서 일어난다.

상상해보자. 여기는 파리가 붕붕 날아다니고 스텝 지역이 물렁물렁한 늪으로 변하는 따뜻한 계절, 서늘하고 축축한 동굴 속이다. 동굴 안에서 젊은 사내들이 할 일은 마땅히 없다. 동물들은 떼를 지어 북쪽 평원으로 떠나버렸고, 아버지들도 동물들을 따라갔다. 나뭇진에 붙은 흔들리는 불꽃에 의지해 사내들은 키득키득 웃고 서로 가볍게 몸싸움을 하면서 색을 띤 흙을 묻힌 손가락을 벽에 문지른다. "이건 내가 내년에 잡을 사슴이야." 한 사내가 말한다. "짝을 부르고 있어. 놈은 내가 길게 자란 풀 무더기 아래 숨어서 보고 있는 걸 몰라." 손이 빠른 친구는 황토색 흙을 듬뿍 찍어 벽에다 펴 발라 개략적인 스케치를 한다. 부풀어 오른 가슴, 둥그런 배. "이건 내 사냥감이야, 네가 수사슴을 쫓아가는 동안 내가 붙잡았지." 두 사내는 그렇게 웃으며 서로를 쿡쿡 찌르고 둘이 늘어놓는 자랑은 입김이 되어 동굴 입구까지 피어오른다.

인류학자이자 가톨릭 사제로, 라스코와 알타미라의 동굴벽화를 묘사해
이 뛰어난 예술작품을 세상에 알린 앙리 브뢰이(Henri Breuil)의 그림.
브뢰이 신부와 에밀 카르타야크(Emile Cartailhac)가 공저한 책에 등장하는
이 그림은 들소와 말의 형태가 겹쳐 보이는 발굽 달린 팰림프세스트의
형태를 띤다. 알타미라 동굴의 벽화를 브뢰이 신부가 섬세하고 충실히
베낌으로써 동굴의 석회질이라는 물성을 제거하고 소박한 하얀 바탕에
옮긴 뒤 오프셋 리소그래피로 인쇄한 이 그림은 구석기시대 동굴벽화가
가진 믿기지 않는 생생함과 힘을 환기시키는 동시에 변이시킨다.

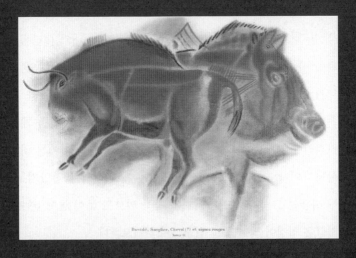

Bovidé, Sanglier, Cheval(?) et signes rouges

74

여러 면에서 인간의 많은 특성은 유아화를 통해 진화하고 있음이 폭넓게 관찰되었다. 유형성숙(幼形成熟)이라고 불리는 청소년 단계의 연장은 우리를 최대한 오랫동안 어린아이처럼 행동하게 만들며 우리의 인지력과 사회성을 광범위한 영역까지 확장한다. 아이들은 규칙을 바꾸는 것을 좋아한다. 정교한 은어, 암호는 물론 일시적인 착상으로 신화를 만들어내기도 한다. 글쓰기와 마찬가지로 놀이 역시 시간과 노력이 많이 드는 일이다. 그럼에도 인간은 항상 어디에서나 자발적이며 주체할 수 없이 놀이를 한다. 아이들이 하는 행동에 성인들이 종종 홀리는 것은 유형성숙의 부산물이다. 문화, 언어, 예술, 그리고 글쓰기는 중요한 의미에서 그 뿌리를 연장된 어린 시절에 두고 있다.

그러나 고대 유럽의 동굴 화가들이 남긴 작품이 오늘날의 글쓰기를 발생시키지는 않았다. 도르도뉴 최후의 화가들의 시대와 지중해 반대편에서 글쓰기가 발생한 시대 사이에는 5000년의 간극이 있다. 도나우강 유역과 남동부 유럽에서는 달력을 비롯한 특정한 의미를 표현하는 흔적을 남기는 문화가 있었다는 증거들이 발굴되었다. 그러나 그것 역시 수천 년 후의 일이고, 좋게 보아야 남서부 유럽의 구석기시대 화가들의 먼 친척에 불과하다. 내가 구석기시대 화가들과 최초의 필경사들 사이에서 찾아내려는 연관 관계는 인과적인 것도, 심지어 연대기적인 것도 아니다. 그 대신 우리는 여러 시대와 문화에 흩어져 있던 이런 흔적을 남기는 이들이 비슷한 문제에 어떻게 답했는지, 비슷한 충동에 어떻게 반응했는지를 살펴보아야 한다. 흔적을 남기는 이들은 실용적인 정보 전달이나 능숙한 이야기 방식 이전에 놀이라는 한층 더 기본적인 충동을 공유했다.

천사의 문자, 하느님의 글씨, 연금술의 공식, 태고의 근원적 문자를 찾고자 하는 시도는 여러 가지 형태를 띠었다. 어떤 이들은 변덕스러운 신비주의나 예언적 영감 속에서 찾고자 했고, 어떤 이들은 연금술적 추론을 통해 기존의 기호들을 공식과 알고리즘에 따라 조작하고 재조합해서 이상적인 형태를 찾고자 했다. 또 고고학을 통해, 땅속에 묻힌 깊은 시간의 흔적에서, 문화적 관례가 고대의 삶의 방식과 맺고 있는 뚜렷한 연관 관계 속에서 그 이상적 형태를 찾고자 했다. 근대 이누이트인들이 만든 북극 주변의 해안선 지도는 고대의 동굴벽화처럼 인간에게 시각적 표현을 향한 충동이 있다는 사실을 환기하는 동시에, 선사의 흔적을 찾고 기호의 의미에 대한 그럴싸한 이야기를 만들어내고자 하는 욕망을 보여주기도 한다.

덴마크의 탐험가 구스타프 홀름(Gustav Holm)은 1884~1885년에 걸쳐 탐사대를 이끌고 그린란드 동해안을 탐사했다. 해안선을 타고 북쪽으로 진출한 그는 이전까지 알려지지 않은 여러 이누이트 부족과 접촉하게 되었다. 그들의 특성 중 홀름에게 가장 인상적으로 다가왔던 것은 그들이 지리적으로 능통하다는 점이었다. 그는 이렇게 썼다. "아마살리크(Ammassalik) 거주민들은 다른 이누이트 부족들과 마찬가지로 자연에 대한 관찰력이 뛰어나다. 그들은 한 번 가본 곳을 무려 20년이 지난 뒤에도 아주 세세하게 묘사할 수 있으며, 단 한 번도 그림을 그려본 적이 없더라도 종이 위에 그 장소를 그려낼 수 있다." 그런데 그중에서도 한 이누이트 남성의 능력이 특히 뛰어났다. "세르밀리가크(Sermiligak)와 캉에르들루그수아트시아크(Kangerdlugsuatsiak) 사이 해안 지역에 사는 쿠나크(Kunak)라는 이교도는 나무에 조각을 했다." 홀름은 이렇게 전한다. "내 책에 그가 조각한 나무 지도를 간략하게 복제한 삽화를 실었는데, 해안선은 나무토막의 양쪽에 걸쳐 이어지는 형태로 새겨져 있고, 군소 제도들은 막대기 하나에 새겨졌는데 물론 각 섬들을 잇는 부분은 실제로는 없다고 보아야 한다. 지도를 설명할 때는 막대기를 천천히 움직이며 각 섬들을 제자리로 옮긴다." 홀름의 책에 실린 삽화에는 시선을 사로잡는 두 개의 나무 조각이 나온다. 널빤지를 닮은 조각의 양쪽 가장자리에는 피오르를 닮은 홈과 섬을 닮은 홈들이 치열처럼 나란히 움푹 패어 있고, 막대기를 닮은 다른 하나는 치아를 연상시키는 포자 형태가 길게 이어져 있는 모양이다.

위에서 번역해 인용한 부분이 훌름이 일명 나무 지도와 그 쓸모에 대해 남긴 기록의 전부다. 지금 그 나무 지도는 누크에 위치한 그린란드 국립박물관 및 기록보관소에 보존되어 있다. 그러나 여기서부터 지도 제작의 역사에 관한 상상력은 풍부하게 뻗어나갔다. 최근 출판된 디자인과 커뮤니케이션을 다룬 책은 나무 지도가 생각을 단단하고 전달 가능하며 실용적인 형태로 표현하고자 하는 원시의 이상을 다룬 것으로 보고 있다.

> 그린란드의 해안을 따라 카약을 저어가다가 지도가 필요하다고 생각해보자. 종이 지도도 있겠지만, 손가락 없는 장갑을 낀 손으로 펼치기는 어려울 것이다. …… 아마 카약 안에서는 핸드폰 신호도 잡히지 않을 것이다. 심지어 신호가 잡힌다 해도 기온이 너무 낮아서 배터리가 나갔을 것이다. …… 그러면 이누이트가 사용했던 세 번째 방법을 써보자. …… 나무에 해안선을 새겨서 만든, 촉각으로 읽을 수 있는 두 개의 지도다. 손이 시리지 않도록 지도를 장갑 안에 넣어 다닐 수도 있다. 배터리 수명이 영원하며,

1년에 여섯 달씩 이어지는 깜깜한 나날에도 읽을 수

있다. 그리고 실수로 물속에 빠뜨린다 해도 물에 뜬다.

이 모든 이야기는 사실이다. 어느 선까지는 말이다. 사실 아마살리크의 나무 지도에 대해서는 알려진 바가 극히 적다. 홀름의 설명만으로는 나무 조각의 크기도 알 수 없으며, 이 지도들을 상세히 설명한 학술 논문도 없다. 더 결정적인 것은 아마살리크 인근을 비롯해 그 어디에서도 이누이트가 만들었다는 이런 지도 표본이 수집되지 않았다는 점이다. 얼마 남지 않은 기록으로 추정한다면 홀름이 말한 '이교도'는 지도 비슷한 것을 내놓으라고 들들 볶인 끝에 수완을 부려 구레나룻을 텁수룩하게 기른 유럽인에게 깊은 인상을 남김 직한 작품을 내놓은 게 아닐까 싶다. 그럼에도 이 환기적 사물은 그 자체로 상징적인 삶의 상징으로서 상당한 힘을 발휘했다. 심지어 그린란드 우표에까지 등장했을 정도니 말이다.

지금까지 우리는 글쓰기의 뿌리를 찾으려 오랫동안 닫혀 있던 동굴들을, 고대의 모래 더미를, 부서진 비석 조각들을 탐색했다. 그리고 그 모든 곳에서 이미 완전히 형성되어 작동하고 있는 인간의 상상력을 찾아냈다. 아마살리크 나무 지도에 대한 그럴싸한 이야기는 의식의 기원과 그것들이 기호와 세상의 사물에 드러나는 방식에 대해 우리가 내심 품고 있던 가설을 무심결에 드러낸다. 우리는 자꾸만 과거와 현재를 묶어주는 쉬운 내러티브를 찾고 있다. 하지만 자세히 들여다 볼수록 우리는 인간의 복잡성만을 점점 더 알아가게 된다.

타불라라사

오늘날 세계에 쐐기문자라고 알려진 최초의 문자 체계는 기원 전 4000년경 메소포타미아의 도시국가 우루크(Uruk)에서 생겨난 것으로 알려져 있다. 물론 고대의 필경사들은 이를 '쐐 기문자'라고 부르지 않았다. 이 라틴어에서 유래한, 쐐기문자 를 뜻하는 단어 cuneiform은 낭만주의 시기의 문학 연구자 인 윌리엄 테일러(William Taylor)가 1818년 고대의 글을 묘사 하면서 처음 사용되었다. (테일러는 이렇게 썼다. "쐐기문자의 구성 요소는 단순해서, 쐐기 모양과 직사각형이라는 단 두 가지 요소다." 로마 자가 점과 선으로만 이루어진 단순한 구성인 것과 같다.) 수메르어로 '새기다'라는 의미인 sataru는 글쓰기 행위와 그 효과의 이름 이 되었고 시간이 흐르며 왕의 영예에 대한 은유가 되었다.

쐐기문자는 이후 문명의 발흥, 즉 이전의 인류사에 없었 던 정도로 강화되고 정교해진 전쟁, 경제, 정부의 권력과 불가 피하게 결부된다. 그럼에도 쐐기문자의 시작은 한층 소박한 것이었다. 비옥한 초승달 지대*의 마을에 살던 농부며 가축 몰이꾼에겐 가축과 작물을 세고 추적할 수단이 필요했다. 그들은 손 닿는 곳에 넘쳐 나던 재료를 이용했다. 티그리스강과 유프라테스강의 진흙 그리고 강둑을 따라 자라던 갈대─그리스인들에게는 칼라모스라고 알려진, 우리의 잘 휘어지고 제멋대로이며 언제나 젊은 친구 말이다.─였다. 그들은 수천 년간 진흙으로 그들의 재산을 셌다. 그리고 에릭 길에게는 미안한 소리지만 초기의 문자는 사물'의' 그림이라는 형태를 띠었다. 오늘날의 추상적이면서 쇠락한 알파벳에서조차 글로 쓰인 형상은 길과 나무, 뼈, 집, 개미의 형상을 닮아 있다.

그러다가 무슨 일인가가 일어났다. 기원전 4000년대의 마지막 1세기 어느 시점에 누군가가 수를 세고 흔적을 남기는 것을 그림 그리기와 뒤섞어버렸던 것이다. 처음에는 회계가 목적이기는 했으나 쐐기문자를 탄생시킨 추진력을 오로지 회계의 공으로 돌릴 수는 없다. 그림 그리기의 매력은 양이나 곡식의 단위를 나타내는 데까지 그 영향력을 행사하여 기호와 개념 사이에 일종의 결혼이 일어났고, 나아가 형태와 언어를 연결하고 가로질렀다. 흔적 남기기의 가능성이라는 신비로운 우주, 손에 연결된 한 정신이 물가의 막대기 하나를 집는 순

★ 유프라테스강, 티그리스강과 나일강, 페르시아만을 연결하는 고대의 방대한 농업 지대.

간마다 잃었다가 되찾기를 반복하는 세계는 사슬 하나하나씩, 상형자 하나하나씩 사물과 언어의 풍부한 세계와 합병되어갔다.

메소포타미아의 숫자 쓰는 사람들은 처음에는 흙과 진흙을 파내고 긁는 것으로 시작했으나 나아가 갈대를 잘라 쐐기 모양 단면을 만들고 끝을 부드러운 점토에 찍어 깔끔하고 날카로운 자국을 새겼고, 그것을 사물과 개념, 궁극적으로는 언어와 소리와 언술의 일부를 나타내는 기호와 영리하게 연결시켰다.

어떻게 이런 일이 일어나게 된 걸까? 당연히 확실하게 알 방법은 없다. 하지만 자국 남기기가 경제적으로 중요해지면서 아마 이 기술을 어린아이에게도 가르치게 되었을 것이고 이는 우리가 쐐기문자로 된 문헌을 통해 알 수 있었던 필사 학교의 원형이 되었을 것이다. 그리고 아마 여기서 우리가 구석기시대 화가들을 통해 알게 된 유형성숙이 그 진가를 발휘했을 것이다. 아이들은 무언가에 노출되면 그것을 변형한다. 놀이와 유유자적을 통해, 낙서와 그림 그리기를 통해 확대하고 확장하는 것이다. 고대 메소포타미아에서 급성장하던 초기 도시 같은 폐쇄적이며 위계적인 사회에서는 아무 생각 없이 놀기만 하는 아이들이야말로 자라서 다음 세대의 필경사가 되고 선생이 되었다. 그들이 낙서하며 놀던 것들 중 가장 잘 들어맞는 형상, 가장 보기 좋은 기호와 구조가 획기적인 것이라며 새겨졌을지도 모르겠다. 글쓰기의 발생이 아이들 놀이의 산물이었다니 억지스러운 주장이라 느낄지도 모르겠다. 그러나 그때와는 무척 다른 시대에 무척이나 다른 도구와 매체를 사용한 비슷한 역동이 오늘날에도 왕성히 일어나고 있다. 여기 붙은 이름이 소셜 미디어다.

쐐기문자는 발생하여 빠르게 발전하기 시작한 이래 3000년 동안 수많은 변화를 겪었다. 점토뿐 아니라 밀랍에도 돌에도 금속에도, 심지어 (파피루스 형태의) 종이에도 새겨지게 되었다. 그것이 태어난 매체는 고대의 것이고(사람들은 수만 년 동안 진흙에 그림을 그렸다.) 그리고 물론 이 시대의 토기는 비옥한 초승달 지대와 그 너머의 고대 공예품이었다. 그러나 쐐기문자에 그 독특한 양식을 부여한 진흙과 점토라는 재료들은 쐐기문자의 쇠퇴 이후로는 글 쓰는 사람들에게 완전히 낯선 것이 되었다. 오늘날 우리가 메소포타미아의 필경사들이 가졌을, 우리에겐 낯선 감각중추를 분명히 아는 건 불가능할 것이다. 공기 중에 진하게 풍기는 흙냄새, 손가락이며 옷에 묻어 마르고 갈라져가는 액화된 점토인 흙물, 필사를 하는 사이사이에 완성되지 않은 글을 싸두던 축축한 리넨의 거칠고 달라붙는 감촉.

점토라는 매체가 낯선 후대인들에게는 쐐기문자가 막다

사자를 탄 이슈타르, 산 정상에 서 있는 신, 초승달로부터 입맞춤을 받는
독실한 탄원자. 메소포타미아의 주요한 필사 도구 중 하나였던 원통 인장
둘레에 새겨진 작은 장면이다. 정교하고도 난삽한 글쓰기 매체의 세계에서
원통 인장은 문서에 편리하게 서명을 남길 수 있는 도구였다. 아시리아
쐐기문자로 "우바시의 것 …… 피키티일리마의 환관"이라는 글이 두 줄로 쓰인
이 인장은 일상적으로 쓰였던 물건이다. 그러나 이 명시적이고 평범한 글에는
섬세하고 복잡한 그림이 함께한다. 독자는 알 수 없는 유쾌한 비밀이다. 인장을
이루는 칙칙한 색의 옥수(玉髓), 내부에서 자연적인 광채를 뿜는 광물.

른 길에 도착한 매체라든지 더 발전된 알파벳을 향한 원시적
인 디딤돌이 아니라 그 자체로 완전히 형성된, 유서 깊으며 유
연하고 세련되었으며, 영리하고 복잡하며 다양한 언어를 (심
지어 때로는 동시에) 표현할 수 있었던 문자 체계였다는 점이 잘
와닿지 않는다. 언어학자들은 수메르어를 고립어라고 부른다.
지금까지 알려진 어떠한 언어군과도 명확한 관계가 없기 때
문이다. 격동과 변화의 오랜 세월을 거치며 수메르어는 메소
포타미아에서 성스럽고 학문적인 언어가 되어 아카드어, 엘
람어, 히타이트어 등에게 자리를 내주었다. 이들은 원래의 수
메르어와 공통점이 거의 없는 셈어족과 인도유럽어족 언어들
이다. 새로운 언어들에게 쐐기문자를 만들어주려는 욕구는
끊임없는 혁신을 유발하고 단어만이 아니라 소리, 태, 품사를
표현하는 기호에 대한 수요를 창출했다.

　문제는 어째서 문자가 생겨났는지, 또는 무수한 난관에
도 불구하고 어떻게 문자가 생겨날 수 있었는지가 아니다. 문
제는 어째서 그렇게 오래 걸렸나 하는 것이다. 넓은 의미에서
볼 때 문자는 환상적인 가소성*을 지닌 인간의 두뇌에 너무나
도 자연스러운 것이기 때문이다. 글쓰기가 전적으로 인간적
일 필요는 없지만, 인간은 모든 면에서 언제나 어디서나 쓰기

★　plasticity, 환경, 경험, 신체 상태 등에 따라 변화할 수 있는 신경계의 유연한 특성.

를 탄생시킬 수 있었다. 우리의 두뇌는 문화적 가능성을 계속 다양하게 표현함으로써 정신을 만든다. 문자를 이렇게 바라보면 글로 쓰인 표현이 증가하고 변이하는 것을 낙관적으로 바라보기 쉽다. 변하는 것, 스스로를 부수고 다시 만드는 것은 글쓰기의 타고난 속성—문화적인 것들의 속성—이다. 읽기와 쓰기의 방식과 양태에서 일어난 기술적 변이는 파열이 아니라 문화적 사물로서 글쓰기가 갖는 피할 수도 멈출 수도 없는 생명의 표현이다. 이때 필요한 것은 특정한 변화가 아니라 변화 자체다. 그리고 글쓰기는 지금까지 줄곧 변화해왔다.

그렇기에 글쓰기의 여명기가 어떤 상황이었는지를 설명하려고 하면 이상하게도 우리가 언제나 글쓰기의 첨단에 아슬아슬하게 걸쳐 있다가 혁신을 향해 발을 헛디뎠다고 마무리하게 된다.

3장   그림과 사물

중국에서 문자가 생겨난 것은 메소포타미아에서 문자가 생겨난 것과 엇비슷한 시기다. 정확한 발생 시점은 분명치 않으며 이론의 여지가 있다. 중국 문자의 기원은 문자 전반의 기원과 마찬가지로 필연적으로 역설 속에 존재한다. 문자의 근거는 다름 아닌 문자 속에서 가장 선명하게 찾을 수 있다는 역설이다. 글자들은 자꾸만 무성해지는 숲처럼 종이와 벽과 스크린 위에 무리를 이루고 그 시작을 찾을 수 있는 흔적은 세리프 속에 숨겨져 나무 속 나이테처럼 빽빽해진다.

    서양인들의 눈에 이 문제는 중국의 글을 구성하는 문자

인 한자를 살펴볼 때 한층 더 복잡해 보인다. 한자는 상형자의 개수는 물론이고 형태와 활용에서도 알파벳 문자와 전혀 다르기 때문에―그럼에도 문자임을 전적으로 식별할 수 있기에―서양인들이 아시아 문화에 대해 느끼는 어마어마한 매혹과 경이를 촉발했다. 매혹에 사로잡힌 서구의 상상력은 동쪽을 향했는데, 이는 동서양의 문화를 혼란케 하는 동시에 풍요롭게 만드는 방식이었다. 특정 시대와 공간의 서양인들에게는 문자라는 기묘한 수수께끼가 자신들에게 익숙한 문자 체계보다 한자 속에 한층 더 매력적이고 유망하며 혼란스러운 방식으로 부호화되어 있는 것으로 보였다. 한자가 알파벳을 매개로 한 언어의 연속적이고 선형적이며 파도를 닮은 변화 형태를 교란하는 것처럼 보였기 때문이다. 알파벳 문자를 통해 도착하는 언어가 담론의 파도를 닮았다면 한자는 한 글자 한 글자가 의미를 창출해내는 밀도를 가진 개별적인 신성(新星)으로서 빛나는 것 같다. 보통 알파벳 문자는 입자와 요소의 성질을 띠고, 즉 개별로 존재할 때 확고한 의미를 가진다기보다는 하나로 합쳐졌을 때 파도에 실린 표류물같이 담론의 흐름 위에서 까딱거리며 드러나는 언어의 살아 있는 벡터에 가깝다고 본다. 반면 한자는 표현에서 시각성만을 고립적으로 취한 것, 즉 사물의 형상을 띤 것이기에 의미의 핵심에 더욱 가까운 동시에 언어 자체가 가진 명멸하는 따뜻한 생명력과는 한층 멀어 보인다. 그러나 한자를 이렇게 설명하는 것 자체가 이미 오래전부터 동서양의 접촉을 줄기차게 괴롭힌 중국 문자에 대한 서양의 판타지에 기여하는 것이다. 한자의 살아 있는 역사를 더듬어보면 식민지 탐사에 대한 오리엔탈리즘적 환상보다 훨씬 평범한 동시에 근사하기도 한 사실들을 알게 된다.

중국의 가장 오래된 문자는 기원전 14세기 청동기시대 후기의 상나라에서 발생한 갑골문자로 오늘날 수골점법, 화점법, 귀갑점법이라 불리는 점치는 행위에 쓰였다. 점치는 의식에서 소의 견갑골 또는 거북의 배딱지에 질문을 새기고 불에 넣었다 빼거나 뜨거운 부지깽이로 이를 지지면 갈라진 뼈가 이어지고 붙은 모양을 보고 점괘를 읽어냈던 것이다. 오늘날 이 중국 최초의 글자에는 이와 결부된 점술에서 따온 이름이 붙어 있지만 이 글자가 고안된 것은 점을 보기 위해서가 아니라 언어를 유려하게 표현하기 위해서였다. 갑골문자는 파편적인 그림 쓰기 행위가 아니라 총체로서의 언어를 기록하기 위해 완전하게 갖추어진 체계였다.

상나라 시대 사람들도 붓과 잉크로 글을 썼으며 진흙에 글을 새겨 청동으로 본을 떴다. 고대 중국의 사료로서 뼈에 새긴 갑골문자가 우세하다는 사실이 알려주는 것은 초기 문자의 다양한 쓰임보다는 고고학 사료로서 뼈가 가지는 긴 수

명이다. 갑골문자는 크고 평평하고 널찍한 뼈에 새겨졌음에
도 보통 세로쓰기로 배열되어 있는데, 이는 이후 중국 고대사
에 잘 기록되어 있는 죽간(竹簡)에 글씨를 쓰는 행위가 청동기
시대 후기부터 이루어지고 있었음을 시사한다. 아마 기원전
2000년 이후 수백 년간 중국의 문자는 소와 거북의 뼈보다
수명이 짧은 매체를 통해 발달해왔을 것이다.

갑골문자가 고대 중국에 나타난 것은 메소포타미아에
쐐기문자가 등장한 것과 엇비슷한 시점이었다. 어떤 문자 체
계가 먼저 등장했느냐, 이들 사이에 연결 고리가 있느냐 하는
문제는 오래전부터 논쟁이 이루어져왔다. 그러나 분명한 것
은, 두 체계 모두에서 문자가 개념이나 이미지에 그치는 것이
아니라 복잡성과 유연성을 갖춘 언어에 전적으로 충실한 형
태로 나타났다는 것이다. 현대의 한자는 그림문자뿐 아니라
표의문자, 표음문자, 그리고 이들의 결합체를 표현하는 수천
가지의 상형자로 이루어진 이 체계에서 유래한 것이다. 다시
말해, 오늘날 한자의 구성 방식이 이미 기원전 14세기에도 존
재했다는 것이다. 20세기에 이르기까지 한자는 시간을 지나
며 여러 변형을 겪었으나 허난성(河南省) 안양(安陽) 인근에서
시작된 문자의 정교함과 추상성, 복잡성은 이미 완연히 갖추
어져 있었던 것 같다.

한자 중 상당수는 그림문자, 즉 세상의 사물을 그림으

로 표현한 것이다. 이 기호들은 상징 행위의 원시적이고 그림에 기반을 둔 단계가 남긴 흔적이 아니라 이미 추상에 익숙한 정신의 산물이다. 그림문자는 그림을 통해 사물을 관습적으로 표현한 것이기에, 어떤 의미에서는 묘사를 거부하는 그림이라고 할 수 있다. 알타미라 동굴이나 라스코 동굴에 그려진 말 그림도 이와는 대조적으로 몇 가지 관습적인 요소를 보이는데―옆모습의 강조, 갈기와 꼬리를 표현하는 세련된 테크닉, 서 있거나 풀을 뜯는 장면보다는 달리는 모습에 치우치는 것―그림마다 이런 관습을 담을 때 표현상의 차이가 생겨난다. 그림에 등장하는 것이 특정한 한 마리의 동물인가 아닌가는 중요하지 않다. 화가의 재현 의도와는 무관하게 그림은 어쩔 수 없이 예술적 구성이라는 개별 사건의 흔적이기 때문이다. 반면 그림문자는 특정한 한 개의 사물이 아니라 한 종류의 사물을 그린 것이다. 그림문자는 분석, 사상(寫像), 분류로서 도달한다. 물론 그림도 하나의 사물이며, 단순히 모방하는 것이 아니라 감각, 이야기, 상황 감각을 담고 있는, 단순한 재현을 넘어 세계에 직접 참여하는 복잡한 사물이다. 그러나 이 참여의 성질 때문에 그림은 그림문자에 비해 대체하기 어려운 것이다. 글자를 쓰는 것은 사물의 그림을 그리는 것이 아니라 사물 자체를 만드는 것이라는 서체 디자이너 에릭 길의 말을 여기서 다시 한 번 떠올려도 좋을 것이다.

표의문자도 그림이지만, 사물을 그린 것이 아니라 생각을 그린 것이다.(이 또한 부당한 구분일 수 있는데, 생각이 사물이 아니면 무엇이겠는가. 그리고 생각이 만들어내고 변화시키는 사물이 존재하지 않는다면 생각이 무엇인지 우리가 어떻게 알겠는가?) 그렇기에 표의문자도 그림문자처럼 전형화된 것이지만 묘사된 사물이 정신 속의 것이라는 점에서 다르다. 서양인들이 한자의 특성이나 한자가 문자 표현의 매체로서 하는 역할에 대해 즐겨 쓰는 것들도 이런 기호들 속에 포함된다. 그중에서도 널리 드는 예가 냄비 뚜껑을 연상시키는, '보호하다'라는 뜻을 지닌 부수로 주로 쓰이는 ⼍이다. 여기에서 우리는 지시된 사물이 비록 기억해낸 것이라기보다는 이상화되고 모형화된 사물임에도 은유적으로 쓰여 정신에 떠오른 생각을 형태로 포착했음을 알 수 있다. 형성자 속에서 부수나 구성 성분으로 쓰이는 이 상형자는 다른 요소를 시적이면서도 효과적으로 수식한다. 예를 들면 '즐기다'라는 의미의 享은 '아이'와 '입'을 가리키는 글자 위에 ⼍를 올린 것이다.

한자는 또한 순수한 음가를 드러내기도 한다. 중국어는 동음이의어와 유사음 이의어가 많은 언어이고 오래된 글자가 사물이나 생각과는 시각적 연관이 없으나 유사음을 가진 단어를 가리키는 기호로서 살아남는 경우도 많다. 그리고 그림과 의미와 소리가 예술적으로 결합한 것이 형성자다. 예를 들면 '물이 쏟아져 비다'라는 의미의 沖[충]은 '물'을 나타내는 부수를 中에 결합한 것인데 여기서 中은 발음에 대한 단서로 제시될 뿐이다. 복잡하게 들리겠지만 한자의 대부분은 이런 식으로 형성되었다. 그리고 글을 아는 중국인들은 어원학이나 도상학을 연구할 필요 없이 알파벳을 사용하는 사람들이 i 위에 점을 찍는 것처럼 자연스럽게 한자를 읽고 쓴다.

초기 한자의 완성도와 복잡성이 놀라운 것은, 특히 중국 문자의 특성과 유래에 대해 서양인들이 품었던 추측—한편으로는 일반적인 문자의 출현에 대한, 더 폭넓게 보면 구체적이면서 그림으로 본뜬 재현물로부터 추상적인 체계가 출현했으리라는 본능적인 추측—을 정면으로 뒤엎는다는 점이다. 세상에 존재하는 사물들을 그림으로 본뜬 것에서부터 문자 기호가 생겨났다는 그럴싸한 설을 이야기하기는 쉽다. 하지만 앞서 그림문자 만들기 실험에서 확인했던 것처럼 문자를 수단으로 의미를 전달하는 행위가 재귀적이고 추상적이며 엄청나게 복잡하다는 것을 떠올리면 그림에서부터 문자 체계를 만들어내는 것은 더욱더 난제로 느껴질 것이다. 그러나 특수한 효과와 창조적인 가능성을 생산하는 동시에 제한하는 한자의 난제는 복잡한 시각적 체계가 아니라 사회적 분배와 사용에서 나온다. 그리고 영어로 글을 쓰는 어느 중국인 작가에게 각별한 힘을 발휘하는 것 역시 한자의 이런 사회적 차원이다.

하버드미술관의 카탈로그에 따르면 새겨진 글은 이런 내용이다. "왕의 열 번째 달, 기축일의 3분기에 왕이 경영(庚嬴)의 사찰로 가서 열 줄의 조개껍질과 선홍색 [?] 한 상자를 하사하였다. 경영은 왕의 은혜를 찬미하고자 시어머니를 위해 이 귀중한 그릇을 만들었다. 10만 년하고도 더 오랜 시간이 지나더라도 아들과 손자들이 이 귀한 그릇을 아끼며 사용할지어다." 10만 년이라니. 이 글은 이미 지금으로부터 3000년 전, 기원전 1000년 초기 주나라 시대에 제작된 포도주 용기의 뚜껑에 새겨진 글이다. 나는 유약을 입힌 청동과 꽃이 핀 듯한 녹청으로 울퉁불퉁한 등고선이 생기도록 부식 착색 기법을 사용한 입체적인 표면 속에 흠뻑 빠졌다. 이 글이 부정하고 있는 무거운 1000년의 세월을 사실 그대로의 기술과 역동적인 야망에 실어 생생하고도 온전히 전달하고 있기 때문이다.

즉시 퇴각하라

하진(Ha Jin)이 1998년 발표한 소설집 『말들의 바다(*The Ocean of Words*)』의 표제작은 1970년대 초반 중국 인민해방 군에 입대한 신병인 저우의 이야기다. 저우에게는 비밀이 있 다. 그는 책을 읽을 줄 알며, 심지어 문화대혁명의 한가운데에 서 위험천만하게도 책을 소지하고 있기까지 하다. 경쟁자가 저우를 밀고하자 행정 간부인 리앙은 저우가 관사에서 공부 를 계속할 수 있도록 비밀리에 돕는다. 저우가 어째서 규칙까 지 어기면서 자신을 도와주느냐고 끈질기게 묻자 리앙은 그 답으로 이야기를 하나 들려준다. 리앙은 장제스(蔣介石)가 지 휘하던 국민당군과의 전쟁에서 기관총부대를 이끌었다. 그는 본대가 퇴각하는 동안 언덕 위를 지키며 다음 지시를 기다리 라는 명령을 받았다. 다음 날 대전투가 벌어지지만 그들은 언 덕 위를 사수한다. 밤이 되자 전령이 명령을 가져온다. 두 글 자가 적힌 종이였다. "나는 종이를 앞뒤로 뒤집어보고, 또 왼 쪽, 오른쪽으로 뒤집어보았다." 리앙은 저우에게 말한다. "하 지만 그래도 의미를 알 수 없었다. 부대 전체에게 고함을 질렀 지. '글을 아는 사람?' 아무도 대답하지 않았다. 글을 읽을 줄 아는 사람은 당 서기 하나뿐이었는데 그가 전사했기 때문이 었다." 리앙은 장교들과 상의한 끝에 자리를 지키기로 했다.

국민당군은 공격을 계속했고 리앙의 부대는 많은 전사자를 남긴 뒤 쫓겨 갔다. 리앙은 전투 중에 한쪽 팔을 잃었다. 그리고 얼마 남지 않은 병사들과 퇴각해 막사로 돌아갔을 때 리앙은 사령관에게 즉살당할 뻔한다. 종이에 적힌 두 글자는 '즉시 퇴각하라.'는 의미였기 때문이다. "알겠느냐, 젊은 친구야." 리앙은 이렇게 이야기를 끝맺는다. "단 두 글자지만, 그 글자 하나에 예순 명의 목숨이 달려 있었다. 예순 명! 피비린내 나는 교훈이지, 피비린내 나는 교훈이야."

하진의 단편소설은 글의 여러 중요성을 효과적으로 보여준다. 우선 리앙이 들려준 교훈적인 일화는 글의 가장 기능적인 부분을 보여주는데, 여기서는 전체주의 정권의 폭정에 복무하는 기능이다. 글쓰기의 기원에 관한 여러 이야기들 속에는 국가 건설을 위한 정치적인 수단으로서 가지는 글의 기능이 드러나고, 여기서는 마오쩌둥(毛澤東)이 메소포타미아의 옛 왕들의 자리에 오른다. 문맹자가 치르는 대가를 거칠게 표현한 이 이야기는 글쓰기 속에서 형성된 이야기로, 글쓰기가 이른바 도덕을 통해, 그리고 문자로 이루어진 사물로서 즐거움과 영향력을 통해 글이 독자에게 다가가는 방법들을 해명한다. 그리고 그 영향력―이 경우에는 결정적인―은 전쟁이 만들어내는 국가 건설의 힘과 전체주의적 통제에 의문을 제기하는 데 기여한다. 저명한 망명 소설가인 하진 역시 중국

인민해방군에서 복무했다.『말들의 바다』에 실린 20세기 후반 앙숙인 중국과 소련의 팽팽한 경계 지대에 주둔하고 있던 중국 인민해방군 병사들의 이야기들은 비평가들로부터 이사크 바벨(Isaak Emmanuilovich Babel)의『기병대』의 '영토'를 재점유했다는 평가를 받았다. 그러나 하진의 소설, 그리고 그가 언어, 문학, 글과 맺는 관계는 이 불운한 러시아 작가와는 완전히 다르다. 스탈린 정권의 광기 속에 순교한 바벨은 모국어의 리듬과 긴장에 헌신한 러시아 문학의 거장으로 기억된다. (물론 바벨의 경우 모국어라는 용어는 이디시어를 위해 남겨놓는 것이 현명할 것이다. 바벨은 프랑스어로도 단편소설을 썼는데 이런 제스처는 혁명 전기의 러시아 지식인들에게 각광받았다.) 반면 문화대혁명 속에서 성년에 이른 하진은 모국어인 중국어가 아니라 영어로 글을 쓰는 작가가 되겠다는 급진적인 선언을 했다.(당시 그의 영어 실력은 유창한 것과는 거리가 멀었다.) 이런 연관성을 생각해보면 하진은 바벨보다는 블라디미르 나보코프(Vladimir Nabokov)에 비견할 만한데, 나보코프의 정교한 영어 역시 문학적인 동시에 정치적인 동기로 이루어진 유사한 선택과 거부의 결과물이기 때문이다.

하진이 문학적 언어로서 중국어를 거부한 것은 미학적으로 또 정치적으로 깊고도 이중적인 의미를 담은 조치였다. 이를 통해 하진은 중국 고전 전통이 가진 거대한 문학적 세습으로부터 벗어났으며, 이는 동시에 중국 공산주의 시대에 글에 대해 이루어진 말도 안 되는 행보에 대한 힐책이기도 했다. 마오쩌둥 치하에서 이루어진 대중 문맹률 감소 과제는 천하를 호령하던 구체제 황제들이 이루어낸 위업에 대항하고자 시행되었다. 중화인민공화국 정부는 1950년대에서 1960년대에 걸쳐 일련의 조치를 통해 한자 간체자를 도입했다. 한자를 간략화하려는 시도들은 마오쩌둥이 정권을 쥐기 전부터 있어왔다. 1930년대에는 장제스의 국민당 정부가 문해력을 체계적으로 증진하려는 초기 시도로 300자가량의 간체자를 도입했다.

그러나 대중에게 간체자와 함께 문해력을 가져온 것은 최초의 황제 진시황의 시대 이후로는 누구도 필적할 수 없이 막강한 사회통제를 발휘했던 마오쩌둥의 공산주의 혁명이었다. 혁명은 중국 역사상 어떤 힘보다 더 강력하게 글을 통해 전달되고 추진되었다. 공산당은 싸구려 종이에 인쇄한 손바닥 크기의 팸플릿, 건물만 한 현수막을 통해 해방의 메시지를 글로 구현했다.

서예가 중국 황실의 엘리트 관료 체제의 전유물이었음에도 불구하고, 공산당 당국은 이를 귀족의 잔재로 보고 폐기하는 대신 그 힘을 활용했다. 마오쩌둥은 대장정의 어두운 나날에도 시를 썼던 헌신적인 시인이었다. 그의 붓글씨는 각별히 추앙받았다.(《인민일보》의 제호는 그의 필체로 쓰여 있다.) 그러나 마오쩌둥은 문자가 소농민을 비롯해 황정 치하에서는 문자에 접근할 수 없었던 이들에게 닿을 수 있도록 문해력을 높이고자 로마자표기법—중국어 단어를 알파벳으로 변환하는 것으로 중국어를 배우는 서양 학생들이 종종 쓴다.—도입까지도 고려했다.

1952년 시작된 마오쩌둥의 한자 간략화는 한자의 전체 자수를 줄이는 동시에 각 글자의 복잡성을 줄이는 것을 목표로 했다. 획수를 줄였고, 동음이의어는 같은 자로 통일했으며, 형성자는 전부 생략했다. 보다 단순한 고전한어를 재도입하기도 했다. 마지막 방법은 한자 간략화가 가지는 핵심적인 특성을 보여준다. 한자는 학식이 있는 이들이 계속해서 읽고 이해할 수 있도록 남아 있으면서도, 상나라 시대 청동기에 새겨진 글자에서부터 갑골에 새겨진 글자, 인장에 새겨진 글자, 고전한어 서예에 이르기까지 그 형태와 양식을 바꾸어왔다는 것이다.

국가 재정을 쏟아 서예를 장려했던 대만에서는 국가주의자들이 한자 간략화를 기피했고 이로써 한자가 중국 문화에서 학술적 전통을 가지고 있음을 알 수 있다. 간략화하지 않은 한자를 사용하던 대만의 대중이 보편적으로 글을 읽고 쓸 줄 알았기에 한자 간략화가 필요하다는 주장은 근거를 잃었다. 중국 공산당은 최근 여러 가지 조치로 다시금 여러 글자에 대해 전통 한자를 재도입했다.

현대 중국사에서 한자가 겪은 부침은 그럼에도 오랫동안 동양에 연관된 신비, 추상, 퇴폐, 그리고 동시에 즉시성, 지혜, 힘이라는 가치를 한자의 공으로 돌리기를 좋아해온 서양인들에게는 관심 밖의 일이다. 서양의 사상가들과 예술가들이 이러한 환상으로 인해 얻은 영감은 동양과 서양 사이의 오해를 부추겼지만 한편으로는 서양 예술과 문학의 획기적 변화를 추동하기도 했다.

중국 무역에 관여하는 서양의 기업인들을 위한 소식지인 《교무잡지(*Chinese Recorder and Missionary Journal*)》(1871)에는 배를 의미하는 글자인 船에 대한 설명이 나온다. 이 글자는 8을 의미하는 八, 입을 의미하는 口, 배를 의미하는 舟로 구성되어 있다. 19세기 중반의 건실한 개신교인이자 사업가였던 글쓴이의 눈에 이 형상은 노아와 그의 가족의 이미지를 연상시킨다. 따라서 이 글자는 성서의 홍수 설화를 뒷받침하는 것처럼 보인다. 여기에는 이렇게 쓰여 있다. "이 글자가 만들어진 시대에 노아와 그의 가족이 방주를 탔던 것이 아니고서야 어떻게 이런 사상이 한자 속에 담겨 있겠는가?"

그러나 중국의 사상과 글은 빅토리아시대의 북미에 쾌속 범선 투자자들의 환상보다 더 깊이 다가갔다. 그중에서도 랠프 월도 에머슨(Ralph Waldo Emerson)은 동양 사상, 특히 유교 사상에서 비롯한 책들을 읽고 영향을 받은 것으로 유명하다. 19세기 초반 유교에 관심을 둔 영어권 독자에게 가장 중요한 교재는 조슈아 마시먼(Joshua Marshman)이 쓴 『중국어 문법의 요소(Elements of Chinese Grammar)』였으며 이 책에는 에머슨이 알고 있던 공자의 글을 번역한 것이 실려 있었고 에머슨은 마시먼이 번역한 공자의 글을 일기장에 베껴 썼다.

중국어를 아는 서양인이 드물던 19세기 초반 마시먼은 그림 기반의 한자가 가지는 신비적인 의미, 그의 명명에 따르면 "모방적 체계"가 완연히 완성된 것임을 보여준다.

어떤 이들은 우리가 의사소통의 매개의 바탕을
만들기 위해 어떤 사물들이 선택되었는가를 묻는다면
흥미가 당길 것이다. 우리가 상상하기는 어려운
일이지만, 알파벳 체계에서 형성된 언어 중 대부분이
계획에 의해서라기보다는 우연히 만들어졌다는
분명한 증거들을 띠고 있는 것과는 달리, 중국의
여러 현인들은 모방적 체계의 바탕이 될 특정한
산물들을 선택하려고 커다란 보료 위에 앉았을
것이며, 우리는 이 체계를 구성하는 요소들 중에서
그 사물들을 대부분 뚜렷하게 찾을 수 있다. 형태나

사용 빈도에 있어 주목을 끌 것 같은 몇몇 사물들은
누락되었다. 중국의 현인들은 가장 눈에 띄는 자연물,
곧 해, 달, 강, 산, 불, 물, 땅, 나무, 숲 등을 선택했고,
인간 신체의 주요 부위인 머리, 심장, 손, 발, 눈, 귀 등,
그리고 집을 이루는 주된 요소인 지붕, 문 등과 가장
자주 쓰는 도구들인 칼, 숟가락, (어쩌면 젓가락), 방석,
상자, 지팡이 등을 선택했다. …… 이들이 중국어의
근본으로 추앙받는 한자의 214가지 요소다.

마시먼이 나열한 오늘날에는 부수라고 불리는 214개의
"요소"는 상당히 정확하다. 수천 가지 다른 한자들과 결합해
사용되는 이 문자의 부분집합은 17세기부터 중국어 사전의
바탕이 되었다. 마시먼의 설명은 신비스러운 체계로 접어들기
도 한다. 한자의 유래라는 질문에 대해 마시먼은 신비적인 관
점을 고수한다.

대부분의 중국인들은 한자를 만든 것이
복희(伏羲)라고 믿고 그가 결혼 제도와 의복 등도
처음 도입했다고 믿는다. 그러나 한자를 만든 이를
창힐(倉頡)로 보는 사람들도 있는 반면 그가 단순히
복희가 만든 한자를 개량했을 뿐이라고 말하는

사람들도 있다. 그럼에도 창힐에 대한 의견은 갈린다. 어떤 이들은 창힐을 복희의 신하로 보고 공경하며 어떤 이들은 그를 60갑자를 비롯한 여러 기술을 고안한 황제(黃帝) 치하의 인물로 보기도 한다. 창힐은 양무(陽武)에 살다 이향(利鄕)에 묻힌 것으로 알려져 있다. "…… 창힐은 비범한 능력을 지닌 이였다. 태어날 때부터 글을 쓸 줄 알았다. …… 어느 날 거북을 만나 등껍질의 또렷하고 아름다운 무늬를 본 그는 거북을 집으로 가져와 사물을 거북에 표현해보겠다는 궁리를 했다. 그는 하늘을 보며 천문의 형상을 유심히 관찰했다. 그러고는 아름답게 얼룩진 거북의 등껍질과 새의 날개와 나무와 강의 형상 등을 열심히 생각했고, 마침내 문자를 만들어냈다." 그리고 섬돌 위에 서서 문자를 만들어내는 순간 하늘에서는 음식이 양껏 쏟아지고 악령은 밤새도록 울부짖었다고 덧붙여져 있다.

마시먼은 설명을 마치면서 모방적 그리기라는 개념을 한 자가 가진 다양성, 추상성, 그리고 특이성과 완전히 결합시키기는 혼란스럽고 양가적인 감정을 느끼는 듯한 주석을 달았다.

이런 고대의 전설이 어디까지 믿을 만한지는 독자가 직접 판단할 일이다. 하지만 아마 최초에 한자를 만들려는 시도는 실제 사물을 그려내려는 것에서부터 출발했을 것이다. 그 모방이 실제 표현되는 사물과 비슷한가는 다른 문제다. 그런 의도가 분명히 있었던 것은 맞지만, 표현된 사물을 그대로 닮은 경우는 거의 기대할 수 없다. 또한 사물과 요소가 일치한다고 인정받을 필요도 없다. 그것들은 독자들 앞에 요소로 펼쳐져 있을 뿐이고, 머리, 손, 심장, 입이라는 사물이 그것을 표현하는 글자와 실제로 또는 상상적으로 닮았는지 아닌지는 개개인이 판단할 일이다.

서구 사상가들은 한자의 간결성과 압축성을 칭송하는 동시에 '동양'의 특성인 애매모호하고 불확실한 양식을 알아차린다. 특히 중국 시를 이루는 글자들은 서양인들의 감수성을 팽팽하게 잡아당겼는데, 얼떨떨한 감정의 대부분은 한자의 첫인상에서 왔다. 19세기의 논객들은 꾸준히 한자에 집중했다. 존 프랜시스 데이비스(John Francis Davis)는 한시에 대한 초기의 중요한 영어 저작인 『중국의 시(*Poeseos Sinicae commentarii*)』에서 말하길, 그가 처음 논문을 발표한 1830년 대에 중국의 글은 "영국에서는 거의 알려져 있지 않아서 농

담을 즐기는 팔머스톤 경은 첫눈에는 그것이 곤충학 도감인 줄 알았다고 말했을 정도다. …… 중국 시의 가치는 글자의 구성 요소에 관련된 한자의 특이하고도 기발한 글자 선택에 있다는 관념이 존재했다. 생각을 전달하는 매개로서 한자는 알파벳 체계와는 분명 다르다. 그러나 결국 글자는 오로지 수단일 뿐이지 **목적**이 아니다. 다른 어느 나라에서와 마찬가지로 중국 시의 가치 역시 음의 가락—구성상의 조화—그리고 정조의 타당함과 심상의 아름다움이 만들어내는 것이다." 그럼에도 이런 감수성은 서양인들의 정신에 충격을 준 그 압축성과 함께 표현된다. 에머슨은 일기에서 중국 시를 어린아이의 말에 비유하며 "우리가 대체로 어린아이들의 말을 쓴다"면 "그[중국 시의 저자]의 강력한 발화는 명사와 동사로 이루어져 사실을 진술한다."고 썼다. 에머슨은 여기에서 그 이상의 논지를 전개하지는 않았으나, 원시적인 언어와 간결한 언어, 태초의 언어와 어린아이의 언어 사이의 관련성은 강력한 것으로, 서양인들은 종종 중국의 글을 이런 특질들을 결합한 체계로 읽어내고는 했다.

에머슨이 남아시아의 사상에 빚을 진 사실은 잘 알려져 있다. 그에 비해 그와 중국 사상의 접촉은 한결 가벼운 것이다. 그의 제자 소로(Henry David Thoreau)가 유교의 덕성 교육뿐 아니라 도교의 전인적 활력에도 흠뻑 젖어 있었던 것과는 다르다. 에머슨은 소로의 장례식에서 이런 말을 남겼다. "그는 미국 전역을 위해 활약하는 대신 허클베리 따는 모임의 대장 노릇을 했다." 여기서 미국 전역을 위해 활약한다는 것은 유교 윤리의 질서와 규제, 허클베리를 따는 것은 도교의 선인이 숲을 배회하는 것이다. 에머슨은 제자 소로가 유교의 훈육에 좀 더 집중하고, 모호한 경이감에 젖어드는 시간을 줄이기를 바랐다. 그러나 사실 아시아 문화를 향한 소로의 몰두는 유학 서적 독파에 그 뿌리를 둔다. 그는 포티에(Guillaume Pauthier)가 엮은 프랑스어판 『공자와 맹자(*Confucius et Mencius*)』에서 공자가 네 제자를 향해 명성을 얻으면 무엇을 할 것인가를 묻는 널리 인용되는 일화를 번역하여 기록했다. 앞의 두 제자는 백성을 다스리는 데 힘쓰리라 했고, 셋째 제자는 학자로서 성취를 거두고 집례를 도와 지도자가 되겠다고 했다. 마지막 제자인 자로(子路)는 비파를 잠시 뜯더니 강에서 멱을 감고 바람을 쐬겠다는 대답을 했다. 소로는 출판되지 않은 책에서 이렇게 쓴다. "대체로 개혁가들의 대화를 들을 때 우리는 자로의 정신을 갖게 된다." 소로의 유학 사상에 의문을 제기한 이들도 있었지만 그의 사상은 고전인 오경보다는 송나라 시대에 완성된 신유학 사상을 담은 사서에 대한 그의 특별한 관심에서 기인한다. 후대에 수정된 작품들인 사서를 취합한 송나라 학자들은 정치적 격동의 시기에 살았기에 사회와 정치를 개선하는 수단으로서의 자기 수양이라는 유교의 이상을 강조했다. 자신을 먼저 수양하고 그다음이 타인이라는 것이다. 학자인 홍보 탄(Hongbo Tan)이 지적하듯 소로의 허클베리 따기와 자기 수양은 그가 유학 사상에서 확인했던, 세계를 더 나은 곳으로 만들어야 한다는 의제에서 비롯한 것이었다.

에머슨과 소로를 비롯한 당대 작가들에게 중국 사상이 미친 영향은 동떨어지고 추상적인 것으로, 실제 쓰이는 중국어나 한자의 핵심인 복잡성과도 유리된 것이었다. 그러나 20세기가 되자 서양 작가들은 중국 문화와 중국인들에게 한층 더 다가갈 수 있었다. 서양의 모더니스트들이 중국의 글을 통해 특별하고도 중대하게 경험했던 생생하면서도 낯설게 하는 효과를 가장 잘 표현한 것은 아마 에즈라 파운드(Ezra Pound)의 시 「지하철 정거장에서」일 것이다.

> 군중 속에서 유령처럼 나타난 얼굴들,
> 젖은 검은 가지 위 꽃잎들.

잘 알려진 이 간략한 2행 대구로 이루어진 시에서 파운드는 빅토리아시대에서 20세기로 전해진 장식적인 서정주의와 패턴화되고 성직적(聖職的)이며 정교한 시작법을 전복시키고자 했다. 파운드의 금욕적이고 능란한 병치는 윌리엄 카를로스 윌리엄스(William Carlos Williams)가 하이모더니즘 시학*의 어조를 정립한 섬뜩한 칙령인 "관념이 아닌 사물 그 자체"의 원형이다. (만약 문자도 사물이라면 이들은 시가 물질의 영역으로 꿈을 꾸어 나아가는 객관적 수단일 뿐이다.) 모더니즘 시인들에게 폭발적이며 이미지즘적인 즉시성은 20세기 초반의 최고 가치가 되며, 이 혁명의 영향은 파편적이며 초지역적인(hyperlocal) 21세기 시의 세계에서도 여전히 감지할 수 있다.

파운드의 시에 등장하는 환유—정확히는 나란히 놓여 서로에게서 고유의 힘을 얻어가는 두 개의 환유—의 전달은 적어도 일부분에서는 그림문자를 기반으로 한 부수들이 난해하며 분기하는 공식에 따라 수학의 인수처럼 결합하는 특정한 한자의 구성을 연상시킨다. 이는 놀라운 일이 아닌데, 이 시가 출판된 해(『시(Poetry)』(1913)에 수록)에 파운드는 작가 메리 맥닐 스콧(Mary McNeil Scott)으로부터 타계한 남편인 어니스트 페놀로사(Ernest Francisco Fenollosa)가 한자를 연구하며 남긴 원고 뭉치를 받았다. 시의 언어로서의 한자와 그 속성과 영향력을 연구한 페놀로사의 이론에 충격을 받은 파

★ high modernism, 1920년대 모더니즘 문학의 핵심적 담론으로, 압축적 형식미와 미학적 혁신을 그 특징으로 한다. 대중문화와 구분되는 고급예술(high art)의 축적으로서의 문학을 전제한다.

운드는 타계한 이 학자의 원고를 재작업해『시의 매체로서의
한자(*The Chinese Written Character as a Medium for Poetry*)』라는
책으로 만든다. 이 책이 모더니즘 시학에, 그리고 한자와 아시
아에 대한 서양인들의 관념에 남긴 영향력은 깊고도 오래 지
속되었다.

페놀로사는 매사추세츠주 세일럼에서 스페인 음악가 마
누엘 페놀로사(Manuel Fenollosa) 그리고 세일럼의 유서 깊
은 항해사 가문의 딸인 메리 실스비(Mary Silsbee)의 아들로
태어났다. 1874년 하버드대학을 수석 졸업한 페놀로사가 대
학 시절을 보낸 것은 하버드에서 예술에 대한 관심이 꽃피
던 시기였다. 찰스 엘리엇 노턴(Charles Eliot Norton)이 1875
년 미국 최초의 예술사 교수가 될 무렵이었다. 보스턴 전체가
예술에 대한 관심으로 생동하던 이 시기에 보스턴미술관이
생겨나 부속 미술학교를 열었고 이사벨라 스튜어트 가드너
(Isabella Stewart Gardner) 같은 부유한 보스턴 시민들이 세
계 여행을 다녀와 르네상스 유럽과 고대 지중해, 아시아 지역
의 작품을 보스턴에 소개했다.

결혼한 지 얼마 지나지 않아 페놀로사는 세일럼의 인맥
을 통해 1878년 도쿄대학의 교직을 얻게 된다. 당시는 1868
년 막부 시대가 끝나고 천황의 정치력이 강화되면서 시작된
메이지유신이 최고조에 달해 있었던 시기로, 서양과의 접촉

과 영향력에 대응해 일본은 문호를 개방했다. 개방적 교류의 과정은 양쪽 모두에서 이루어졌는데, 개혁 성향의 일본인들은 서양인들을 통해 새로운 사상, 제도, 기회를 받아들였을 뿐 아니라 전통적인 관습을 새로운 영향과 융합시켜 일본만의 특수한 근대성을 만들고자 했다. 페놀로사는 강사이자 큐레이터, 예술가로서 동양과 서양 사이에 놓인 이 비옥하고도 모호한 영토를 일구어가기 시작했다. 그는 근대화를 겪고 있는 일본이라는 제국을 위해 급속한 근대화로 인해, 그리고 국가주의자들의 불교에 대한 낡은 편견이 되살아나며 사찰과 성지를 몰수하고 훼손한 탓에 위협받고 있던 일본 전역의 사찰, 풍경, 예술을 기록하고 보존하려 힘썼다. 옛 일본의 미학에 매혹된 페놀로사는 예술과 공예를 보존하고 갱신하고자 고군분투했다. 그는 유서 깊은 가노파(狩野派) 화파의 일원으로 영입되어 전통 화풍인 '일본화'를 정의하는 일을 도왔다. 이는 새로이 서구화된 회화 양식의 보완으로서 만들어진 장르였다. 한편으로 강사로서의 그는 모델과 야외 사생을 통한 생생한 실습으로써 암기와 베끼기 위주의 예술 훈련 방식을 개량하고자 했다.

페놀로사는 1890년 미국으로 돌아가 보스턴미술관 동양예술학부의 학장을 맡아 강의하게 되었다. 이후 20년간 그는 동아시아와 서양 사이의 예술과 문화 교류의 선두 기획자가 되었다. 페놀로사는 신비주의적인 경향이 있긴 했으나 동양의 수수께끼에 흠뻑 빠진 순진한 이국주의자에 그치지는 않았다. 그는 동양과 서양이 문화적 융합이라는 장대하고도 역사적으로 결연한 과정에 착수한 것으로 보았고, 이는 시장 개방이나 문화적 관용으로 그치는 것이 아니라 새로운 형이상학에 이르는 과정이라고 생각했다. 그리고 1900년대 초반 그는 이러한 혼합적 정신성을 전형화할 뿐 아니라 그 정신을 실제로 구현할 수 있는 문자 체계인 한자에 관심을 쏟게 되었다.

페놀로사에게 언어는 사물이 아니라 사물로 다가가는 수단이었다. 그의 궁극적 흥미와 목표는 시 자체가 아니라 인간의 전적인 참여와 이해를 향해 있었다. 그가 아시아 문화를 경험한 시기는 서구 세력이 팽창하면서 동서양 간의 문화적 갈등이 새로이 시작되던 때였다. 페놀로사가 정명(正名)을 바랐던 것은 문학적인 동기에서가 아니라 정치적이고 정신적인 이유에서였다. 그는 1989년《하퍼스(Harper's)》에 기고한 「다가오는 동서양의 융합(The Coming Fusion of East and West)」에서 동서양의 만남은 "정복이 아니라 융합"이어야 한다고 썼다.

우리는 많은 전함을 빌미로 일본의 환심을
사서도, 많은 수입품으로 중국의 환심을 사서도
안 된다. 어린 시절 헤어졌던 두 형제가 문득

페놀로사는 동아시아, 특히 중국과 일본의 문자 예술을 열렬히 수집하고
편찬했다. 그의 소장품 중 일본 화가들과 중국 문인들의 도장을 담은
이 인장첩은 문헌학자들의 관심을 끄는 저자권의 흔적 그리고 글로
쓰인 표현 양식의 팰림프세스트를 보여준다. 페놀로사의 한자에 대한
개념은 파운드에 의해 확장되고 변이되어 서구 시학에 변화를 가져왔다.
그러나 페놀로사 자신은 나름대로 신중한 큐레이터로서 한자에
접근했으며, 보편적 시적 산물이 아니라 어디까지나 개별적으로 일어나는
표현인 한자의 형태 그 자체에 건강하고 꾸준한 관심을 보였다.

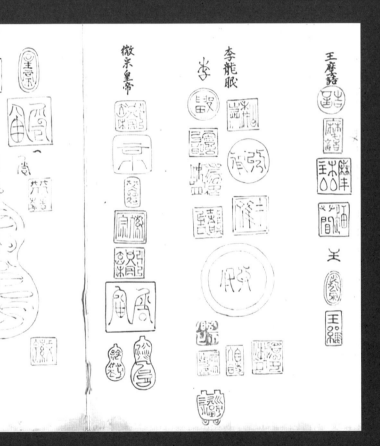

마주친 것처럼 동양에게 영혼 대 영혼으로
다가가야 한다. 이는 근본적으로 우리가 서양
내부에 국한된 공감과 문화를 전 인류의 영역으로
확장시킬 수 있는가에 대한 시험이다.

　페놀로사는 중국의 글쓰기가 언어가 가진 모호함과 부조리함, 근본적인 임의성을 해소할 뿐 아니라 사고 자체를 언어보다 더―현실에 더 가까우며, 이상적인 형태와 더 가까운 방식으로―질서화할 수 있는 거의 완벽한 기호 체계라고 생각했다. 혼 소시(Haun Saussy)가 페놀로사의 언어학적 형이상학에 대한 글에서 표현했듯 "'자연적 연상'이되 '추상'이 아닌 방식으로 잘 조직된 언어는 영원한 '정명'(파운드가『논어』번역에서 'rectification of names'라고 옮긴)을 페놀로사가 표현한 바와 같이 '진정한 의미가 조금도 혼동되지 않게' 실현할 수 있을 것이다."

　파운드는 페놀로사의 생각을 받아들인 뒤 자신만의 독특하고 편집증적인 경제학을 가미해 뒤틀었다. 그는 언어가 실체적인 것을 넘어서게 되면 수식어와 시제, 논리적 조작의 영역이라는 일종의 고리대금업 속으로 잘못 들어서는 것이라고 보았다. 파운드는 페놀로사의 생각을 통해 한자 속에는 그런 낭비적인 환상으로의 도피가 불가능한 체계가 있다고 여기기 시작했다.

페놀로사 그리고 파운드는 시의 매체로서 한자가 가지는 힘을 중요하게 생각했는데, 두 글자를 결합해 새로운 글자를 만들어내고 때로는 직유, 제유, 심지어 압축된 내러티브를 통해 작동하는 형성자가 존재한다는 사실 때문이었다. 아마도 파운드가 가장 좋아한 예는 인간을 뜻하는 人(부수로 쓰일 때는 亻)과 말을 뜻하는 言으로 이루어져 있는 형성자인 믿음 또는 진실성을 나타내는 信이었을 것이다. 信이라는 글자 속에서 인간은 자신의 말 옆에 서 있다. 이런 공식은 페놀로사나 파운드의 공이 아니라 2세기의 사전 편찬자로 아직도 그의 어원학이 미치는 영향력이 여전한 허신(許愼)의 공이다. 특히 파운드에게 자신의 말 옆에 서 있는 사람의 이미지는 한자의 작용 그 자체를 나타내는 것이었다. 쓰인 말이 그것이 의미하는 사물을 뒤덮거나 사물을 가리키는 데 그치지 않고 그 옆에 나란히 서 있다는 점에서였다.

에즈라 파운드로 인해 그의 추종자들과 경쟁자들이 페놀로사에게 주목하게 된 이후로 이런 개념은 20세기 내내 미국 시학의 지배적인 경향이 되었다. 그리고 파운드와 페놀로사의 한자 해석은 시학 혁명의 바탕이 되었던 한편으로, 한자가 보수적이고 퇴폐한 엘리트만을 위한 난해하며 고루한 문자 체계라는 생각을 한층 분명히 강화하기도 했다.

하지만 파운드는 정명을 공자의 원뜻과는 사뭇 다르게 받아들였다. 『논어』에서 공자는 정명이란 적절한 관계를 유지하는 것, 공동체를 창조하고 유지하는 지속적인 규율이라고 설명했다. 그러나 이와는 대조적으로 파운드가 생각한 정명이란 퇴폐적이며 관례화된 시적 언술을 즉시 정화하고 글에게 언술이 가진 고유의 내밀함과 즉시성을 복원하겠다는 약속이었다. 여기서 다시금 에머슨의 "모든 언어는 화석화된 시다."라는 개념이 떠오르는데, 모든 말은 노래, 또는 영웅적 힘에서 나왔으나 시간이 흐르며 무언가에 의해 무효화되었으며, 이는 글이 등장하여 구술 담화의 지위를 차지함으로써 야기되었다.

페놀로사가 사망한 지 10년 뒤에 그의 아내로부터 전해 받은 원고를 다듬어 『시의 매체로서의 한자』를 집필하던 파운드는 한자의 속성을 다시 한 번 곡해한다. 페놀로사는 1890년대 사람이었고 그의 취향에는 인상주의의 흔적이 역력했다. 그는 색상을 섞듯 동서양을 통합시킬 수 있는 혼합적이고 종합적인 이론을 원했다. 예술적 효과에 대한 은유와 서양의 시에서 따온 예시들은 동서양의 긴장 완화를 향한다. 그러나 파운드는 화합이나 합의는 전혀 원치 않았다. 그는 서양 시학이 가진 취향의 정전(正典)을 무너뜨리고자 했다. 서양 예술을 동양과 더 비슷하게 만들 필요도 없었다. 그는 모든 예술을 즉시 새로 만들고 싶어 했기 때문이다. 그래서 그는 페놀로사의 책에서 자신의 이미지즘 운동 속에 단단하게 구축된 명확성과 들어맞지 않는 부분은 다 뺐고, 그중에는 페놀로사의 시의 음성에 대한 고려, 불교에 대한 열린 태도도 포함되어 있었다. 파운드는 불교로 인해 아시아 예술이 온건하고 퇴폐적으로 바뀌었다고 보았다. 소시는 파운드의 이런 태도가 공자의 도덕을 지지하고 불교를 비판하는 것이 기독교에 전략적으로 도움이 된다고 보았던 17세기 예수회 선교사 마테오 리치(Matteo Ricci)를 연상시킨다고 주장했다. 그러나 불교는 예술에 대한 페놀로사의 이해에 활기를 주었다. 그는 『화엄경』에 등장하는 인드라망이라는 이미지에 크게 고무되었다. 인드라망이란 모든 인과관계를 잇는 망과 같은 결정구조이면서, "발음하려면 억겁의 시간이 걸리는 문장"이기도 하다. 파운드는 인드라망의 이미지를 사용할 수 없었다. 그는 다른 사물의 어떠한 개입과도 동떨어진 사물 자체를 필요로 했으니까. 때로 젖은 검은 가지는 그저 젖은 검은 가지다.

이때 표면상의 아이러니가 등장한다. 파운드가 서양 시학 전통의 단단한 손아귀에서 빠져나오려 요동칠수록 그는 점점 더 오래전의 전통으로 돌아서게 되었다는 것이다.(그는 새로운 시학을 향해 고군분투하는 과정에서 자꾸만 중세 음유시인들의 시를 활용하게 된다.) 그러나 페놀로사와 파운드는 문인의 계보를 가지고 이어져 내려오는 중국 고전 시의 복잡성과 문화적 풍부함, 표현력의 상당 부분을 놓치고 만다. 엄격하게 정형화된 음보와 주제로 나뉘는 장르, 단음절이 많고 성조를 가진 언어에서만 가능한 의미론적 리듬에 뿌리를 둔 음악성, 중국 시의 전통에 고유한 논리적이고 설화적인 구성, 그리고 음성과 양식, 기술, 시작(詩作) 상황의 역사적 변화와 관통 말이다. 하지만 파운드가 페놀로사의 원고로 만든 책은 비록 오류투성이일지언정 20세기 내내 일어난 시적 혁명을 부채질하는 역할을 했다. 혼 소시의 지적대로, "한자가 어째서 시의 언어의 모범이 되는가에 대한 모호함은 예상치 못한 수확을 낳았다." 객관주의 시인들, 비트 시인들, 블랙 마운틴 시인들, 윌리엄 카를로스 윌리엄스와 앨런 긴즈버그(Allen Ginsberg), 루이스 주콥스키(Louis Zukofsky), 게리 스나이더(Gary Snyder), 로버트 크릴리(Robert Creeley)와 로버트 던컨(Robert Duncan)의 시들에 이르기까지 이들은 모두 페놀로사와 파운드의 복합적이면서도 생산적인 오해로부터 영감을 얻었다.

페놀로사와 파운드가 한자에 대해 가졌던 열의는 아주 중요한 의미에서 아시아 문화에 대해 이전의 의혹이나 우월감에 기인한 서양의 시누아즈리(chinoiserie)의 물결보다 한층 더 존중에 굳건히 기반을 둔 인식을 열어주었다. 황화*를 두려워하는 한편으로 아시아를 퇴폐하고 수동적인 것으로

깔보던 서양 사회에서 페놀로사는 세계의 의식이 역사적으로 전개되기 위해서는 반드시 아시아 문화가 필요하다고 확신했고, 이 때문에 『시의 매체로서의 한자』는 한자뿐 아니라 한자를 탄생시킨 문명이라는 모체 전체를 서구의 글쓰기 전통과 한층 더 동등한 것으로 바라볼 수 있게 했다.

에즈라 파운드를 통해 페놀로사는 서양 시학에 한자에 대한 근대적 개념을 공급했다. 한자의 이미지즘적 요소들을 분해함으로써 어원학에 다가가고, 단어 뒤에 숨겨진 '진정한 의미'에 다가갈 수 있게 한 것이다. 이렇게 다시금 사물로 이루어진 일상의 세계와 이상적 형태로 이루어진 천상의 세계를 연결시킬 수 있는, 문화와 전통이라는 짐으로부터 자유로운 보편적인 언어로서의 기호와 상징이라는 꿈을 떠올리게 한다. 이런 관점이 가지는 문제는 아주 많다. 이런 관점은 우리가 많은 중국시가 가진 음보의 탄력성과 구성 양식을 인지할 기회를 빼앗는다. 또 아시아인과 서양인 사이의 상호 이해를 지연시키되 증진시키지는 못하는 방식으로 아시아 문화의 요지를 정의한다. 마지막으로, 이런 관점은 시가 글쓰기와 언어와 복잡하게 엮여 있다는 특성을 오해하고 있다. 표의문자를 해석한다면 퍼즐을 푸는 즐거움은 얻을 수 있겠지만 시가

★ yellow peril, 아시아인이 백인종을 압도할지도 모른다는 공포에 기반한 인식으로 아시아, 특히 중국에 대한 유럽인들의 선입견.

주는 기쁨은 얻지 못한다.

물론 중국 문화에도 문자의 근원을 설명하는 여러 설이 존재한다. 연구자 존 헤이(John Hay)에 따르면 "중국인들이 오래전부터 써온 효율적인 방법 하나는 우리가 생리학으로 분류할 수 있는 유기체의 이미지다. 붓질에는 '뼈'와 '동맥'이 있으며, 글자에는 '골격'과 '힘줄'이 있다."

헤이는 권위 있는 서예가들이 전통적으로 肉(살), 筋(힘줄), 骨(뼈), 血(피), 脈(혈관), 風(바람), 氣(숨), 神(정신)과 같은 의미를 가진 글자들을 그려냈다고 했다. 헤이는 이런 용어들의 중요성이 자명하게 드러나지는 않으나 중의학의 기본 구조에 내재된 복잡한 의미들을 담은 것이라고 지적한다. 옛 중국에서는 해부학과 생리학이 이분되지 않는 것으로 보았다. 육체는 신체 부위들이 조합되어 기능하는 것이 아니라 겹치는 영역을 가진, "상호작용하는 체계들"의 구역이라는 것이었다. 예를 들면 肝(간)이라는 단어가 가리키는 것은 그 기관 자체가 아니라 구조적으로 간을 바탕에 두고 활약하는 에너지와 기능의 '영역'을 가리킨다. 그리고 건강의 경계는 신체적인 것을 넘어선다. 헤이는 이렇게 쓴다. "인물화에서 에너지의 패턴을 가장 잘 보여주는 매체는 몸이 아니라 옷이었다." 모든 것이 변화한다. 심지어 단단한 뼈조차 기(氣)의 현현이다. 변화, 반향, 리듬, 패턴, 즉 중국인의 인식의 기초 분류들은 미학 이론과 예술 수행을 풍부하고 정교하게 만들기에 적합하다.

중의학에서 신체 작용은 전체를 반영하는 세계 속의 작은 세계이자, 위에서 아래로 흐르고, 드넓은 무한의 영역에서부터 구체적인 것으로 서서히 내려오는 인체라는 소우주 속에서 일어나는 변화다. 붓질은 영원히 진행 중인 서예이자, 천상과 유사한 에너지인 양(陽)을 분배하고 확산시키는 작용이다. 한편으로 글자의 **구조**, 즉 이 글자가 취하는 형태는 단순한 이미지가 아니라 지구 그 자체와 마찬가지로 실체가 있는 사물이다. 언제나 진행 중인 이 글자는 물질적인 세속의 요소들(붓, 먹, 종이)로 이루어진다. 글쓰기는 붓질이라는 수단으로 이러한 요소들을 불러내어 이상의 영역으로부터 물질의 세계로 전달한다.

고대 중국의 양생술은 단어, 글자 그리고 세상의 사물들이 연결될 때 드러나는 가능성에 매혹되었다는 점에서 파운드와 윌리엄스의 모더니즘 시학과도 공통점이 있다. 이 매혹은 과학에서도 표현된다. 2006년 한 두뇌과학자 연구팀은 다양한 문자 체계에서 "글자의 형태와 그 밖의 인간의 시각적 기호에 경험적 규칙성"이 나타난다며, 이는 "인간의 시각적 기호의 형태를 관장하는 근원적 원칙"이 존재한다는 근거라고 주장했다. 연구자들은 세 가지 기호 체계—알파벳, 한자, 그리고 아이콘과 로고 같은 비언어적 상징—를 관찰하고 그들이 '기호위상학(sign topology)'이라고 이름 붙인, 글자들의 획과 부피의 도식적 배열과 관계라는 공통점을 공유하고 있음을 알아냈다. 이러한 유사성이 진화의 산물이라는 것이 연구팀의 주장이다. 형태는 선택압(selective pressure)에 반응하여 발달하는데, 이때 선택압은 시각적 인식과 구별에 대한 민감성을 기계적 생산의 용이함보다 우선시한다.

그들은 선의 굵기, 고리와 소용돌이와 세리프의 상대적인 크기 등의 변형들에서 구분되는 획의 추상적이고 근원적인 배열인 위상학에 대해 이야기한다. 위상학적으로 보았을 때 커피 잔과 도넛이 동형이듯*, p와 q 역시 위상학적으로는 동일하다. (그러나 이 책에서 사용한 서체에서는 p의 굴곡이 닫혀 있지 않기 때문에** 완전히 사실이라고 볼 수는 없다.) 위상학적 변형의 범위는 시각적, 기하학적 변형보다 작다. 그들은 이렇게 지적한다. "육안으로 보이는 불투명한 사물들이 흩뿌려진 환경이라면 무엇이든" 시각 체계에서 찾을 수 있는 기호위상학과 "강력한 상관관계를 가진다." 이 연구팀은 주장을 뒷받침하기 위해 인상적인 데이터와 기하학적 논증들을 수집하지만 그래

---

* 위상학은 어떤 도형을 변형시켰을 때에도 불변하는 속성을 연구하는 학문으로, 위상학의 관점에서 볼 때 커피 잔과 도넛은 둘 다 구에 하나의 구멍이 뚫린 사물로 커피 잔을 누르고 당기고 펴는 힘을 가하면 도넛의 형태로 만들 수 있다는 점에서 동형으로 본다.

** 원서에 사용된 서체에서는 P와 같이 굴곡이 닫히지 않은 모양이다.

도 인간의 행동을 진화론적으로 해석하는 경향을 띤 하나의 가설 이상이 되기는 어려워 보인다. 글쓰기 체계에 있어 패턴화와 일관성은 관습적으로 중요해 보인다. 그런 것들이 없으면 체계를 이루지 못하기 때문이다. 만약 글쓰기가 인간의 시각적 경험이 띠는 이런 기본적인 양상으로부터 순조로이 진화한 것이라면 우리는 어째서 글쓰기가 100만 년이나 1000만 년 전이 아니라 인류사에서 비교적 최근에 등장한 것인지를 질문해야 한다. 모든 기호 체계에 근원적인 위상학적 통일성을 전가하는 것은 마치 환각 행위, 토르티야 위에서 달세계의 인간이나 예수의 얼굴을 찾아내는 의식 과잉 인간의 시각적 사고가 만들어낸 착시로 보인다. 그러나 우리의 이런 착시 능력 역시 인류 역사에서 글쓰기가 번성하는 데에 기여했을 것이다.

우리는 다시 셰익스피어(William Shakespeare)의 작품에 등장하는 노공작의 "흐르는 개울 속에서 책을" 그리고 "돌 속에서 설교를"이라는 목가적인 환상으로 돌아왔다. 그러나 위상학자들은 이러한 목가적 풍경이 지구에 한정된 것이 아니라 외계의 생물에게도 공통된 것이라고 말한다. "비공식적으로 말하자면, 만약 지성을 가진 외계 생명체가 있다면, 이들이 육안으로 보이는 불투명한 사물들이 흩뿌려져 있는 사이사이에 있는 한 그들 역시도 (우리와) 다소간 유사한 배열

구성을 가질 것으로 본다."

위상학이 어째서 중요할까? 방법론적으로 이 연구자들
은 "인간의 모든 시각적 기호는 기하학적 구조상 그 정체성을
잃지 않고 유의미한 변동을 겪을 수 있으나, 일반적으로 그 위
상학은 변하지 않기에" 그것이 틀림없이 확실하다고 여긴다.
예컨대 우리에게는 산세리프체, 볼드체, 필기체, 블록체, 고딕
체, 하프언셜체, 사체, 이탤릭체가 있다. 한자에는 초서체 그리
고 전서체, 청동기시대의 필사체, 그리고 산세리프체와 블록
체가 있다. 이렇게 거의 무한한 변형의 스펙트럼이 존재하지
만 글자가 가진 위상학, 즉 '근원적 형태(deep shape)'는 변하
지 않고 그대로 유지되기에 읽을 수 있다.

그리고 이런 글자들의 창조적 가능성은 상형 기술법과
위상학을 넘어 더욱 심원한 기하학으로 확장된다. 한자를 어
느 방향에서나 읽을 수 있다는 사실을 이용해 시인들은 회문
시(回文詩), 즉 '거꾸로 읽어도 말이 되는 시'라는 고전 시 장르
를 만들었는데, 이는 한층 더 높은 차원의 복잡성을 지닌 애
너그램*이었다. 이 장르의 대표적인 작품은 4세기 소혜(蘇蕙)
의 시 「선기도(璿璣圖)」로 800자가 넘는 글자를 가로세로로
배치한 것인데 그 모습이 천문의 역학 모형을 닮아 있다는 데
서 시의 제목이 유래했다. 소혜의 시 한가운데 있는 북극성을

---

* anagram, 단어에서 문자의 순서를 재배열해 다른 의미를 가진 단어로 바꾸는 것.

의미하는 心—'마음'과 '정신'을 뜻하기도 하는 글자—은 여러 판본에서 생략되어 있는데, 도가 철학에서 볼 때 마음은 텅 비어 있는 것이기 때문이다. 이 시가 독특한 것은 수많은 독해를 가능케 하는 무수한 조합을 이룬다는 점에서다. 이 시의 글자들은 거의 모든 방향에서 읽을 수 있다. 일곱자로 이루어진 4행시라는 일반적인 규칙 속에서 약 3000편의 시를 읽어낼 수 있다. 이렇게 서로에게 파묻히고 행걸이*하는 시들 중 어떤 것은 사랑을 잃고 열정을 다친 것에 대한 노래이고 어떤 것은 우주를 탐구하는 시다.

소혜는 여성이었고 이 시의 탄생에 대해서도 그럴싸한 설이 하나 있다. 먼 곳으로 전보를 받은 관리였던 그의 남편이 첩을 들이자 소혜가 남편의 마음을 돌리고자 시를 써 보냈다는 이야기다. 중국 시를 연구하는 번역자이자 인류학자인 데이비드 힌턴(David Hinton)은 이런 설은 남성 학자들이 꾸며낸 이야기라고 본다. 그는 이렇게 쓴다. "이 시가 남편이 돌아오기를 바라는 아내의 청에 그치는 것이 아님은 분명하다. 이 시는 복잡한 철학적 명제이자 세상을 지배하는 남성들에 맞서 자신의 존엄과 우월성을 선언한 것이기도 하다. 이 시는 거의 임의적으로 배치된 행들의 거대한 콜라주며, 이런 작법상

* enjambment, 시에서 하나의 어구나 문장이 마침표를 찍지 않고 다음 행으로 이어지는 것.

의 전략이 다시 나타난 것은 …… 500년 후이고 서양에서는 20세기가 되어서야 등장했다."

다양한 조합의 콜라주이자 시의 형태로 표현된 열정과 정확성은 냉정한 추상처럼 보이는 동시에 내밀하고 인간적인 것으로 보인다. 나는 우리가 글쓰기를 위해 구조화되어 있다고 말하고 싶다. 물론 글쓰기가 스스로를 세상에 표현하기 위해 우리의 구조를 사용하고 있다고 말하는 쪽이 더 환기적일 (그리고 어쩌면 더 정확할) 테지만 말이다. 우리의 시각이 잠자리처럼 구조화되어 있다면 우리의 글은 다른 형태를 취했을 것이다. 그러나 글쓰기는 잠자리의 세계가 아니라 우리의 세계다. 우리의 독특한 인지 없이는 어떤 자연의 풍광도 표준 구성도 존재하지 않는다. 우리의 세계는 우리의 섬유들이 짜내는 씨실로 이루어진다. 그리고 우리의 세계에서 글자는 한층 더 필수적인 현실을 위한 창이나 배관이나 틀이 아니라 사물 그 자체다. 천문의를 비롯한 잘 만들어진 유물처럼 그것들은 인류 문화의 산물인 동시에 이를 창조하는 원천이며 어디에서 어디부터가 원천이고 산물인지는 그 누구도 알 수 없다.

글은 위상학적 특징들과 지리학적 복잡성에도 불구하고 언어와 연결되어 있다. 언어에 근원을 두지 않은 유사-글의 양상(엄밀한 의미에서의 표의문자, 아이콘, 로고)을 지닌 것은 글에서 갈라져 나간 다른 갈래다. 글은 그림이 가지는 자유를 일부 띠고 있다. 디자이너, 간판 그리는 사람, 필경사에게 타이포그래피나 캘리그래피에 발휘하는 표현적 가능성을 주는 것이 바로 그 자유다. 그러나 이런 자유는 글쓰기에 있어 우리에게 반대편에 존재하는 단어라는 영역에 가해지는 것이다. 시각적인 '말장난(pun)', 숨은 기호는 리듬, 대조, 활기나 나른함의 감각이라는 미학적인 감각과 마찬가지로 언어에 있어 바탕 위의 그림자 같은 존재다. 아니면 그것들은 언어 뒤에서 무상하며 기이하게 나타나는, 언어의 그림자를 비추는 빛나는 스크린이다.

위상학은 응집과 용해를 수학으로 설명할 수 있는 것과 마찬가지 방식으로 기호의 근원을 설명한다. 그러나 여기에는 의식의 포착 행위, 문화와 경험이 깃들어 무한히 반복되는 영역인 인식의 표면과 잠재 지대를 넘나들며 실체에서 정신에 이르는 형상의 활동이 빠져 있다.

글쓰기는 매개를 통해 인식하는 것이다. 창문을 통해, 그보다 더 정확히는 렌즈를 통해 바라보는 것과 같다.(물론 아무리 굴곡이 미세해도 창문 역시 이미 렌즈다.) 문자는 생성되는 동시에 그 너머에 서 있는 것을 돌본다. 이런 의미에서 문자는 알파벳이건 표의문자건, 서양의 것이건 동양의 것이건 알레고리로 활약하는 것 같다. 다시 자신의 말 옆에 서 있는 작은 인간의 이야기라는 '진실'을 나타내는 信으로 돌아가보자. 어쩌면 그 작은 인간은 말 속에 갇힌 것 같기도 한데, 흠은 입의 모양일 뿐 아니라 어쩌면 집, 어쩌면 철장일지도 모른다. 마치 2차 대전 말기에 미군에게 반역죄로 체포되어 피사 인근의 수용소로 가게 된 에즈라 파운드가 갇혀 있던 철장처럼 말이다. (그 철장 속에서 파운드에게는 성서 외에 단 세 권의 책이 허용되었는데, 모두 종교 도서라는 전제 아래 허락받은 것이며 공자의 책과 그 영어 번역본, 그리고 중국어 사전이었다.) 정명의 문제점은 한 사람의 그림, 한 사람의 진실이 완전히 다른 사람의 것일 수는 없다는 점이다. 우리 모두가 각자의 말 옆에 서서 목격하고 옹호한다.

파운드와 페놀로사가 희망을 걸었던 허신의 형성자 어원론은 이제는 의심의 대상이 되었다. 信이라는 글자에서 亻은 이제 발음하는 법을 알려주는 음성학적 표지, 言은 의미를 나타내는 표지로 해석된다. 근래의 학자들은 형성자라는 개념 자체를 반대하고 문자의 구성을 보다 유연하고 변화무쌍하며 잠정적인 것으로 보는 이론을 지지하며, 이때 그 바탕은 물론 심상이지만 또한 동음이의성, 연상적 배치, 그리고 임의적 연상에 의한 첨가제 역시 있다고 본다.

페놀로사가 100년도 더 전에 예측했던 동서양의 융합은 정명과 마찬가지로 위험이 따르고 잠정적이며 영원히 진행 중인 상태다. 나는 정명의 자리에 페놀로사가 좋아했던 인드라망의 이미지를 대신 놓고 싶다. 글자 하나하나가 전 우주를 반영하고 있다는 것이다……. 호르헤 루이스 보르헤스(Jorge Luis Borges)의 단편에 등장하는, '알렙'—전 우주의 모든 구석구석을 볼 수 있는 단일한 장소—이 있다는 이유 때문에 집을 도저히 허물지 못하는 남자가 떠오른다. 알레프(א)는 물론 히브리어 알파벳의 첫 자, 성문폐쇄음 또는 모음충돌을 위한 글자로, 말의 흐름을 아주 짧은 순간 멎게 하며 무한한 의미를 자아낼 수 있는 글자다.

내가 손에 펜을 들고 기록하고자 하는 것이 무엇이겠는가?
내가 오늘 보았던, 완벽하게 구축된 장엄한 전함이
돛을 활짝 펼치고 앞바다를 지나는 모습?
지난날의 광휘? 아니면 나를 둘러싼 이 밤의 광휘?
아니면 내 주변을 둘러싼 대도시의
과시적인 영광과 번성이겠는가? 아니다.
부두를 메운 군중 속에서 내가 오늘 보았던,
헤어지기 아쉬워하던 평범한 두 남자에 대해 쓸 뿐이다.
한 사람이 상대의 목을 얼싸안고
열렬한 키스를 퍼붓고
떠나야 하는 이가 그를 꼭 끌어안고 있는
그 모습을.
—월트 휘트먼(Walt Whitman), 「칼라무스(Calamus)」

4장   글쓰기와 권력

문자의 교훈

브라질의 마토그로소(Mato Grosso)주 아마존 정글 깊은 곳, 클로드 레비스트로스는 곤경에 처했다. 이 인류학자와 함께 탐사를 하던 한 무리의 남비콰라족 사이에 의견 불일치로 인한 내부 갈등이 일어났던 것이다. 남비콰라족이 탐사대를 데리고 위험한 땅으로 들어가기를 꺼렸기에 레비스트로스는 구슬을 비롯한 물건을 주어 우두머리의 환심을 사는 수밖에 없었다. 그러나 노새며 무거운 상자를 나르는 짐꾼으로 이루어진 이 고풍스러운 정글 탐사대가 출발할 때까지도 남비콰라족은 경계를 늦추지 않았다. 며칠 뒤 탐사대는 길을 잃었다. 새로운 경로를 찾는 동안 탐사대의 식량이 거의 동났다. 나머지가 휴식을 취하는 동안 우두머리는 아내를 데리고 정글로 들어가 채롱 여러 개에 메뚜기를 가득 잡아와 내켜 하지 않는 대원들에게 먹였다. 그럼에도 긴장은 사그라지지 않았다. 먹을 것은 메뚜기뿐인데다가 낯선 땅에서 추위에 떠느라 날카로워진 탐사대는 어쩌다 보니 경쟁 무리와 마주치기까지 했다. 전사들은 어둠 속에서 매서운 눈으로 무기를 만지작거렸다.

이 첨예한 긴장 속에서 레비스트로스는 어서 선물 교환을 하자고 우두머리를 설득했다. 레비스트로스가 모든 이에게 나눠준 물건 중에는 종이와 연필도 있었는데, 그들은 금세 무기를 내려놓고 종이 위에 구불구불한 선을 겹겹이 그으며 '글쓰기'를 시작했다. 신기하게도 남비콰라족은 레비스트로스가 공책을 펼칠 때마다 하던 동작을 흉내 내는 중이었던 것이다. 그런데 여기서 우두머리의 흉내가 한 발짝 더 나아갔다는 점이 눈에 띄었다. 우두머리는 레비스트로스 옆에 앉아 맨무릎에 수첩을 올려놓고 놀랍게도 레비스트로스가 하는 질문에 대해 말이 아니라 수첩에 '글을 써서' 건네주는 방식으로 대답했다. "그 역시 자신이 내는 흉내에 반쯤 속아 넘어가

있었다." 레비스트로스는 이렇게 썼다. "그는 한 줄을 그을 때
마다 마치 페이지에서 의미가 뛰어나오기를 기대하듯 초조한
얼굴로 자기가 그은 줄을 바라보았고, 그때마다 얼굴에는 한
결같은 실망의 빛이 떠올랐다. 그러나 그는 그 실망감을 결코
인정하지 않았으며, 우리 사이에는 그가 그려내는 의미 없는
끄적거림에 무슨 의미가 있다는 묵시적 동의가 생겨났고, 나
는 그 끄적거림을 해독하는 시늉을 했다. 그가 글을 쓰는 즉
시 말로 설명을 덧붙였기에 내가 설명해달라고 부탁할 필요
가 없어 다행이었다."

선물 교환이 이루어지는 동안 우두머리는 자신의 '글'을
자신이 가진 중개인의 권위에 힘을 실어주는 도구로 이용하
며 선물이 이쪽 바구니에서 상대 부족의 바구니로 건네지는
내내 수첩을 들여다보았다. "분명한 것은 우두머리가 글의 목
적을 이해한 단 한 사람이었다는 사실이다." 레비스트로스의
결론이다. 우두머리는 지식을 습득하거나 이해를 드높이기
위해서가 아니라 "다른 사람들에 대한 그의 권위를 배가할
수 있는" 통제력의 상징으로 글을 사용했다.

레비스트로스에게 이 장면은 글의 본성과 기능에 대한
결정적인 진실을 드러내는 것이었다. 과거를 기록하고, 실수로
부터 배우며, 진보를 위한 지식을 나눈다는 공언된 목적 외에
도 글은 "인간의 계몽보다는 인간의 착취를 용이하게 한다."

레비스트로스는 예술을 피워내고 동식물을 길들인 것을 비롯해 다양한 발전을 이룩한, 인류 역사에서 가장 창조적인 시대였던 신석기혁명은 글의 도움 없이 추진된 것이었음을 지적한다. 레비스트로스의 결론은 이렇다.

> 문자가 반드시 수반된 단 한 가지 현상은 도시와
> 제국의 형성으로, 이에 많은 개인이 하나의
> 정치체제 속에 통합되고 계층과 계급으로 등급이
> 매겨진 일이다. ⋯⋯ 내 가설이 정확하다면
> 문자를 통한 소통의 1차적 기능은 인간의
> 예속을 용이하게 하는 것이다. 이해관계가 없는
> 목적으로서의 문자, 그리고 지적, 예술적 만족감의
> 원천으로서의 문자 사용은 부차적인 결과이며,
> 이는 심지어 앞서 말한 1차적 기능을 강화하고
> 정당화하거나 은폐하는 수단이 될 수도 있다.

문자 담론의 기저에는 문명이 야기한 불행이 도사리고 있다고 주장하는 레비스트로스는 그의 정신적 증조부라 일컬을 수 있는, 문자는 오래전에 이미 패배한 전투를 사후적으로 기록하고 공식화한다고 주장한 장자크 루소(Jean-Jacques Rousseu)의 전철을 밟는다. 루소에 따르면 인간이 처음으로 말한 언어는 선사시대에 벌어진 의미와 자유를 찾고자 하는 전투에서 얻어낸 전리품이다. 루소는 바벨탑 신화를 설명하며 각 자음과 모음이 서로 전쟁을 치르며 구술언어의 혼란 이전 모든 사람이 말하던 보편적 언어는 분리되고 부패되었다고 주장한다. 루소가 말하는 "자연적 음성"은 열린 입으로부터 나온 "조음되지 않은" 울부짖음과 포효다. 루소의 신화에 등장하는 근원적 언어에서 자음은 자연적 소리의 흐름을 가로막으며 음성을 훈육하고 질서 지음으로써 분절시킨다. 이렇게 분절된 포효에서 언어가 태어난다. 근원적 언어란 "말보다는 노래에 가까웠을 것"이라고 루소는 추측한다. "(근원적 언어는) 어감, 수, 조화, 소리의 아름다움을 강조하느라 문법적 유비에는 소홀했을 것이다."

그러나 곧 언어에서 자음의 복잡성은 통제를 벗어나게 된다. 루소는 이렇게 쓴다. "필요성이 증가하고 세상사가 복잡해지며 계몽이 이루어짐에 따라 언어는 성격을 바꾼다. 언어의 규칙성이 더해지는 한편으로 정념적인 면은 줄어든다. 감정을 개념으로 대치하고 마음이 아니라 이성에 호소한다. 언어는 더욱 정밀해지고 명확해지는 한편으로 보다 밋밋해지고 둔화되고 차가워진다." 루소에게 글쓰기는 이러한 역동적이고 진보적이며 전이적인 소외에서 태어나는 것이다. "문자는 언어를 구체화하는 것처럼 보이지만 사실은 언어를 변질시킨다. 문자는 표현성을 정확성으로 대체함으로써 낱말이 아니라 정신을 변화시킨다." 문자가 발전함에 따라 언어는 구술언어가 가졌던 순수하면서도 난잡한 신화적 표현성을 포기한 대가로 정확성과 고정성을 얻으며 타락 이전의 단계를 끝맺게 된다. 이 섬뜩한 정밀성은 순환 구조를 띠는 것이기도 하다. "이 약점을 극복하는 데 사용되었던 수단은 문자언어를 공들여 장황하게 만드는 경향이 다소 있으며, 담론을 통해 쓰인 많은 책들은 언어의 활기를 떨어뜨릴 것이다." 다른 책에서 루소는 언어가 사회생활의 활기를 떨어뜨리고 쇠락하게 하는 작용을 탐구하며 다음과 같이 쓴다. "정부와 법체계가 일상생활에서 사람의 안전과 복지를 제공한다면, 예술, 문학, 과학은 덜 포악함에도 더 강력하게 사람을 내리누르는 쇠사슬 위에 화환을 걸어준다. …… 왕좌를 세우는 것은 필요지만 이 왕좌를 공고히 하는 것은 예술과 과학이다."

여기서 루소의 통찰은 200년 후 레비스트로스가 고찰한 것보다 더 정확하다. 예술과 과학은 문명의 쇠사슬에 금칠을 한다. 예술과 과학은 우리가 같은 인간들의 필요와 의도를 감지하고 직관하는 능력에 체제, 예절, 예법을 부과한다. 루소는 선사시대에 대해 다음과 같이 쓴다. "당시 인간의 본성은 사실 오늘날 인간 본성보다 우월하지 않았으나, 그들은 수월하게 상대를 꿰뚫어볼 수 있음으로써 안전해졌다." 예술과 과학은 글에 바탕을 두고 형성된 인문학의 단순한 관찰이나 표현만이 아니라 그것의 제도적 실행으로, 인간의 자연스런 정념을 제한하고 인식을 차단하는 도구를 끝없이 제공한다. 루소는 이렇게 쓴다. "우리의 근대적 지성의 절제를 찬양하는 이들, 그 속에서 나는 그 기만적 단순함만큼이나 내 찬사를 받을 가치가 없는 방종의 제련밖에는 아무것도 보이지 않는다." 그것이 바로 남비콰라족의 우두머리가 글쓰기를 욕망하게 된 이유다. 그는 자신의 카리스마에 권위를 부여하는 도구이자 동료들을 혼란시킬 신비로운 광휘로서의 글쓰기를 욕망했던 것이다.

글쓰기의 교권

물론 문자언어의 마술적 힘을 가장 열성적으로 믿는 이는 글을 보고 아연실색한 야만인이 아니라 글에 매혹된 독자다. 글에 감명을 받는 사람들은 부재하는 자와 죽은 자에게 목소리를 줄 수 있는 글의 독특한 능력을 그 이유로 꼽는 경향이 있다. 글이 원시 상태로부터 탈출하는 길을 마련해주기 전까지 인류가 갇혀 있던 정체와 안주로부터의 진화를 촉진시켰다는 것 말이다.

그러나 우리는 글의 양면을 살펴보아야 할 것 같다. 구술 문화의 풍부함과 즉시성은 문맹자들이 빠져 있음 직한 무지와 나태의 수렁과는 확연히 대조된다. 읽고 쓸 줄 아는 사람은 기억과 법과 문학을 알지만 이들은 이 때문에 에덴동산에서 추방되었다. 글에 대한 이러한 두 가지 태도는 과거와 인간 본성에 대한 서양의 대표적인 두 가지 이해 방식과 보조를 맞춘다. 글이라는 시녀는 어떤 기질을 가지고 있나? 해방일까, 예속일까? 진보일까, 퇴락일까? 메스껍고 야만적이며 짧은 생애에 맞서 거두어낸 승리일까, 아니면 고귀한 야생성의 종말일까? 이러한 양극은 화해할 수 없는 것이며 상대편과 닿으면 부서진다. 지난 수백 년간 사상가들은 이렇게 양분된 이념의 양 끝에 줄을 섰다.

그러나 글이 권력, 그리고 정치와 맺는 관계를 또 다른 방식으로 이해해볼 수도 있을 것이다. 문해력을 특정 행동이 아니라 인간이 세계를 이해하고 이에 힘을 행사하는 근본적인 방식으로서의 '읽기' 그리고 '쓰기'라는 확장된 개념과 결부시키는 관점이다. 『슬픈 열대』의 '문자의 교훈'이라는 절에서 레비스트로스의 관심사는 의사소통이나 언어예술이 아니라 권력이었기 때문이다. 글은 인간사에 뒤늦게 도착했음에도 영원히 선사시대의 변경(邊境)과 뒤엉킬 것이다.

글이 혁명적인 것이라는 생각을 뒤흔들기 위해서 우리

는 우선 글이 등장하기 이전의 인간사가 따분한 에덴동산 또는 만인에 대한 만인의 끝없는 투쟁이었다는 관념을 버려야 한다. 역사란 독특한 방식으로 글로 쓰인 제도일까? 아니면 역사는 문자가 탄생하기 오래전부터 일어나고 있었던 것일까? 인간의 정치적 행동의 주체이자 산물인 권력은 문자의 발생에 대한 신화들에 생동감을 더한다. 거대한 나무와 무장을 갖추고 전장에 나가는 전사, 심판을 받고 죽은 이의 모습을 닮은 글자들, 땅에서 솟아오르고 조물주의 노래하는 입에서 쏟아지고 세계의 중심에 선 나무에서 떨어지는 글자들. 글을 알기 이전의 인간은 신화에, 사회와 정치 형태에, 그리고 글 자체에 자신들의 흔적을 남기고자 분투했다.

시인이자 소설가인 로버트 그레이브스(Robert Graves)는 문자가 가진 오래된 힘의 원천을 찾아 웨일스 신화의 시대까지 거슬러 올라간다. 혼란스럽고 잔혹한 이야기들이 순환 구조로 펼쳐지는 웨일스 설화집 『마비노기온(Mabinogion)』에서 그레이브스는 글자라는 나무들이 일종의 문학적인 마법에 의해 생동하며 혼돈의 힘에 맞서 싸운다는, 서로 길항하는 문자 체계들의 우화에 집중한다. 이러한 효과와 의의에도 불구하고 글자는 우리의 상상력 깊은 곳에서 솟아오른 주문에 다름 아니다. 문자는 신화적이며 정지 상태였던 석기시대로부터 인류를 해방시킨 것도 아니요, 문자를 통한 기록과 제약에 우리를 구속시키는 것도 아닌, 매혹의 수단이자 재료다. 물론 매혹이 존재하는 곳에는 노래도 사슬도 함께 존재한다.

글은 권력을 휘두르는 데 유용한 도구임에도 불구하고 스스로를 인간 정신에 대한 일종의 독립적인 통치 체계로 상정한다. 길을 안내하고 천국의 지도를 그리며 새롭고도 무한히 확산되는 상상력의 구조에 영감을 불어넣는, 어둠 속에서 빛나는 거대한 별자리인 셈이다. 물론 여기에서 **통치** 체계는 적확한 쓰임새가 아니다. 문자는 권력과 권위의 장치라기보다는 생각의 규율이자 양태, 그리고 학교다. 무작정 암기하는 철자법과 양식의 규칙을 넘어, 구두점 규칙을 넘어, 문자가 낱말과 문장, 장과 행의 형태로 생각에 부여하는 유익한 제약을 넘어, 문자는 가르친다. 문자의 교권은 패턴화와 리듬, 기억이라는 가르침을 내리고 이 가르침을 통해 우리를 변화시킬 만큼 직접적이지는 않은 의미를 산출한다.

인간이 에덴동산에서 추방된 까닭을 글의 탓으로만 돌려서는 안 된다. 그런 관점을 취하기에는 인간이 스스로를 길들이는 수단은 너무도 다양하고 섬세하다. 또 인간이라는 종의 본질적인 야생성은 수렵이나 수면, 이주와 마찬가지로 글에서도 드러난다. 원시성을 잃은 것을 슬퍼할 만한 고귀한 야만이란 존재하지 않으며, 우리가 벗어나야 했던 비천한 야만 또한 존재하지 않는다. 아니면 이렇게 볼 수도 있다. 이미 우리

에게는 고귀하며 동시에 비천한 풍부한 야만이 있으며, 우리
는 글로써 이를 벗어나지 못한다. 신석기혁명이 문자라는 수
단으로 기록할 수 있는 범위를 넘어선, 글의 도움 없이 일어난
매우 창조적인 사건이라는 레비스트로스의 지적은 옳다. 그
리고 그보다 훨씬 오래전부터 인간은 고군분투하고 미워하고
상상하고 창조한 것이 틀림없다. 인류는 아프리카 대륙을 가
득 채운 뒤 익숙한 충동에 사로잡혀 세계 곳곳의 거주지를 찾
아 이동했다. 그것이 우리의 심원한 역사이자 역사적 기록 이
전의 역사다. 그 증거는 뼈에서, 지층에서 읽어낼 수 있다. 말
하자면 거기에 쓰여 있는 셈이다.

진흙으로 된 발*

문자 기원의 자취는 흙에서 찾을 수 있을 뿐 아니라 흙으로
된 것이기도 하다. 메소포타미아의 번성하던 도시 우루크에
서 발생한 쐐기문자가 점토판에 새긴 흔적으로 이루어진다.
쐐기문자는 최초의 문자가 전쟁의 전리품인 파괴된 도시, 참
수된 적, 납치당한 처첩들을 기록해 이를 치하하며 일람표로

---

* 바빌론의 왕 느부갓네살이 꾼 꿈을 예언자 다니엘이 떠올리며 해석하는 이야기로
「다니엘서」2장 41절에 나오는 표현에서 유래한다.

만드는 것이었다는 루소와 레비스트로스의 비뚤어진 가설을 확인해주는 듯 보이리라. 애초 필경사들은 왕의 명을 받아 글을 썼으며 노예인 경우도 있었다. 그러나 애초부터 어떤 전복적인 정신이 초기 문자를 살아 숨 쉬게 했다. 인류의 가장 오래된 문학작품인『길가메시 서사시』에서도 왕의 승전을 칭송하는 전기 속에 의심과 도덕적 통찰이 끼어들기 때문이다.

『길가메시 서사시』는 말하자면 사담 후세인의 선조라고 할 만한, 고대 메소포타미아를 다스리던 자수성가한 폭군 가문의 자손 길가메시라는 신화적 존재를 다룬다. 역사적으로 길가메시는 기원전 2000년대 초반 우루크를 다스린 것으로 추정되며 이는 트로이전쟁이 일어나기 1200~1500년 전이다. 이 점은 깊은 역사(deep history)의 관점에서 바라볼 가치가 있다. 길가메시 이야기의 배경이 5000년 전 문자의 발명과 엇비슷한 시기라는 점에서다. 문명이 생겨나기 한참 전, 철기시대가 시작되기도 1500년 전이며, 인간의 언어가 생겨난 지는 이미 4만~5만 년이 지난 시기다. 해부학적으로는 호모 사피엔스가 지구상에 등장한 지 10만 년이 지난 시기이며, 이때 인류는 이미 남극 대륙을 제외한 지구상 모든 곳에 퍼져 살고 있었다. 인류의 탄생과 인류 문화의 역사에 견주어 보면 우리는 길가메시와 동시대인이나 마찬가지다. 그렇기에 우리가 이 이야기에서 여전히 의의와 유사성을 찾을 수 있다는 것은 놀랄 일이 아니다.

놀랄 만한 일은, 세계문학의 근원적 텍스트인 이 작품이 3000년간 유실된 상태였기에 이 텍스트가 다른 종교적 텍스트와 세속의 작품에 남긴 풍부한 은유의 흔적을 아무도 알아차리지 못했다는 것이다. 어떤 메소포타미아 신화에서는 길가메시의 할아버지 엔메르카르가 문자를 발명했다는 내용이 나온다.(그는 이 문자를 레비스트로스가 만난 남비콰라족의 우두머리처럼 적에게 겁을 주고 최후통첩을 내리고 공간을 넘나드는 데 쓴다.) 길가메시는 필경사들이 글쓰기의 교권을 법령이나 나라의 흥망성쇠를 기록하는 데 그치지 않고 문학작품까지 확장하기 전 짧은 기간 집권했다. 그리고 당시에는 아직 기억에 생생했을 이 카리스마적 지도자의 이야기는 지중해 지역에 퍼지며 호메로스(Homeros)의 서사시와 성서에 그 흔적을 남기게 되었다.

세계문학 연구자 데이비드 담로슈(David Damrosch)는 『파묻힌 책(*The Buried Book*)』에서 구약성서의 바탕이 되는 길가메시 이야기를 쐐기문자로 담은 점토판이 5000년 뒤에 발견되고 이어 서양 전역이 이에 집중하게 되었다고 썼다. 담로슈는 고고학자와 같은 태도로 표면에 가까운 최근의 층에서부터 탐구를 시작한다. 19세기에 독학으로 연구를 시작한 영민한 아시리아학 연구자 조지 스미스(George Smith)는 오늘날의 이라크 모술(Mosul) 인근 지역에서 대영박물관 탐사대가 찾아낸 점토판 조각을 연구해 영어로 번역했다. 런던의 노동자 가정 출신인 스미스는 조판공이었으며 점심시간마다 대영박물관을 찾아 아시리아 쐐기문자를 읽는 법을 독학했다. 이렇게 스미스가 해독한 구절 중에는 "폭풍을 동반한 홍수로 배가 산 위에 걸렸으며 마른 땅을 찾으러 새를 보냈다."는 내용이 있었다. 성서의 홍수 이야기와 흡사한 것 중 가장 오래된 이야기가 예수가 태어나기 약 800년 전 아카드어로 쓰인 문헌에 등장했던 것이다.

스미스는 길가메시 이야기를 발견하면서 저명한 연구자의 지위를 얻었다. 『길가메시 서사시』는 메소포타미아의 신-영웅의 이야기를 담은 가장 오래된 문학작품으로, 마지막 장이 바로 이 대홍수 설화였기에 메소포타미아 고고학은 순식간에 대중의 관심사로 떠올랐다. 이 발견이 이루어진 것은 기독교계가 커다란 불안감에 사로잡혀 있던 다윈의 시대로, 지리학과 자연과학이 인간 다양성에 대한 증폭된 지식과 결합해 서구 사회가 성서에서 설명하는 방식—더 오래되고 더 우연적인—과는 다르게 세계를 제시하기 시작하던 때다. 19세기 중반은 성서에서 가르치는 기적이 다윈의 핀치*만큼이나 진짜이며 네안데르탈인의 뼈만큼이나 숭엄한 것임을 보여주고자 하는 경쟁이 치열하던 시대였다. 스미스가 노아의 선조를 발견함에 따라 학계에서도 뒷전이던 아시리아학은 하룻밤 사이에 빅토리아시대 언론에 센세이션을 일으켰다.

그러나 길가메시 설화에 가장 오래전부터 깊이 열광한 이는 기원전 8세기 아시리아를 다스린 아슈르바니팔(Ashurbanipal)이었는데, 그는 자신의 아버지를 비롯한 기존 통치자와는 달리 능숙한 독자이자 성공한 학자였다. 아슈르바니팔은 최초의 진정한 도서관을 만든 사람이기도 하며, 궁내에 설치한 이 도서관은 그의 영광된 승리의 기록을 가려 뽑아 보관할 뿐 아니라 쐐기문자로 된 문학, 마술, 실용 분야의 방대한 장서를 정성스레 보존하고 정리해두는 곳이었다.

아시리아 왕국이 몰락한 것은 아슈르바니팔 집권기가 끝난 직후였다. 침략자가 궁을 불태우자 불에 구운 점토판으로 된 도서관은 그 잔해에 파묻혀 기억에서 잊혔다. 데이비드 담로슈는 여기서 아이러니가 발생했다고 보았다. 이 파괴 행위를 통해 『길가메시 서사시』가 사라진 동시에 보존되었다는 사실이다. 아시리아 문명이 돌연히 난폭한 종말을 맞지 않았더라면 이 서사시를 담은 점토판은 수 세기에 걸쳐 서서히 방치되었을 것이며 그사이에 파괴되어 먼지가 되었을지도 모른

★ Dawin's Finch, 찰스 다윈은 갈라파고스제도에 서식하는 작은 새인 핀치를 연구하며 진화론의 단서를 발견했고 『종의 기원』을 집필하게 되었기에, 갈라파고스 핀치는 후대 생물학자들에게 다윈의 핀치라는 이름으로 불린다.

다. 그러나 아시리아의 국력이 정점에 이르고 글쓰기의 교권이 지중해 동부에 이를 만큼 융성하던 번영기에 길가메시 이야기는 여행자나 무역상 사이에 널리 퍼져 있었다. 길가메시의 분노, 절친한 친구 엔키두에 대해 느끼던 사랑, 그리고 그의 끝을 모르는 술책은 『일리아스』에 영향을 주었고, 홍수 재난에 대한 이야기는 이스라엘 설화에 자리 잡았다. 이런 이야기의 얼개는 아마도 인간 기억의 가장 깊숙한 켜에 존재하는 보이지 않는 통로를 따라 흐르는 것 같다. 얼마나 많은 사라진 이야기의 파편이 문자가 닿을 수 없는 곳, 우리 머릿속에 깃들어 우리가 듣고 말하는 이야기에 그림자를 드리울까? 눈에는 보이지 않지만, 말하자면 그리스 서사시, 『마하라바타』, 마야의 설화집 『포폴 부』, 성서, 심지어는 전래 동화에 이르는 이야기들의 DNA에 접붙여진 초기의 시들은 또 얼마나 많은가?

궁극적으로 『길가메시 서사시』가 성서와 가지는 관련성에는 역사적 의미보다는 문학적 의미가 있을 것이다. 이 서사시는 도시에서 사회화된 신인류가 야생의 상실에 적응하는 드라마로 읽히기 때문이다. 서사시의 영웅 길가메시는 오만한 젊은 왕으로 도시의 벽을 쌓고 적을 무찌른다. 그러나 여신 이슈타르의 아들인 그의 자만심은 도를 지나쳐서 고통받는 백성들에게 초야권을 요구해 결혼식 첫날밤 새 신부 모두와 잠자리를 갖는 데 이른다. 이슈타르는 그의 행실을 고치기 위해 무법자 엔키두를 보내는데, 엔키두는 처음에는 길가메시에게 경고를 하고 갈등을 빚는 역할을 하지만 이후 길가메시의 조력자로 자리 잡는다. 길가메시가 악마를 굴복시키고 우물을 파고 영생의 비밀을 찾는 모험에 내내 엔키두가 함께한다.

『길가메시 서사시』는 우리가 알고 있는 고대 메소포타미아인들의 정신세계 상당 부분을 알려준다. 그러나 동시에『길가메시 서사시』는 강력하고 유연한 문학작품이기도 하다. 독자들에게 왕권이나 장례 풍습만을 알려주는 것이 아니라 권력의 실체에 대해 이야기하고 인간 삶이 가진 덧없는 아름다움을 탐구하는 이야기이기 때문이다. 이 탁월한 이야기는 그 박력과 감수성으로 이후 등장한 수많은 문학작품의 패턴을 형성한 것 같다. 셰익스피어의 할 왕자는『길가메시 서사시』에서 그 원형을 찾아볼 수 있으며 엔키두는 성벽을 쌓고 숲을 파괴하면 무엇을 얻고 또 잃을지 알려주는 폴스타프의 더 젊고 감성적인 버전이라 할 수 있다.*

사담 후세인 역시 그 선조들과 마찬가지로『길가메시 서사시』에 매혹되었는데 이 서사시가 말하는, 고대 메소포타미아에 뿌리를 둔 위대함의 약속이 아니라 통치하고자 하는 자

★ 『헨리 5세』의 주인공. 할 왕자는 방탕한 난봉꾼으로 젊은 시절을 보내다 정치적으로 성공한 헨리 5세가 되는 것으로 그려지며, 셰익스피어가 창조한 인물인 폴스타프는 왕자와 허물없이 지내는 저속하지만 재치 있는 조력자다.

에게 주는 교훈 때문이었다. 후세인은 (대필 작가의 도움을 받아) 소설 형태로 자신의 영웅담을 남겼다. 또 한 명의 폭군이 글쓰기의 변덕스러운 힘을 자기 본위로 이용하고자 한 것이다. 후세인의 문학적 야심은 유익하면서도 유쾌하지만 티그리스강에서 유프라테스강에 이르는 땅을 통치하고자 한 것은 그가 처음이 아니며 또한 마지막도 아니다.

의미로 넘쳐 흐르는 글자들

길가메시의 시대부터 가장 강력하고도 널리 퍼진 언어는 확산되어 정복자와 피정복자 모두의 의식에 뿌리내린 구술언어였다. 이 경우 글쓰기의 교권은 순수하고 단순한 권력의 응용과 크게 다르지 않다. 언어학자 막스 바인라이히(Max Weinreich)는 언어와 방언의 차이에 대해 설명하며 "언어는 군대와 함대를 거느린 방언이다."라는 유명한 말을 남겼다. 이런 언어의 권력은 언어를 탄생시킨 왕국이 몰락한 뒤에도 살아남는다.

언어와 권력은 분명 밀접히 연루되어 있다. 모든 문자언어가 동등한 위치를 가지는 것은 아님이 명백하다. 문자로 인해 부여되거나 부가되는 가능성은 그 표현도 밀도도 모든 단어에

공평하게 분배되어 있지 않다. 심지어 영어처럼 극도로 발전되고 분기된 문자언어조차도(정확히 말하면 이런 언어일수록) 문학 장르나 상업, 사무용, 학계의 은어에서부터 개인의 독특한 언어 양식에 이르기까지 표현과 관용어구, 관습의 국소적인 차이가 존재한다. 이러한 언어에는 층위 또한 존재한다. 오래전의 방언과 수사법은 기록 보관소에 묻히고 이곳에서 다양한 빈도와 국지적 강도로 지진과 지각변동이 일어나는데, 『길가메시 서사시』의 발굴 역시 이런 지각변동 중 하나다.

또 학술언어와 고전언어도 있다. 라틴어, 그리스어, 산스크리트어, 그리고 고전한어 등 '사어'로 조롱받는 언어는 그래도 20세기 극초반에 얼마 남지 않은 사용자들이 모두 사망해 사멸하고 만 남아프리카 부시먼의 캄(!Xam) 언어에 비하면 사정이 낫다. 아마 이들 노쇠한 학술언어는 문자라는 마술적 영약 덕분에 목숨을 부지하는 '좀비 언어'라고 이름 붙임직하다. 그러나 이런 언어들조차 서로 극히 다르다. 예를 들면 고전한어는 중국 시와 주요 철학 저작들에 사용된 언어다. 고전한어는 3000~4000년에 이르는 기간 동안 지속되었다. 그러면서도 그 기간 동안 널리 퍼진 고대 라틴어와 그리스어만큼이나 다양한 장르와 형식, 문체를 이루어냈다.

역사적으로 보았을 때 중국에서 글은 제국의 통치와 깊이 연관된다. 중국 왕조가 가장 오래 지속된 통치 체계였다는 점뿐 아니라, 관료가 되기 위해 치르던 네 가지 시험 과목에 서예가 포함되어 있었다는 사실에서도 그렇다. 중국에서는 4000년이 넘는 시간 동안 고난도의 여러 시험에 합격하지 않고서는 정치가는 물론 어떠한 종류의 관료도 될 수 없었다. 관료가 되려면 시, 악기 연주, 바둑은 물론 서예에도 조예가 깊어야 했는데, 이런 기예들은 오늘날까지도 고위 공무원의 정수인 중국 엘리트의 감수성을 이루고 있다.

서양에서는 한자가 사용자를 계층으로 나누는 언어라고 이해했다. 고전한어라는 난해한 문자는 글을 깨친 몇 없는 엘리트와 문맹자인 대중 사이의 격차를 만들고 심화시킨다고 여겼다. 그럼에도 고전한어로 쓰인 텍스트는 밀도 높은 은유, 간결한 어휘, 유연한 통사 구조 덕분에 오늘날의 한자 사용 인구들도 대체로 그 원리를 쉽게 해독할 수 있으며, 이는 라틴어를 모르는 서양의 언중이 라틴어 앞에서는 누릴 수 없는 지복이다.

시인이자 화가였던 앙리 미쇼(Henri Michaux)도 여느 서양인들처럼 한자의 아름다움과 힘을 감성적으로 이해했다. 황제나 정당으로부터 유래하지 않은 힘, 정치와 군사의 권력과 동떨어진 아름다움이라고 말이다.

수억의 중국인들이 읽지도 못하던 이 문자들은

그럼에도 그 의미를 완전히 잃어버리지 않았다.
학식 있는 자들로 이루어진 세력에서 배제된 농민
계층은 사실상 이 글자들을 이해하지도 못한
채 쳐다보면서도 이들이 자신과 같은 곳에서
온 것임을 알았다. 구부러진 처마, 용과 전설 속
인물들, 드리워진 구름이며 꽃 핀 가지와 댓잎이
있는 풍경에서 따온 재치 있는 기호들 말이다.

미쇼가 지적한 것은 글쓰기의 교권 바깥에 있는 이들에게 이 문자들이 형식적으로는 의미가 없을지라도 여전히 살아 있는 것이었다는 점이다. 이들은 신비의 힘으로 목숨을 부지하는 것이 아니라 인간, 우리가 살아가는 세상과 자연의 삼라만상의 형태 속에 깃든 시각적 힘과 리듬과 균형에 의해 살아 숨 쉬는 글자였다. 의미로 넘쳐흐르는 글자였다.

결국 한자 체계 그 자체가 제국의 지배를 강요하거나 엘리트의 지위를 공고하게 한 것은 아니었다. 20세기 중반 공산당이 집권하면서 중국의 문해 인구는 급격히 늘어났다. 그리고 중국인의 삶에서 그 무엇보다도 효과적으로 희망과 기대를 불러일으킨 것은 바로 확장되는 문자의 교권이었다. 동서고금의 통치자들이 발견한 문자의 교권은 그들의 야심을 충족시키기에는 변덕스러운 하인이고 불완전한 매개다. 중화인

민공화국에서 문해력은 현수막과 공산당 선전물에 쓰인 간체자라는 형태로 시작되어 변덕스럽고 감당하기 어려운, 정부 당국의 감시하에서도 계속해서 통제를 벗어나는 인터넷으로 성장했다.

자유로운 글쓰기

고대 그리스에서 문자는 상대적으로 독립된 상업 계급이었던 외국인이나 다른 도시에서 온 사람들과 거래하는 상인, 장인 사이에서 발생했다. 그리스어 알파벳은 필사 학교나 왕궁에서 만들어진 것도, 정복자들이 들여온 것도 아니다. 그리스어 알파벳은 아고라의 자유분방하고 향학적이며 유물론적인 분위기 속에서 상륙했다. 아고라는 그리스의 장터로 민주주의와 공공 영역이 탄생한 장소이기도 하다.

그리스인들이 알파벳으로 변환한 페니키아문자는 히브리문자와 그 근원을 같이한다. 이들 문자는 기원전 9세기 그리스반도와 가나안 본토 사이에서 융성했던 무역에 힘입어 에게해를 건너온 것이다. 페니키아 상인은 그리스의 섬들을 들락거렸고 그리스의 상인 집단들은 오늘날의 레바논, 시리아, 이스라엘인 가나안 땅이자 셈족 페니키아인의 땅 도처에 형성되어 있었다. 그리스문자가 새겨진 최초의 물건들은 기념용 꽃병, 기름과 올리브를 담는 용기 등의 상품들이다. 현존하는 가장 오래된 명문(銘文)인 '디필론의 명문'은 와인 잔에 새겨져 있으며 그 내용은 "가장 빠르게 춤추는 이가 나[이 잔]를 갖게 될 것이다."이다. 즉 트로피로 주어지는 잔이었던 것이다. 기원전 8세기까지 거슬러 올라가는 점토로 만든 용기인 일명 '네스토르의 잔'에는 "나는 마시기 좋은 네스토르의 컵"으로 시작하는 명문이 새겨져 있다. 그 뒤로 200년간 그리스문자는 주로 헌정사를 기입하는 데 쓰였다. 교양을 갖춘 공공 영역에 참여하기 위해서는 소유물이 필요했던 사회에서 취득과 소유를 표시하는 데 사용한 것이다.

그리스는 자유인으로 태어난 상인과 장인의 사회이자 아름다움, 표현력, 독창성을 높이 평가하는 문화였기에, 글이 추구하는 공공 영역이 번성할 수 있는 완벽한 환경이었다. 그럼에도, 고대 그리스에서는 글쓰기의 교권이 매우 느리게 자라났다. 수백 년이 흐르고 최초의 텍스트가 나타났다. 이 시인들이 활동한 시기에 대해서는 의견이 분분하다. 호메로스와 헤시오도스(Hesiodos)는 신화 속으로 미끄러져 들어가 오르페우스와 나란히 그리스 최초의 작가 반열에 오르게 되었으니까. 헤시오도스는 기원전 8세기 디필론의 명문이 쓰인 시기이자 알파벳이 생겨난 시대에 그리스인들이 강을 탐험하고 보상을 얻었음을 언급한다. 호메로스와 마찬가지로 헤시오도스의 구전 서사시 역시 암기를 촉진하는 기법인 열거, 형용어구, 리드미컬한 반복 어구를 사용했다.

두드러지는 것은 헤시오도스의 『일과 날(*Ergakai Hemerai*)』이 "노래로 영광을 가져다주는" 무사(Mousa)에게 "위대한 제우스가 바라는 바대로 / 필멸의 인간은 그를 통해 / 명예를 얻거나 박탈당하고 / 노래가 되거나 되지 못하리라." 고 기원하면서 시작한다는 것이다. 여기서 글이 가진 기억의 기능을 가장 강력하게 일깨우는 것도, 이와 가장 강력하게 연관되는 것도 정치적 권력의 원천인 제우스다. 무사는 노래를 통해 인간에게 명성을 부여하는데, 이는 제우스와 기억의 여신 므네모시네의 딸이자 가수이자 비가 시인들을 돌보는 무사의 속성에 무엇보다 걸맞은 일이다.

호메로스 역시 기억의 한계를 고통스러울 만치 실감하는 구술 시인처럼 글을 썼다. 고전학자 도즈(Eric Robertson Dodds)가 지적한 바대로, 호메로스는 작품을 창작하기 위해 신들의 도움을 청할 때 형식이 아니라 내용상의 도움을 요청한다. 도즈의 주장은 다음과 같다. "그[호메로스—옮긴이]는 무사를 향해 '어떻게' 말할 것인가가 아니라 '무엇을' 말할 것인가를 묻고, 그가 구하는 소재는 언제나 사실에 근거를 둔 것이다. 그는 주요 전투에 대한 정보를 청하기도 했다. 호메로스가 쓴 가장 세련된 기원문에서 그는 군대의 명단을 요청하며 '그대 여신들은 모든 것을 보고 모든 것을 알지만 / 우리가 가진 것은 전해들은 말과 지식뿐이나이다.'라고 쓴다. 이 애석한 구절에는 어떤 진실성이 엿보인다. 처음으로 언어를 사용한 이는 전해져 내려온 것이 오류를 범하기 쉬움을 알았고 이 때문에 고뇌했다. 그는 직접적인 증거를 원했다."

나중에 서양 문학의 진원지라고 불리게 될 그리스에서 글은 더없이 느긋하게 시작되었다. 고전학자 에릭 해블록(Eric Havelock)은 그리스인들의 문해력을 이해하기 위해서는 '특수한 이론'이 필요하다고 했다. 이곳에서는 거의 유례가 없다 할 만큼 강압 없이 문자가 상륙했기 때문이다. 고대 그리스의 예술적 문화는 글을 거의 필요로 하지 않았다. 그리스에서 힘을 가진 이는 공연자와 가수, 곧 필경사와 '저자'를 경쟁자로 받아들였던 이들이다. 그리스에서 문자는 최초의 가나안문자가 페니키아어로 변환된 알파벳이 상륙하기 전, 호메로스 이야기가 발생한 미케네 시대부터 존재했다. 미케네의 문자인 선형문자 A와 B는 지중해 지역에서는 이미 고대의 것이 된 쐐기문자에서 유래했다. 선형문자 A, B는 옛 통치 계급이 최후 통첩을 보내고 강자들의 업적을 기록하는 데 썼다.(또는 그랬을 것으로 여겨진다. 선형문자 A는 아직 해독되지 않았기 때문이다.) 그러나 미케네 시대와 고전주의 시대 사이에 있었던 그리스의 암흑기 동안에 선형문자는 소실되었다. 호메로스의 시대에 트로이전쟁을 노래하던 구술 시인들은 문자를 거울 속에서 보듯 흐릿하게 보았다. 남비콰라족의 경우와 마찬가지로 그들은 이 흔적이 가진 힘을 식별할 수는 있었지만 이를 어떻게 읽는지는 알지 못했다. 호메로스는 『일리아스』6권에서 단 한 번 글에 대해 언급한다. 프로이토스 왕이 충직하지만 글을 모르는 경쟁자 벨레로폰을 시켜 가신에게 전령을 보내는 장면에서 벨레로폰은 자기 자신의 사형선고가 담긴 "해로운 기호"와 "치명적인 징표"가 새겨진 "접힌 서판"을 가져간다. 『일리아스』에 단 한 번 등장하는 이 예는 글이 예로부터 왕의 잔혹한 신하였음을 극적으로 보여줄 뿐 아니라, 글의 기본 작동 원리에 대한 무지를 무심결에 드러내기도 한다. 서판에 담긴 것이 단어가 아니라 "기호와 징표"이기 때문이다. 이는 호메로스 또한 문맹이었음을 뒷받침하는 불편한 증거라고 루소 등은 지적했다.

해블록은 그리스 문학의 아이러니를 언급한다. 음유시인들의 구술 낭독을 대체하게 될 알파벳이 구술문화의 보존을 그 첫 번째 과제로 삼았다는 것이다. 그리스에서 글쓰기의 교권은 왕의 행정적 필요성보다 음향의 미학과 대중 공연을 우위에 두는 '문자화된 구술성'이라는 역설적 형태를 띤다. 기억이 글의 가장 과시돼온 힘임에도 불구하고, 글은 음유시인의 오랜 과업인 회상뿐 아니라 공연까지도 끌어들임으로써 예술로서 인정받았다.

오래지 않아 그리스의 작가와 필경사 들은 아테네, 페르가몬, 알렉산드리아에 쌓여 있던 수많은 양피지 뭉치들을 기록하고 공연하여 모든 텍스트를 수집하게 된다. 이 양피지 두루마리는 아시리아의 점토판이 티그리스강과 유프라테스강을 내려다보는 언덕 아래 묻혀 잊혔듯 불에 타 사라지게 된다. 도서관 세우기라는 과업을 이어간 것은 로마인들이다. 그러나 글은 그 막강한 힘과 기억력에도 불구하고 시간, 전쟁, 변화라는 불가항력 앞에서 바스러진다. 셸리(Percy Bysshe Shelley)의 「오지만디아스(Ozymandias)」에서처럼, 글쓰기의 교권은 언제나 "내가 이룬 것들을 보아라, 위대하다는 이들아. 그리고 절망하라!" 하고 일갈한다. 그러나 그 일갈은 문자에 담기고 문자는 언제나 바스러져 먼지가 되고 만다.

문자의 우화

문자들이 바스러지고 새롭게 새겨지다 또 바스러지기를 반복하며 1000년이 지나자 샤를마뉴(Charlemagne)의 위대한 스승 앨퀸(Alcuin)이 오늘날 독일 최서부 지역인, 독일 왕가가 즐

157

겨 찾던 아헨에 학교를 세웠다. 아헨에서 부활한 고전 공부의 열기는 유럽 전역으로 퍼지기 시작했다. 앨퀸은 유럽 대륙이 아닌 잉글랜드 지역 북부의 앵글로색슨계 왕국인 노섬브리아 출신이었고 이곳은 수도승이자 학자인 존엄한 자 비드(Bede the Venerable)의 출신지로 일찍부터 수도원 학교가 자리 잡은 지역이었다. 당시에 노섬브리아 왕국은 애설레드(Æthelred) 1세가 통치했는데, 훗날 앨퀸은 린디스판 약탈로 시작된 바이킹의 오랜 수탈이 이어지는 동안 브리튼섬 북부를 방치한 그의 퇴폐와 옹졸함을 비판한다.

글쓰기와 학문이 브리튼섬에 숨어든 것은 암흑시대*였다. 6~7세기에는 아일랜드섬에서 수도원을 중심으로 필경학이 융성했다. 분쟁으로 얼룩진 유럽 대륙을 떠나온 수도승들은 이곳에서 그리스어를 공부하고 독특한 필체, 즉 '핸드(hand),' 그리고 아일랜드 필경사들의 독특하고도 복잡한 채식(彩飾, illumination) 전통을 흡수했다. 635년 이 수도사들은 잉글랜드로 떠나 린디스판에 수도원을 세웠고 이곳에서 그들의 아일랜드식 필사체는 로마자 필기체에서 유래해 597년 아우구스티누스(Augustinus)와 함께 켄트에 전해진 하프언셜체와 만나 뒤섞였다.

★ 서로마제국의 멸망에서 중세 초기까지의 시기인 5~10세기 중반을 가리킨다.

봉건시대 제후의 수탈을 피해 보석처럼 숨어 있던 수도원들은 글쓰기 중심의 질서로 구성된 고립된 집단이었다. 손으로 베껴 쓴 책, 필경사의 차분한 깃펜 아래서 태어난 책들이 서서히 꾸준히 불어났다. 필사실에서 질서의 법칙은 절대적이었다. 20세기 말 옥스퍼드대학교 도서관의 사서였던 팰코너 매던(Falconer Madan)은 침묵의 규약이 너무나 강해 필경사들이 수신호로 소통해야 했을 그 장면을 다음과 같이 상상한다.

> 필경사는 책이 필요하면 손을 뻗어 나뭇잎을 뒤집는
> 듯한 동작을 했다. 미사 전서가 필요하면 거기에
> 십자가 표시를 더했고 시편이 필요하면 (다윗 왕을
> 나타내는 동작인) 왕관 모양으로 머리 위에 손을
> 올렸다. 성구집(lectionary)이 필요하면 기름기를
> 닦는 동작을 했다.(성구집에는 촛농의 기름기가 묻기
> 때문에) …… 마지막으로 이교도의 책이 필요하면
> 일반적인 수신호를 한 뒤에 개처럼 귀를 긁었다!

필사실 내에서 인공 조명은 일절 금지였다. 수많은 책으로 가득한 공간에서 촛불이 무슨 사고를 일으킬지 몰라서였다. 따라서 수도승에게 필사는 핵심 임무인 동시에 씨뿌리기, 잡초 솎기, 거두기처럼 해가 긴 달에만 제한된 계절노동이었다.

필경사들이 베낀 책은 신학이나 수도원학을 다루는 책들이었다. 필경사는 저자가 아니라 베끼는 자였으나 이 일을 하기 위해서는 오랜 훈련과 기술, 그리고 받아쓰기라는 고된 과업을 위한 긴 도제 생활이 필요했다. 하지만 발명에는 언제나 또 다른 발명이 뒤따른다. 끊김 없이 내달리는 활자의 물줄기에 회오리와 소용돌이, 홍수와 범람이 생겨나는 것이다. 중세 필경사들은 문자를 통한 창조가 금지된 곳에서 오늘날 채식이라고 불리는 예술형식을 만들어냈다. 매던은 중세 필사 예술형식의 진화를 다음처럼 생생하게 그린다.

처음에는 특정 글자(보통 문장의 첫 글자이지만 때로는
한 문장의 시작 부분에 이어지는 다음 행의 첫 글자)를
더 큰 글씨로 쓰고 색을 넣었다. 그러다가 이런
글자의 끝과 모서리를 여백에 이르기까지 과장하기
시작했고 시간이 지날수록 한 자 혹은 여러 자의 큰
글씨에서 비어져 나온 획으로 여백이 뒤덮일 지경이
되었다. 결국 여백은 텍스트에서 형식적으로 분리된
뒤 완전히 독립된 디자인을 얻게 된다. 그 사이에
글자 안, 여백 근처, 글자 위, 또는 독립된 페이지에
채식의 가장 고도화된 형태인 세밀화를 위한 자리가
마련되고, 이 미니어처 중 가장 잘된 것은 유명

미술관의 가장 근사한 그림에도 비견할 만했다.

장식 및 채식 기법과 함께 필사체도 빠르게 확산되었다. 로마 군인과 공증인으로부터 전수받은 거칠지만 쓸 만한 글씨체는 글자 속에 담긴 수수께끼를 비밀로 간직하고자 하는 수도원장과 봉건 영주의 명령에 따라 북유럽어의 낯선 모음과 자음 후두음에 맞게 개조되었다. 이후 수 세기 동안, 전쟁이 잦던 중세 초기의 군도 정치체제 아래 영지와 주교 관할지에서 가늘고 기다랗게 생긴 메로빙거 필사체, 서고트 필사체, 베네벤토 필사체가 진화해나가는데, 다양한 형태가 꽃핀 것은 의미를 표현하는 것만큼이나 의미를 숨기고자 하는 의도 때문이었다. 이 때문에 중세 유럽의 문학적 실천에서 부인할 수 없는 지배적 형태였던 베끼기라는 행위에 쏟았던 관심에도 불구하고, 유럽의 필사 문헌에는 오류가 아주 많다. 아이러니한 것은 이 오류투성이 결과물이 근대 학문에 결정적 역할을 했다는 것인데, 이 오류가 종종 필사본의 계보를 측정하는 주요 수단이 되었던 것이다. 필경사는 오류를 생산하기도 하고 이를 충실히 재생산하기도 했다. 중세 내내 오류는 베끼고 되풀이해 베끼는 과정에서 하나의 필사실에서 다른 필사실로 가는 길을 더듬으며 베껴 쓴 원전들을 연결한다.

앨퀸의 학교에서 시작된 새로운 필사체인 카롤링거 소

문자체는 후기 로마 필사본의 단순한 형태를 인설러 필사체의 독특한 리듬과 우아함과 결부시켰다.(섬의 형용사형인 인설러(insular)라는 이름이 붙은 이유는 이 글씨체가 앨퀸의 고향인 브리튼 제도에서 온 것이기 때문이다.) 앨퀸과 그의 필경사들은 필사에 필요한 조건들을 결정짓는 데 큰 역할을 했다. 그들은 본문에 규격화된 구두점과 띄어쓰기를 부여하고, 문장 첫 글자를 대문자로 쓰고 본문이 나뉘는 주요한 부분을 표시하는 관행을 도입했다.(이때는 아직 대문자와 소문자라는 용어는 없었다. 이들 용어는 출판업자들이 금속활자를 담던 함에서 유래했다.) 앨퀸의 필경사들은 수많은 작품을 베끼고 주석을 달았으며, 피레네산맥에서 도나우강에 이르기까지 학문이 성행했다. 20년 내내 끊이지 않던 전쟁 끝에 샤를마뉴가 통일 왕국을 건설하자 전쟁의 에너지는 학문의 추구라는 형태로 재편되었다. 앨퀸의 개혁은 샤를마뉴 치하의 문명화라는 사명을 학문의 영역에서 되풀이한 것이다. 확산에 위계질서를 부여하고, 이상 대신 표준을 만들고, 변덕스러운 날씨와 계절을 꾸준한 누적으로 만든, 즉 숲을 정원으로 꾸린 것이다.

아이스킬로스(Aeschylos)와 에우리피데스(Euripides)의 시대로부터 1000년이 지난 뒤 앨퀸의 필경사들은 중세 유럽을 위한 글쓰기의 도서관 만들기라는 작업을 새로이 시작했다. 도서관은 단순히 책을 모아놓은 공간만은 아니다. 도서관은 문헌과 시각 자료를 총망라하는 곳으로, 이곳에서 글은 표현성 때문이 아니라 양적으로 풍부하며 어디에나 존재하기에, 단순한 언술의 기록이 아니라 벽돌과 석재처럼 공간을 채우는 기본적인 재료가 되기에 강력해진다. 그러나 글쓰기의 교권이라는 말에 담긴 집적성, 체계성, 통일성, 외견상의 충분한 양과 완전성이 최종적으로 위풍당당하게 완성되는 것만 같은 이 지점에서 우리는 레비스트로스와 루소가 말하는 노예화하는 권력의 이면을 발견하게 된다. 겉보기에는 글이 권력자의 걸출한 도구 역할을 하는 것 같은 바로 그곳에서, 우리는 이를 해체하고 방향을 바꿀 수 있음을 알게 된다. 글이라는 같은 사물이 다시 한 번 진실을 말하는, 우주에 새겨지는 목소리가 될 수 있는 것이다. 그리스의 작가들이 기억하고 있던 이야기를 문학작품으로 변형시킬 때 했던 일들이 바로 그것이다. 근대 초기 유럽의 학자, 작가, 출판업자 들이 글이라는 이 연약한 실을 거미줄처럼 엮어 짜는 문자의 공화국이라는 형태로 우리에게 내려준 것이 바로 그것이다. 우리가 금덩어리에 글씨를 새기는 도구이자 왕이 압제를 휘두르는 도구였던 것을 세상을 창조하고 영혼을 바꾸는 복잡한 언어적 장치로 만들고, 그 대가로 셀 수 없이 많은 읽기를, 우리 안에서 이동하고 변화할 수 있는 변치 않는 글의 프리즘을 얻을 때 일어나는 일, 요약하자면, 우리가 문학을 만드는 방법을 스스로 깨우칠 때 일어나는 일이 바로 그것이다.

알파벳의 독립성

한때 무명으로 가난에 고통받으며 글을 썼던 찰스 디킨스 (Charles Dickens)의 삶만큼 글쓰기가 가진 해방의 가능성을 보여주는 작가의 생애는 없을 것이다. 디킨스의 소설에서는 글쓰기가 비단 건전하고 진보적인 빅토리아시대의 시류 속에서 조성되는 긍정적인 개인적, 사회적 자질일 뿐 아니라 한 영혼을 빚어내어 사람을 새롭게 만드는 일련의 기술이기도 하다는 의미가 피어오른다. 이 힘은 저자에게 가장 먼저 작용하고 세월이 흐르면서 파문을 일으키듯 독자들에게로 퍼져나간다. 이런 해방의 힘이 가장 잘 표현된 작품이 『위대한 유산』으로, 소설 속 핍이 겪는 기나긴 고난에 문해력이라는 은빛 실이 내내 엮여 있다.

핍에게 문해력이란 무지와 경험을 나누는 루비콘강이다. 도입부에서도 글자—핍 부모님의 묘석에 새겨진 글자—는 핍의 상상력에 생생한 영향력을 행사한다. 핍이 아직 글을 모르던 이때는 "부모님의 생김새를 처음 상상한 것은 이상하게도 묘비를 보고 나서였다. 아버지 묘비에 적힌 글자의 모양을 보면 이상하게도 아버지는 다부지고 떡 벌어진 체격에 피부색이 가무잡잡하며 검은 곱슬머리를 한 사람일 것만 같았다. '그리고 상기한 인물의 아내 조지아나도 여기 잠들다.'라는 비문의 글자체를 보고는 어머니는 주근깨가 많고 병약한 사람이었을 거라는 유치한 결론을 내렸다." 핍이 문해력이라는 컴컴한 강물 위로 노 저어 가는 동안 그에게 일어난 변화를 현명하지만 글을 모르는 양아버지 조는 알아차린다.

어느 밤 나는 벽난로 구석에 석판을 들고 앉아
조에게 편지를 쓰느라 심혈을 기울였다. 습지에서
추격을 벌인 뒤로 1년은 족히 지났을 텐데, 시간이
꽤 흐른데다 겨울이고 된서리 내리는 혹한이었기
때문이다. 나는 참고용으로 발치에 알파벳 표를
놓아두고 한두 시간 애를 쓴 끝에 이리저리
번진 인쇄체로 다음과 같은 편지를 써냈다.

치내하는 조 잘 지내 기를 비러요 빨리 내가
가리켜 줄수 잇기를 비러요 그러면 우리는 참
조을 거에요 그리고 내가 조 당신의 도재가 되면
얼마나 신이 날가요 미더주세요 사랑하는 핍.

조가 내 옆에 앉아 있었던데다 여긴 우리
둘뿐이었으니 굳이 편지로 이야기를 전해야
할 이유는 전혀 없었다. 하지만 난 이 글로 쓴
편지를 (석판까지 포함해서) 내 손으로 그에게
건넸고 조는 그것을 심오한 학식이 만들어낸
경이로운 무언가라도 되는 듯 받아 들었다.
"내가 말했잖아, 핍, 이 친구야!" 조가 파란 눈을
휘둥그레 뜨고 외쳤다. "정말이지 학자가 따로 없구나."

문맹인 조는 핍이 쓴 편지를 순진무구하게 자랑스러워하
며 자신은 글 읽기를 "대단히 좋아한다."고 한다. "조는 말했
다. '좋은 책이나 좋은 신문을 가지고 따뜻한 불가에 앉아 있
으면 더 바랄 게 없지. 아!' 그는 무릎을 슬슬 문지르다가 말을
이었다. '여기 J 그리고 O가 있구나. 그래, 그럼 합쳐서 '조'가
되네. 글 읽기란 어쩌면 이렇게 재미있을까!'" 소설의 뒷부분
에서 조는 글쓰기의 정치경제학에 대한 섬세한 유토피아적
해석을 내놓는다. 읽고 쓰는 능력은 익히기는 어렵지만 그렇
다고 해서 도저히 불가능한 것은 아니라는 것이다. 나중에 조
는 핍에게 말한다. "왕좌에 앉아 왕관을 쓴 왕이라 해도 왕위
를 물려받지 못한 왕자였던 시절에 알파벳부터 시작하지 않
았더라면 의회에다가 인쇄체로 법령을 적어 보내지 못했을 테

지.” 조에게 있어 알파벳은 그 자체로 헌법이다. 그는 글자의 사다리가 계층 이동의 손쉬운 수단—더 공정하게 말하면 인류의 평등함의 증표—이라고 여긴다. 『위대한 유산』의 전환점들이 대개 문서의 형식을 취한다는 점은 놀라울 정도다. 한때 핍의 후견인이었으며 그를 죽도록 괴롭혔던 미스 해비셤은 과거의 잘못을 보상하고자 핍의 친한 친구가 시작하는 사업에 돈을 대기로 하고, 이때 빳빳한 지폐를 세어 내주는 것이 아니라 한 장의 어음을 써준다. “주머니에서 금테로 장식된 빛바랜 상아 수첩을 꺼내더니 목에 걸고 있던 빛바랜 금 뚜껑 달린 연필로 그 위에 글씨를 썼다.”

> 그녀는 자기가 쓴 글을 읽어주었다. 내가 그 돈을
> 부정하게 쓰지 않으리라고 직설적이고 명확하게
> 밝히는 내용이었다. 내가 그녀의 손에서 수첩을 받아
> 들자 그녀의 손은 다시금 떨리기 시작했고, 연필이
> 매달려 있던 사슬을 벗어 내 목에 걸어줄 때는 한층 더
> 떨렸다. 내내 그녀는 나를 한 번도 쳐다보지 않았다.
> “첫 장에 적힌 것이 내 이름이다. 이미
> 용서를 비느라 마음이 산산조각이 나 먼지가
> 되어버린 지 오래지만 내 이름 아래에다
> ‘용서한다.’고 한마디만 적어주면 좋겠구나.”

괴로워하는 미스 해비셤의 상아 수첩은 고대의 기술로 만들어졌다. 고대에는 일시적인 메모를 할 때는 밀랍 서판을 썼고 미스 해비셤이 가진 것 같은 작은 수첩—상아, 모조 피지로 만든 지울 수 있는 종이나 씻어낼 수 있도록 회칠을 한 종이로 된 것—은 르네상스 시대의 중요한 장비였다. 햄릿은 유령의 모습을 한 아버지의 "나를 기억하라."는 명령을 고찰하며 이런 수첩을 언급한다.

> 그대를 기억하라고?
> 좋다, 내 기억의 서판 속
> 젊은 날 관찰하여 베껴 적었던
> 자잘한 기록이며 책을 읽은 기록과
> 개념들과 고민들을 다 지워내고
> 오로지 그대의 명령만 남겨
> 내 두뇌라는 책 속에 살아가게 하겠다.

이런 서판은 19세기에도 쓰였으나 디킨스의 시대에는 이미 찾아보기 힘든 것이었다. 미스 해비셤의 수첩은 과거의 것으로 시간을 멈추고자 하는 그녀의 의지를 또다시 상기시키는 물건이다. 핍에게 주기로 한 돈을 이렇게 특이한 수첩에다 적는다는 것 자체가 일종의 약속이다. 상아로 된 페이지들은 보기 드물면서도 그 자체로 튼튼하게 묶여 있기 때문이다. 디킨스가 이 이미지를 구상하면서 햄릿의 "기억의 서판"을 염두에 두었을 가능성도 있다. 햄릿이 아버지의 명령을 지울 수 없다고 선언한 그 자리인 자신의 수첩에다 미스 해비셤은 핍의 용서—일종의 지우기—를 새겨달라고 했고 이는 기억의 수정이 된다.

핍의 오래된 숙적 올릭이 그를 죽일 의도를 품고 습지의 수문지기 오두막에 핍을 가두었을 때, 올릭의 말에서 글쓰기의 또 다른 측면이 드러난다. 올릭은 예전에 자기가 모시던 장인이자 핍이 사랑하던 조와 마찬가지로 글을 모르지만, 순수가 아니라 악의와 시기로 가득한 그에게 있어 문맹이란 악한 것이 된다. 올릭은 사기꾼 콤피슨을 사귀게 되고, 글을 환하게 안다는 그의 말을 곧이곧대로 믿는다. "나한텐 이제 새로운 동료와 주인이 있다." 올릭이 핍에게 말한다. "그중에는 내가 써달라는 대로 편지를 써주는 이들도 있지. 어떠냐? 내 편지를 써준단 말이야, 그들은 쉰 가지 필체를 쓸 줄 안다고, 이 늑대 같은 놈아! 너처럼 쩨쩨하게 고작 한 가지 필체만 쓰는 게 아니라고."

그러나 핍은 수문지기의 집에서도, 이어지는 다른 위기에서도 탈출하고 마침내 조와 재회하게 되는데, 그사이 충직한 양아버지인 그가 글 쓰는 법을 배웠다는 사실을 알게 된다.

한구석으로 밀어두고 작은 병들을 올려놓은 내 책상에
이제는 조가 앉아서 위대한 작업을 하는 중인데,
가장 먼저 마치 커다란 공구가 잔뜩 든 공구함을
뒤지는 것처럼 펜 접시에서 펜 한 자루를 신중하게
고르고, 그다음에는 마치 쇠지레나 큰 망치라도
휘두를 작정인 것처럼 소매를 걷어붙였다. 조는 글씨를
쓰기 시작하기 전 일단은 왼쪽 팔꿈치를 책상에
대고 체중을 단단히 실은 뒤 오른발을 앞으로 쭉
뻗는 자세를 고집했다. 그리고 글씨를 쓰기 시작하고
나면 내리긋는 획은 1.8미터 길이는 되는 것처럼
아주 느릿느릿 긋고, 치긋는 획을 쓸 때는 펜이 길게
서걱 긁히는 소리가 내 귀에도 들릴 정도였다. 그는
이상하게도 옆에 있지도 않은 잉크병이 있기라도
한 것처럼 자꾸만 허공에 펜 끝을 담갔고 그 결과에
흡족한 듯했다. 때때로 철자법이 생각나지 않는
듯 머뭇거렸지만 전체적으로는 아주 잘했다. 자기
이름을 서명하고 종이에 묻은 마지막 잉크 방울을 두
손가락으로 찍어 정수리에다 닦은 뒤 일어서서 책상
주변을 서성거리며 자신이 수행한 행동의 결과물을
한없이 만족스럽게 다양한 각도에서 살펴보았다.

겉으로 볼 때 조가 글씨를 쓰는 자세는 어설프고 어색해 보인다. 그러나 사실 조는 짐승처럼 글을 쓴다. 여기서 동물 같다는 것은 아주 특수한 방식을 가리킨다. 다리를 앞으로 뻗고 고개를 수그린 채로 냄새를 뒤쫓아 달리는 개처럼 허기진 듯 글을 쓴다. 궁극적으로 조에게서 우리는 디킨스의 작가적 이상을 발견한다. 끽끽 소리를 내고 잉크 방울을 떨어뜨리며 글자가 가진 순진한 진실을 향해 투지를 가지고 달려가면서, 글쓰기를 통해 거의 자유에 가까워질 때까지 다가가는 것이다.

그런데 쓰기를 통한 이런 해방은 어떻게 성취할 수 있을까? 버지니아 울프(Virginia Woolf)는 『자기만의 방』에서 이런 가설을 내놓았다. "당신이 그 일을 해낼 유일한 방법은 다른 무언가에 대해 이야기하는 것이고, 시선은 줄곧 창밖을 보면서 기록하는데 이때 공책에 연필로 쓰는 것이 아니라 채 음절을 이루기도 전에 가장 빠른 속기법으로 올리비아—수백만 년 동안 바위 그늘 아래 있었던 이 생명체—가 빛이 내리쬐는 것을 느끼고 자신에게 알 수 없는 음식—지식과 모험, 예술—이 다가오는 것을 느꼈다고 기록하는 겁니다. 그녀가 이를 향해 손을 뻗은 뒤에 …… 자원들을 완전히 새로운, 다른 목적들을 위해 고도로 발전된 방식으로 결합해 전체의 복잡하고 정교한 균형을 해치지 않으면서 새것을 옛것에 흡수시키는 방법을 고안해야 한다고 말입니다."

위 구절은 글쓰기의 진화를 온전하게 받아들이는 것을 묘사한 것으로도 읽을 수 있겠지만, 글쓰기의 교권을 새로이 질서 짓고 확장시켜 여성의 의식까지 포함하자는 것이 울프의 이 위대한 에세이의 주제다. 울프의 시대에는 이미 여러 세대의 여성들이 작품을 남겼다. 제인 오스틴(Jane Austen)에서부터 브론테(Brontë) 자매, 마거릿 풀러(Margaret Fuller)와 에밀리 디킨슨, (너무나도 저평가된) 세라 오른 주잇(Sarah Orne Jewett), 그리고 울프 자신을 지나 맥신 쿠민(Maxine Kumin), 엘리자베스 비숍(Elizabeth Bishop), 클래리스 리스펙터(Clarice Lispector)에서 지넷 윈터슨(Jeanette Winterson)을 비롯해 셀 수 없이 많은 여성 작가들. 내가 나열한 목록은 너무나 짧고 이 작업은 아직 완성되려면 멀었다. 『자기만의 방』에서 울프는 인간의 삶에서 글쓰기가 차지하는 자리의 커다란 변동은 오로지 역사적이고 지리적인 시간 규모에서만 일어나는 것이 아니라 개인의 관찰과 표기법이라는 가장 밀접한 단위에서도 일어난다고 이야기한다.

레비스트로스와 마찬가지로 울프 역시 도서관의 위풍당당함과 노예화하는 소유욕, 뻔뻔한 규율에 대해 우려했다. 『자기만의 방』 도입부에서 울프는(이 가시 돋친 뛰어난 에세이에 등장하는 주인공의 모습으로) 생각의 흐름을 좇아 '옥스브리지'

대학 도서관 정문으로 들어가고자 했다. 어디선가 인용구를 보았던 밀턴(John Milton)의 책을 찾아보기로 했다. 그 인용구가 이런 사고의 흐름이 가진 연약한 속성을 보여줄 것 같아서였다. 그러나 친절한 관리인 노인이 그녀를 가로막으며 대학 연구원을 대동하거나 추천장을 가지고 오지 않으면 여성은 도서관에 입장할 수 없다고 설명한다. 입속으로 조용하게 저주의 말을 중얼거리며 작가는 물러난다.

"유명한 도서관이 여성의 저주를 받았다는 사실조차도 유명한 도서관에게는 하등 관심을 둘 이유 없는 일이겠지요." 울프의 의견이다. "온갖 보물을 가슴에 품고 안전하게 걸어 잠그고 있는 존경스럽고도 고요한 이 도서관은 만족스럽게 잠들어 있고, 영원히 잠들어 있을 모양입니다." 면밀히 키워온 연약한 상상은 남성의 특권에 의해 훼손된다. 그 시기에 이 특권은 어디에나 존재하는 동시에 고작 추천장 한 통이 실제 남성인 보호자를 대신할 수 있을 만큼 형식적인 것이었다. 우선 살펴보아야 할 것은 반드시 남성이어야 하는 그 연구원은 여성에게는 주어지지 않은 지위를 누릴 수 있다는 점이다. 또 하나는 똑같은 특권을 글로 쓰인 서류에 주어 남성적 지위에 대한 일종의 대리권을 부여하는 것이 울프의 모습을 한 여성이 도서관 문 앞에 서서 느꼈을 취약한 상태를 함축적으로 보여준다는 것이다.

글쓰기의 역사에서 상형자는 사물, 부적, 징표라는 지위를 부여받았다. 겉으로 보면 글로 쓰인 것들이 가지는 힘과 관계는 단일한 남성적 성질을 가진 것처럼 보인다. 점토 범벅이 된 비옥한 초승달 지대의 필경사들도, 중국의 고위 관료와 그들이 치르던 서예 시험도, 글쓰기의 영역을 상품화된 자국어의 거친 활력으로 글쓰기의 영역을 식민화하고자 한 그럽 스트리트*의 작업자들에 이르기까지 글쓰기는 압도적으로 남성의 일이었다. 그러나 이 사실은 레비스트로스와 루소가 이미 이야기한 것을 상기시켜줄 뿐 글쓰기에 대한 어떠한 중요한 사실도 알려주지 않는다. 글쓰기가 권력의 수단으로 생겨났다는 것 말이다. 그리하여 글쓰기는 이러한 모든 수단들이 가지는 성별화된 속박과 긴장을 겪는다. 그런데 울프는 글쓰기가 권력의 수단으로 활약한 동시에 의식의 양태로서 명멸하는 존재를 추구했다는 사실을 알려준다. 나는 결국 우리 대부분에게 더 중요한 것은 이 역할이라고 장담하겠다. 그리고 이런 측면에서 볼 때 글쓰기는 아직 활짝 피어나기까지 갈 길이 멀다. 글쓰기의 성취는 불의와 소외라는 가느다란 노란 실과 함께 짜여졌다. 그 실을 잡아당기면 모든 것이 조잡한 태

★ Grub Street. 19세기 초반까지 런던의 빈곤한 지역이던 무어필드의 거리로, 그 이름은 헐값에 글을 쓰는 무명 소설가와 시인, 영세 출판인과 서적상 등 가난한 글쟁이들이 둥지를 틀었던 데서 유래한다.

피스트리처럼 풀어 헤쳐지고 만다. 그러나 우리는 언제든지 베틀로 새로운 편물을 짤 수 있다.

울프가 문학적 혁신성의 양태에 기여한 바는 각종 표준 시험의 주요 내용이 되었다. 그러나 '의식의 흐름'이 물질적인 것들로부터 태어났음을 울프가 철저히 논증한 점은 잘 언급 되지 않는다. 편지들로 이루어진 시내, 손과 심장이 쏟아내는 잉크의 강, 몰수와 소외의 대상이지만 미끌미끌하고 살아 있는 것들. 울프에게는 (그리고 그녀가 보여주듯 당대의 여성들에게는) 이 가장 일시적인 생산물은 페이지에 채 다가가기도 전에 적들을 만나게 된다. 질 높은 교육을 받도록 선택된 아들들과 형제들, 도서관 문을 지키는 규제와 금지. 이전의 다른 여성 작가들과 마찬가지로 울프는 여성들에게 가장 열려 있었던(또는 여성들에게만 제한되어 있었던) 글쓰기의 영역—편지와 일기—을 호사스러울 만치 생산적인, 개입으로부터 자유로운 국가로 변이시켰다. 그러나 그녀는 글쓰기의 이러한 물적인 힘을 더욱더 내밀한 (그리고 과거에는 난공불락이었던) 영역까지 가져감으로써 더 많은 나라들을 탐구했다. 대화와 관습의 대위법을 넘어 의식 그 자체의 왕국으로, 말로 표현할 수 없는 밀접한 경험의 양태로. 이런 미지의 세계로 힘차게 떠나간 그녀는 글쓰기를 상대로 일종의 승리를 거두었는데, 그것이 바로 글쓰기의 젠더화된 교권을 폐지한 것이다. 울프의 양식적

성취는 사실 글쓰기 자체의 가능성을 필연적으로 변화시키고 확장시키는 중대한 것이었다.

시인이자 식자공이었던 로버트 브링허스트(Robert Bringhurst)는 이렇게 쓴다. "문학이 사용하는 언어는 통제보다는 발견을 목적으로 한다. 문학은 언어의 일부다. 언어처럼 인간의 모든 공동체 속에 현존한다. 문장 없이 자연적 언어가 성립하지 않듯 이야기 없는 언어도 없다. 그러나 문학은 글쓰기의 이유가 아니다. 문학은 언어가 글쓰기를 상대로 거둔 승리를 글로 표현한 것이다. 이는 목적을 가진 글의 세부 항목 중 사회적, 경제적 통제와는 거의 무관한 것이다." 울프는 『자기만의 방』에서 이 싸움이 세대에서 세대로 이어지는 동안 우리가 어떻게 싸워내야 하고 이겨야 하는지를 보여준다. 창가에서, 책방에서, 책상에서, 대학에서 싸우는 것이다. 옥스브리지의 그 아침, 울프는 도서관을 등졌으나 그래도 도서관이 만족스레 잠들도록 내버려두지는 않았다. 울프 이후 도서관은 책의 배치를 전부 바꾸게 되었으니까.

물음표의 중요성

막스 바인라이히는 군대가 없는 언어의 조건에 대한 재치 있는 글로 이디시어가 처한 역사적 곤경을 이야기하고자 했다. 이디시어는 군사력과 정치력이 꾸준히 부재했음에도 불구하고 어족 내에서 흔치 않은 위치를 차지하고 있었다. 이디시어가 모국어였던 문학비평가 해럴드 블룸(Harold Bloom)은 "이 언어의 특이한 풍요로 인해 어휘의 부족을 느끼지 못하게 만든다."고 썼다. 이디시어의 절묘한 비유와 양식은 구비시에서처럼 말무리를 능숙하게 쌓고 대위적으로 다루어 얻어내는, 아이러니와 암시를 자아내며 익숙한 것으로부터 낯선 향취를 새로이 만들어내기까지 하는 기법을 통해 얻어진다. 물론 그 이유는 역사에 내재되어 있는 것으로 간단한 공식으로 설명할 수 없다. 그리고 마찬가지로 당연히 문자언어로서 이디시어가 갖는 풍부한 생명력이 한몫을 한다. 월터 J. 옹(Walter J. Ong)은 이런 언어를 기록방언(grapholect), 즉 "쓰기와 깊이 결부된 여러 방언을 관통하는(transdialectical) 언어"라고 불렀다. 옹이 천착한 주제 중 하나는 글이 읽고 쓸 줄 아는 발화자의 정신에 미치는 파급 효과였다. 옹은 문해력이 선형성, 분류, 인지 가능한 모든 형태의 '연구', 그리고 한 사람의 즉시적인 인지와 표현의 통제를 넘어서는 광대한 단어군에 대한 인식을 통해 우리의 정신을 풍요롭게 해준다고 보았다.

이디시어의 강점은 이 언어가 글쓰기의 교권을 둘러싼 이중벽으로 된 요새, 기록방언 안의 기록방언이라는 것이다.

이디시어는 히브리문자로 쓰였기에 그 언어가 사용되는 지역을 지배하던 게르만어족과 슬라브어족 언어의 침입으로부터 스스로를 방어할 수 있었다. 그러면서도 이디시어는 또다른 글쓰기 체계로 이루어진 주인을 섬긴다. 바로 히브리어로 쓰인 토라(Torah)다. 블룸의 표현대로 이디시어는 언제나 질문을 던지는 언어다.

> 이디시어를 모르는 유대인(과 일부 비유대인)에게
> 이디시어가 묘하게 친숙한 것은 그 언어가 가진
> 넌지시 암시하는 속성, 질문하는 속성과 관련이
> 있다. 이디시어는 언어의 햄릿이다. 덴마크의 왕자를
> 다룬 이 연극에는 질문을 던질 만한 수수께끼
> 그리고 '질문'이라는 단어의 예시가 넘쳐난다. "왜?"
> "왜 묻는가?" "누가 묻는가?" "대안은 무엇인가?"
> "그 의미는 무엇이며, 어떻게 그런 의미가 되는가?"
> "만약 그렇다면, 의문이 생기지 않는가?" 이 모든
> 것은 전부 『탈무드』에서 유래된 것으로 볼 수 있다.

개방적이고 질문을 던지는, 가시가 돋은 이국적인 철자법과 쓰는 이들의 아이러니로 방어된 이디시어는 글쓰기의 교권이 가지는 독특한 힘과 영향력을 보여주는 대단히 뛰어

난 예시다. 물론 블룸의 지적대로 그것만으로는 충분하지 않다. 비판과 비평에 "열려 있기에 이디시어는 살아남았다. 그러나 그 언어로 말하기 시작하는 어린아이들이 사라진다면 어떤 언어도 살아남을 수 없다."

신적인 것과 인간적인 것 사이의 격차를 이해하려면
실수를 범하기 쉬운 내 손이 책 표지에 휘갈겨 쓰는
이 조악하며 삐뚤거리는 기호들과 책 속의 세밀하고 섬세하며
완벽한 검은색의 흉내 낼 수 없으리만치
균형 잡힌 글자들을 비교해보는 것만으로도 충분하다.
—호르헤 루이스 보르헤스,「바벨의 도서관」

5장   성전

성서의 가르침

성서의 원저자(authorship)는 분명히 밝히기 어렵다. 성서의
율법은 하느님이 불과 같은 손가락으로 돌판에 기록한 것이
라 여겨진다. (관점에 따라서는 하느님의 표상 또는 차원으로 보는)
모세오경은 모세가 쓴 것으로 본다. 그러나 모세가 썼다고 믿
어지는 이 글은 무엇인가? 이 글은 어떤 상황에서 쓰인 것인
가? 모세가 출애굽이라는 궁벽한 상황 속에서 가던 길을 멈
추고 글을 쓰는 모습을 상상할 수 있을까? 쿠란 또한 모세오

경과 마찬가지로 하느님의 한 양상이다. 무함마드가 글쓰기에 맞닥뜨리는 장면은 그 자체로 쿠란에 생생하게 기록되어 있다. 예언자 무함마드가 23년에 걸쳐 받은 계시는 무함마드의 교우들인 사하바에 의해 암송되었으며, 이들은 계시를 기록하기 위해 글쓰기를 배우도록 명 받았다. 쿠란(Qu'ran)이라는 단어는 '암송'을 의미하는 시리아어(qeryana)와 아랍어(qara'a')가 그 어원으로 보인다. 모세오경을 뜻하는 토라 역시 암송 또는 가르침을 뜻하는 단어다.

성서 여기저기에서 구술적 요소가 드러난다. 모세오경에 쓰인 율법에서 웅변조의 정형화된 문장을 쓰고 있는 것, 「시편」과 「아가」의 열띤 음악성, 그리고 예수 그리스도의 말에 담긴 설교 조 억양 등이다. 성서는 발화의 결로 가득 차 있다. 그럼에도 동시에 이 발화들은 문자에게 꼼짝없이 에워싸여 있다. 성서에 담긴 글은 『일리아스』나 『길가메시 서사시』 같은 옛글처럼 희미한 존재나 낯설고 비현실적인 것이 아니라 위대한 경전(great code, '거대한 암호'라는 뜻도 된다.—옮긴이)을 엮어낸다. 선언, 입법, 저주, 규탄……. 이는 모두 언술적 행위이나 동시에 말씀'으로서' 쓰이기 위한 말이다. 우리에게 익숙한 율법 속 뒤엉킨 금지와 규율, 교회와 가정에서의 의례 외에도 또 한 가지 숭고한 의식이 성서를 관통한다. 바로 글쓰기와 읊기라는 순환이다. 이는 서아시아의 정치 문화로, 특히 종주

국이 속국에 부과하는 조약에 뿌리를 둔 과정이다. 이런 조약
은 서문이 달린 특정한 형식을 갖추었는데, 종주국이 속국에
게 베풀어준 다양한 은혜를 열거하고 의무와 기대를 나열하
며 하늘과 땅은 물론 하느님을 증인으로 세우고 이 조약을 지
키거나 어겼을 때 주어질 축복과 저주를 열거하는 형식이다.
오늘날의 재판 절차가 그러하듯 이런 종주권 조약은 의식인
동시에 문서였다. 이 문서를 소리 내어 읽고 전달하는 과정에
는 여러 희생 제물과 공물이 따랐다.

　분쟁이 잦은 레반트 지역 한가운데에 애매하게 위치한
소규모 국가였던 이스라엘은 히타이트에서부터 페르시아, 알
렉산드로스 대왕에 이르기까지 종주국의 법적 기대를 인지
할 기회가 충분했다. 성서에서는 이스라엘이 하느님과 예속의
형태로 관계 맺는 모습을 노아, 아브라함, 모세의 계약으로 세
번에 걸쳐 보여준다. 그중 이 계약이 글로 쓰인 형태였다고 분
명히 묘사한 것은 마지막 모세의 계약 단 한 번이다. 「출애굽
기」 19~21장에서 모세는 시나이산에 올라 하느님이 주는 율
법을 듣고 산 아래 백성에게로 돌아간다. 이 중대한 받아쓰기
는 예배당의 설계와 꾸밈이며 사제들의 의복에 대한 하느님
의 비범하고도 강박적인 지시로 완성된다. "모세가 가서 여호
와의 모든 말씀과 그의 모든 율례를 백성에게 전하매 그들이
한소리로 응답하여 이르되 여호와께서 말씀하신 모든 것을

우리가 준행하리이다. 모세가 여호와의 모든 말씀을 기록하고……."(「출애굽기」24장 3~4절)

하느님이 이스라엘과 맺은 '조약'인 시나이산 계약은 선례에 바탕을 둔다. 특히 고대 서아시아의 봉건 언약의 형태를 띤, 노아 그리고 아브라함과 했던 구술 계약이 그 선례다. 이세 가지 계약은 하느님이 백성과 맺었던 관계의 사례사(case history), 문서의 결을 띤 신의 발화의 기록이다. 그러나 이들은 동시에 사건이기도 하다. 성서의 서사가 펼쳐짐에 따라 갱신되고 예언자의 신탁에 의해 논쟁의 소재가 되는 계약 말이다. 문자의 교권은 글로 쓰인 말을 발화와 한데 엮어 스스로를 일상생활은 물론 세계의 구조 속에 짜 넣는다.

성서는 세계를 구성하는 힘을 갖고 있음에도 불구하고 낯선 글이다. 신성한 글이기에 전지적이지만 반복적이고 자가당착적이다. 성서는 저자가 누구인가를 넘어 선택, 허가, 틀 짓기라는 저자적(writerly) 행위의 특성들을 취한다. 성서가 글이라는 사실은 누구도 부정할 수 없음에도, 성서는 글이 쓰여진 과정을 신화의 아지랑이와 신비적 정형문 속에 감춘다. 성서는 이 글에서 여러 번 등장하는 주인공이자 사랑의 대상 중 하나인 어린 요셉의 외투*와 같이 다채로운 색과 의

★ 「창세기」에 등장하는 요셉은 아버지 야곱의 사랑의 증표로 채색된 외투를 입었으며, 이는 형제들이 그를 시기해 죽이려 모의하고 노예로 팔아넘기는 계기가 된다.

미를 가지고 있다. 성서가 가진 다양한 의미는『탈무드』의 주석자들에게 끊이지 않는 사색적 논쟁의 기회를 주었다. 중세 교회의 신비주의자들에게는 과거의 가르침과 미래의 기회로 아른아른 빛나는 카펫과 같았으며, 현대의 문자주의자들에게 이 혼란스러운 수렁은 우리의 무능력과 불완전함만을 비추어 보일 뿐이다. 일시적이고 불완전한 것과 뚜렷하며 영원한 것의 간극(마치 호르헤 루이스 보르헤스가 알아차린 자신의 흔들리는 필사본과 조화로운 인쇄본의 차이 같은)이 바로 글쓰기가 메우고자 하는 것이다.

　문학비평가 노스럽 프라이(Northrop Frye)는 성서의 의미가 가진 이 다채로운 특성에 다의성(polysemy)이라는 이름을 붙였는데, 이 단어는 다면적 의미를 뜻하는 그리스어에서 온 말이다. 프라이는 성서가 그 다의성으로 인해—문학과 마찬가지로—끊임없이 갱신되는 특성을 띤다고 주장했다. 프라이는 이렇게 말한다. "독서에서 흔히 일어나는 경험 중 하나는 동일한 언어 구조 속에서 또 다른 발견이 생긴다는 감각이다." 이러한 독서의 감각을 잘 보여주는 예가 중세의 독자로, 중세는 읽기와 쓰기가 서로 침투하는 텍스트성과 다의성으로 가득한 시대였다. 프라이는 중세 해석가들의 다층적 읽기 과정을 놓고 단테가 했던 말을 인용한다. 단테는 주어진 작품의 의미는 단순한 것이 아님을 경고하며, "그 반대로 '하나 이상의 의미가 있는' 다의성이라고 불릴 수 있다. 글자 자체가 의미하는 바를 이해하는 것이 한 가지 의미인데, 이를 '축자(逐字)적' 의미라고 한다면 그다음으로 뒤따르는 것이 알레고리와 신비적 의미다." 단테는 이를 뒷받침하려 「시편」 114장 1~2절을 가져온다. "이스라엘이 애굽에서 나오며 야곱의 집안이 언어가 다른 민족에게서 나올 때에, 유대는 여호와의 성소가 되고 이스라엘은 그의 영토가 되었도다." 그러면서 단테는 이 구절의 다의성을 다음과 같이 설명한다. "축어적으로 볼 때 이는 모세의 시대에 이스라엘의 아이들이 이집트를 떠난 것을 이야기하고 있으나, 알레고리로 보았을 때는 예수가 우리를 구원했음을 뜻한다. 도덕적 의미를 보자면 죄지은 슬픔과 고통에 시달리던 영혼이 은혜 받은 영혼으로 전환되는 장면이며, 신비적으로 해석하자면 성스러운 영혼이 타락한 노예 상태에서 벗어나 영원한 영광 속 자유로 나아가는 장면이다."

프라이는 이러한 다의성은 상이한 의미, 또는 "상이한 맥락의 의미가 중층적으로 연쇄를 이룬" 것이 아니라, "연속적인 의미의 상이한 밀도 또는 한층 넓은 맥락들이 씨앗에서 식물이 자라듯 펼쳐지는" 것이라고 지적한다. 단테는 중세의 다의성을 네 가지 차원으로 설명했다. 축자적 차원, 알레고리적 차원(행위와 사물의 집합을 다른 것들의 집합과 연관 짓는 것), 도덕적 차원(행위와 사물이 윤리적 선택을 나타내며 옳고 그름의 한계를 제시하는 것), 그리고 신비적 차원(경이적인 언어에 담긴 가시적 사물이 초월적 가치의 상징―사실상 일종의 문자―으로 쓰이는 것)이다.

이는 성서가 가진 충만하고 야생적인 가능성들을 우리에 가두고자 하는 엄격한 도식이다. 이러한 다의성은 길들여지고 통제된다. 그러나 성서에서, 또 교권 전체에서 글쓰기란 작은 조각들을 덕지덕지 이어 잘 빚고 그려낸 것이다. 보편적인 것과 다의적인 것 사이에 글쓰기의 브리콜라주가 놓여 있다. 정전을 만들고 또 정전을 부수는, 동시에 목소리이자 장소이자 모호함인 이 아수라장은 글쓰기에 있어 연필과 펜만큼이나 반드시 필요하다. 우리가 텍스트라고 부르는 것을 낳는, 글쓰기와 살아 있는 실제 사물 간의 만남의 본질이 바로 이 아수라장이다. 글쓰기는 층을 짓고, 엮고, 섞고, 당혹스럽게 만들고, 명확하게 만들며, 분류하고, 짜 맞추고, 지우고, 보존한다. 이러한 효과를 낳는 것은 (많은 문자 체계의 이념인) 질서 짓기가 아니라 섞어 짜기다. 글쓰기는 언제나 팰림프세스트다. 글로 쓰이는 것 중 이미 존재하는 것의 사이에, 또는 그 위에 쓰이지 않는 것은 없다.

의미의 타래를 풀어내며 그 고리와 소용돌이를 따라가는 것을 해석학(hermeneutics)이라 부르는데, 이는 그리스신화의 헤르메스에서 유래한 단어다. 헤르메스는 전령이자 책략가로 신의 서한을 받은 이들이 이를 해석하며 중압감을 느낄 때 즐거워하는데, 이 중압감이 바로 분별과 어리석음 사이를 맹목적인 믿음으로 걸어가는 해석학자들이 느끼는 그것이다. 기독교에서 성서해석학은 유대교의 성서 주해에 크게 빚지고 있다. 유대교의 성서 주해는 모세오경의 의미를 찾고자 놀라울 만치 다양한 수단을 만들어냈는데, 그중에는 문법이나 발음, 논리적 추론은 물론 히브리어 자모에 대응하는 숫자를 계산하는 유대교 신비주의 수비학(數秘學)인 게마트리아(Gematria), 그리고 단어에서 문자의 순서를 뒤섞는 애너그램인 노타리콘(Notarikon)도 있었다. 애당초 성문화된 율법은 단순히 명령을 나열한 것이 아니라 다양한 층위와 의미가 유별나게 뒤엉켜 만들어진 법이며, 『탈무드』의 주해는 이러한 율법에 구술로서 참여하여 그 색채와 의미를 가지게 된다.

이랑 진 밀랍

앞서 이야기한 '뒤엉킴'이 발생하는 것은 비단 해석의 편의 때문만이 아니라 성서가 가진 다매체적 특성, 긴 호흡으로 지속되는 수많은 언어와 필사본, 증거 때문이기도 하다. 잘 알려진 욥의 탄식에서 그 알쏭달쏭함이 드러난다. "나의 말이 곧 기록되었으면, 책에 인쇄되었으면."(「욥기」 19장 23절) 이 구절에서 수많은 필경사들이 당혹해 머리를 긁적였으리라. 구텐베르크(Johannes Gutenberg)가 태어나기 1000년도 더 전에 나온 '인쇄'라는 욥의 말은 무슨 의미였을까? 히에로니무스(Hieronymus)의 라틴어 번역에서 이에 해당하는 동사는 scribantur 그리고 exarentur다. exarentur의 원형은 exarare로 고대에 종종 '기록하다', '쓰다'라는 의미로 사용되던 동사이며, 후대의 저자들은 '인쇄하다'라는 의미로 번역하기도 했다. 그러나 라틴어 독자와 화자에게 있어 이 동사의 축어적 의미는 '이랑을 짓다'이다. 이 단어는 은유가 아니라 순전한 기술적 용어였다. 고대인들은 주로 종이, 양피지, 파피루스가 아니라 밀랍 서판 위에 글자를 새겨 넣었기 때문이다. 이 서판은 보통 나무나 상아로 만든 얇은 판에 밀랍을 입혀 만든 소책자로 '타벨레(tabellae)' 또는 '푸질라레스(pugillares)', 때로는 '세라에(cerae)'(밀랍의 복수형으로 여기서는 제유로 쓰였다.)라는 이름으로 불렸다. 읽고 쓸 줄 아는 이들은 이 밀랍 서판을 공책이나 주소록, 이동식 장치로 사용했는데, 끝부분에 쇠를 씌운 뼈나 나무로 만든 단단한 첨필로 생각이나 목록을 적어 넣었다. exarare, 즉 '이랑을 짓다'는 동사는 밀랍을 파거나 긁어서 흔적을 남기는 행위를 완벽하게 설명해준다.

고대에서 중세에 이르는 기간 동안 서아시아에서 북아프리카, 서유럽에 이르기까지 가장 흔히 쓰이는 글쓰기 매체가 바로 이 밀랍 서판이었다. 고대의 프레스코화에는 문자에 능통한 인물이 밀랍 서판과 첨필을 든 모습으로 자주 등장한다. 17세기가 되자 저렴한 종이가 보급되며 이런 도구들은 더는 쓰이지 않게 되었다. 그리고 밀랍 서판과 첨필은 근본적으로 수명이 짧은 것이었기에 완전히 자취를 감추게 된다. 오늘날 글이 쓰인 '타벨레'는 거의 남아 있지 않다. 욥의 말을 처음 글로 쓴 필경사는 라틴어를 몰랐을 테지만 히에로니무스가 의미한 바는 완벽히 이해할 수 있었을 것이다. 한참이나 후대의 교회학자 히에로니무스와 마찬가지로 그 역시도 밀랍 위에 이랑을 짓듯이 글씨를 새겼을 테니 말이다. 성서에서도, 수많은 고대 문학에서도 밀랍 서판에 글을 쓰는 행위를 환기하는 은유로서 사용된 어휘들이 도처에 등장하여, 덕분에 이런 수사를 이해하지 못한 후대의 해석가들은 골머리를 앓았다.

밀랍 서판이 사용되던 시기에는 글쓰기가 과업이자 노동으로서 갖는 의미가 어떻게 확장되고 또 변화했을까? 여러분의 손과 손바닥엔 기름이 배어나고 여러분이 쓴 글씨는 뭉개지고 각이 진다. 갓 입힌 밀랍은 향긋하고 말랑거린다. 그렇게 새기고 또 새긴 뒤 문질러 지우고 양초의 그을음이 묻어 시커메진 여러분의 글은 밀랍판 위 파문과 같은 이랑을 이룬다. 그러나 중요한 것은 이 밀랍판 위의 이랑을 홀로 일구는 것이 아니라는 사실이다. 고대의 글쓰기는 여러 장인이 필요한 노동이었기 때문이다. 히에로니무스는 황야 속 해골과 영묘한 사자 한 마리만 벗 삼아 홀로 지내는 극도로 고독한 모습으로 그려진다. 그러나 실제로 히에로니무스의 연구실은 분주히 일하는 필경사며 속기사, 대필 조수 들로 붐볐으리라. 그는 아우구스티누스에게 쓴 편지에서 비서들이 등불에 의지해 맹렬하게 자신의 말을 받아쓰던 밤샘 작업에 대해 묘사하기도 했다. "어느 짧은 밤 저는 말을 빨리 하며 이 편지를 받아쓰게 했습니다. …… 저를 깎아내리는 이들에게 저 역시도 머릿속에 떠오르는 대로 말을 할 수 있음을 보여주기 위함이었습니다. …… 저는 말을 하는 동시에 생각을 하면서 조그만 등불의 빛 속에서 무턱대고 말을 쏟아냈고 급기야 제 혀가 비서의 펜을 앞지르고 저의 입담이 그들의 속기 기술을 비껴갔답니다. 이 말을 전하는 것은 능력이 부족한 것을 변명하지 않는 이들이라 할지라도 시간이 부족한 것을 변명할 수는 있다는 뜻에서입니다."

중세에 등장한 성서해석학—단테가 명쾌하게 보여준 대로 축자적·알레고리적·도덕적·신비적 방식의—이 비교적 단순하고 체계적이었다고 말한다면 다소 단순화하는 것이리라. 이 해석의 과정은 문화와 사회의 복잡다단한 변화에도 불구하고 성서 구절에서 의미를 끌어낼 수 있는 편리하며 유용한 도구임이 입증되었다. 즉 성서역사적 완충재의 역할을 하는 것이다. 하지만 해석학이란 쓰기가 아니라 읽기의 문제가 아니냐고? 아니, 이는 쓰기의 문제이기도 하다. 성서가 만들어진 이래 여태까지 해석자들이 해왔던 변화무쌍한 시도들은 모두 쓰기의 일부였다. 해석은 작품이 정전에 들어맞는가를 시험하고 각 권을 예표(豫表)와 알레고리, 영적 서사로 연관지어 엮음으로써 계시와 마찬가지로 성서 저작의 수단이 되었다.

근대에 이르러 물적, 실증적 근거가 요구되며 다의적 의미에 대한 인내심은 한계에 이르렀다. 19세기가 되자 역사를 사료와 검증에 바탕을 둔 과학적 개념으로 바라보기 시작하며 성서가 역사적 기록으로서 가진 한계점들이 부각되었다. 그리하여 17세기에 뉴턴(Isaac Newton)이 무지개를 일곱 가지 색으로 풀어내었듯, 사상가들은 정통 교리의 압력에도 불구하고 모세를 성서의 유일무이한 저자로 보는 모세 저작설이라는 경건한 자부심에 의문을 제기하며 성서를 풀어 헤치기 시작한다. 하느님이 들어가지 못하도록 한 팔레스타인 땅의 모습을 모세가 무슨 수로 직접 알 수 있었겠는가? 모세는 자신이 죽은 뒤 일어난 역사를 어떻게 알 수 있었겠는가? 그러나 이 같은 의문들은 강력하게 규탄 받았고 이런 사상을 가진 저자들의 책은 금서로 지정되었다. 18세기 중반에는 프랑스의 의사 장 아스트뤽(Jean Astruc)이 모세오경에 등장하는 모순과 특이점을 체계적으로 일람했다. 아스트뤽이 특히 주목한 것은 '중복 기사(doublets)', 즉 약간의 차이 또는 모순되는 부분이 있을지라도 같은 이야기를 하거나 같은 정보를 전달하는 구절들이었다. 여기서 놀라운 패턴이 나타났다. 이렇게 중복되는 구절들의 경우 신은 거의 예외 없이 한 부분에서는 JHWH라고 불리고 다른 부분에서는 엘로힘(Elohim)이라고 불린다는 것이었다. 이 중복 기사를 탐구하고 비교하는 과정에서 형식이나 세부 사항의 또 다른 차이점들을 식별할 수 있었다. 아스트뤽은 이 같은 중복은 복수의 출처가 있었음을 나타내는 흔적이라 보고 1757년 익명으로 출판한 책에서 중복의 두 갈래는 모세가 자신이 직접 목격하지 않은 사건에 대해 이야기할 때 각기 다른 출처에 근거했음을 보여준다고 주장했다. 아스트뤽은 단일 저자로서의 모세의 지위를 건드리지 않으려 무진 애를 썼으나 일은 이미 벌어졌다. 성서의 저작자가 누구인가 하는 문제에서 전통적인 모세 저작설(Mosaic theory)이 물러나고 그 자리에는 각기 다른 과업을 수행하는 여러 저자들이 이루어내는 진정한 모자이크(mosaic)가 들어선 것이다.

예를 들면 노아의 이야기를 풀어내면서 겉보기에는 모순이거나 서사상의 실책으로 보이는 것들은 같은 이야기를 두 가지 방식으로 달리 이야기한 것으로 분석할 수 있다. 하나는 학자들에게는 J라고 알려진 일명 야휘스트(Jahwist)의 이야기, 다른 하나는 E, 즉 엘로히스트(Elohist)의 이야기다. 우리가 아는 성서—대략 기원전 5세기부터 알려진 성서—는 이 두 가지 갈래가 한데 엮여 이루어진 합작이다. 때로는 조화를 이루지만 때로는 노아가 처음 내놓은 새가 앞에서는 비둘기였다가 뒤에서는 까마귀가 되는 식으로 혼란스럽기도 하다. 이 두 가지 갈래를 각각 살펴보면 이들은 같은 이야기를 강조점과 의미의 농담(濃淡)을 미묘하게 달리해 풀어낸 각기 다른 이야기 방식임이 뚜렷이 드러난다. J문서에 등장하는 신(여기서는 야휘스트의 JHWH를 '주님(LORD)'으로 번역했다.)은 사색적이며 긍휼하다. 반면 E문서는 수치와 날짜 등의 세밀한 기록에 치중한다.

한층 더 어두우면서도 분명한 차이도 있다. 방주를 떠난 뒤 야휘스트의 기록(「창세기」 9장 20~28절)은 노아는 포도나무를 심고 "포도주를 마시고 취하여 그 장막 안에서 벌거벗었느니라." 노아의 아들 함이 아버지의 치부를 형제인 셈과 야벳에게 알리자 이들은 옷을 가져다가 아버지의 몸을 덮어준다. 가혹한 일을 행한 함은 그의 자식들이 형제의 자식들의 종이 되는 저주를 받는다. 함은 가나안의 아버지가 되며 (셈어 또는 셈족의 형용사형 Semitic의 어원) 셈(Sem)과 야벳이 그를 지배하게 된다. 그렇게 오로지 J문서에만 나와 있는 노아가 술에 취한 이야기는 상고시대 팔레스타인 민족을 분열시킨 민족적, 교리적 차이를 옭아맨다. 또 J문서와 E문서의 차이점은 뚜렷하다. J문서는 솔로몬 시대 이후에 생겨난 팔레스타인 남부 유대왕국의 민족과 전통을 우선시하는 반면, E문서는 북부 이스라엘왕국의 민족과 전통을 취한다. 이 두 가지 정치체는 서로 다른 경험과 견해를 가졌음에도 결국은 같은 전통과 같은 믿음을 지닌, 비록 여러 갈래로 나뉘었을지언정 본래는 하나의 민족으로 이루어진 것이다.

19세기 학자들은 아스트뤽이 주창한 방법론을 사용하여 최종적으로 유대인이 타나크(Tanakh)라고 부르고 기독교인이 구약이라고 부르는 작품을 완성한 네 가지 상이한 출처, 즉 네 명의 개별 저자들을 식별해냈다. 19세기 독일 학자 율리우스 벨하우젠(Julius Wellhausen)은 고고학적 발견과 한층 더 정교해진 역사언어학의 통찰을 결합해 성서 저자들의 복잡한 모자이크를 그려냈고, 이는 오늘날 문서가설(Documentary Hypothesis)이라고 불린다. 이 가설을 간단히 설명하자면 다음과 같다. 야휘스트 저자 그리고 엘로히스트 저자는 대략적으로 동시대에 활동했다. 이들은 고대 히브리 문자로 글을 썼을 것인데, 이 문자는 기원전 2000년대 후반 페니키아문자에서 분화되어 오늘날의 레바논 연안에서 발생했으며, 이후 그리스어 알파벳의 시초가 되었다. 또 다른 저자인 일명 「신명기」 작자는 기원전 600년경 종교법과 관습이 군주제 아래에서 다시금 중앙 집중화된 시기에 글을 썼으며, 왕권 그리고 실로(Siloh)의 제사장들이 가진 제사장적 권위에 주안점을 두었다. 마지막 저자인 일명 P 또는 제사장 저자의 이야기는 모세의 형 아론에서부터 시작되는 제사장의 계보를 찬양하는 이야기를 썼다. 이 네 가지 갈래는 기원전 450년경에 한 종류의 오경으로 취합된 것으로 추정되며, 그 편저자는 바빌론유수 시기의 유대인 지도자였던 필경사 에즈라로 여겨진다. 이 시기에 바빌론의 유대인들은 아람문자를 사용했는데 이 또한 페니키아문자에서 분화된 것이다. 이들이 사용한 글자가 오늘날 우리가 아는 히브리어 알파벳인 '네모문자(square script)'다. 그러나 문서가설이 가진 설득력과 논리에도 불구하고 이 원천 저자들의 신원은 베일에 싸여 있다. 제사장 저자가 예언자 예레미야라고, 또는 그가 필경사 에즈라와 협력한 것이라고 주장하는 이들도 있다. 해럴드 블룸은 야휘스트는 솔로몬 왕실의 귀족 여성이었으며 그가 쓴 모세의 이야기는 일부분 다윗 왕의 잃어버린 권위에 대한 알레고리라는 환기설(evocative theory)을 주장했다.

그러나 신앙의 발달과 실천에 있어 글쓰기가 가지는 중요성에도 불구하고 기독교는 교회사 내내 글, 책, 법, 식자에 대해 가졌던 호전성을 주기적으로 드러냈고 특히 개신교 교리에서 힘을 얻었다. 이를 가장 잘 표현한 것이 밀턴의 말이다. "성서의 그 어떤 구절도 한 가지 이상의 의미로 해석해서는 안 된다." 중세 교회가 추구한 다의성은 순응을 꾀했음에도 여전히 성서의 유익하고 야생적인 다양성을 지켜낸다. 그러나 후대에 등장한 성서 축자주의는 글쓰기에 대한 또 다른 이론을 제시한다. 특히 성서의 단일 저자설이다. 축자주의는 성서를 음성이자 발화로 보고 성서가 가진 글의 힘을 단숨에 빼앗아버린다. 이런 관점에서 보면 성서 서사가 가진 모순과 혼란은 이 서사가 다양한 갈래들이 서로 엮여 발생한 것이기 때문이 아니라 우리가 불완전하고 속세가 유한하기 때문에 생긴 것이다. 글쓰기의 복잡성과 해석적 불완전성에 대한 이 같은 의혹은 예수의 설교에 뿌리를 두는 것으로, 예수는 소크라테스에게 활기를 불어넣었던 문자에 대한 불만을 어느 정도 공유하고 있었다. 소크라테스가 선으로 나아가기 위해 대화법에 기대었다면 예수는 믿음과 행위를 제시하는 데 있어 설교와 우화를 통한 구술 표현의 명료함을 신봉했다. 예수가 문맹이었다는 사실로 인해 기원후 첫 세기에 있었던, 그리고 이후 도래할 기독교에 침투한 글쓰기—그것이 성서 전통에 잔류하는 구술문화에서 담당한 역할—에 대한 매혹적인 양가감정이 두드러진다.

　예수의 통치를 궁극적으로 해명하고 그의 신원에 대한

근원적인 증거를 찾으려면, 오로지 구약에 등장하는 다의적이고 음울하며 변화무쌍한 상징들을 창조적으로 읽어내는 수밖에 없다. 예수는 위대한 선교사 바울과 달리 편지를 쓰지 않았다. 그리고 복음서에 나타난 바와 같이 예수가 일으킨 모든 반란은 글쓰기에서 일어나는 일을 방해한다. 무엇보다 결정적인 것은 예수가 제시한 구원이 구약의 핵심적 드라마를 이루는 서면 계약에 대한 힐책이라는 점에서다. 계약이자 언약인, 글로 쓰이고 새겨진 율법 대신 예수는 자신의 살과 피를 내놓는다. 그러나 이는 글쓰기에 대한 노골적인 언급 없이 개시된 공격이다. 이는 어떤 면에서는 오이디푸스적이기도 하다. 삼위일체라는 신성한 혼란 속에서 예수가 제의한 자기희생은 그의 아버지의 표상인 '말씀' 자체를 부정하는 것이기 때문이다. "태초에 말씀이 계시니라. 이 말씀이 하느님과 함께 계셨으니 이 말씀은 곧 하느님이시니라."(「요한복음」 1장 1절) 또 「요한복음」 8장 1~11절에 등장하는 "음행 중에 잡힌 여자" 이야기에서 예수는 서기관의 질문에 대한 답을 흙 위에 보란 듯이 써넣는다. 이것은 필경사라는 직업에 대한 힐책일까? 이 일화는 글쓰기를 금하고 있으나 땅에 글을 쓰는 것은 법으로 허용하던 안식일에 있었던 일이라고 되어 있다. 따라서 예수의 이러한 행동은 자신이 법을 알고 있음을 보여주되 그 법에 문제를 제기하는 행위라는 주장이 있다. 나아가 흙 위에 글씨를 쓴 행위는 여호와를 떠나는 이의 이름이 흙에 기록되리라는 『예레미야서』 17장 13절을 연상시킨다는 지적도 있다.

어쩌면 예수가 글을 멀리한 것이 오이디푸스적인 충동의 작용이 아닌지도 모르겠다는 생각도 이미 들었다. 이에 필연적으로 잇따르는 신비적인 음조의 질문이 있다. "말씀이 하느님과 함께 계셨"으며 이 말씀이 곧 하느님이었다면 글쓰기 자체─발화와 말을 신뢰할 만한 이미지로 옮겨놓으려는 시도─가 우상숭배가 아닌가? 마이모니데스(Moses Maimonides)는 『모세 율법의 근거들』에서 이집트 상형문자는 신격화된 형상이기에 본질적으로 우상숭배적이라는 문제적 지위를 가지고 있다고 논한다. "상형문자가 새겨진 돌을 전면적으로 금해야 했다. 또 미신이 횡행하는 시대에 사람들이 이해할 수 없는 형상이 새겨진 돌은 비록 이집트인들이 신격화를 의도한 것이 아니었음에도 우상숭배의 유혹을 불러일으켰을 것이다." 나사렛 예수는 소크라테스와 마찬가지로 글로 쓰인 말이 가진 가변성을 경계해야 한다고 보았다.

예수는 당대의 다른 종말론적 선지자들과 마찬가지로 헤롯 왕과 로마의 압제, 지속적인 유대인 탄압, 여러 단계를 거쳐 변화하는 세계에서 퇴폐하는 신앙을 비롯한 많은 것들에 반기를 들었다. 그러나 한편으로 그는 글 자체, 즉 글쓰기가 야기하는 법과 금지, 글쓰기의 끝없는 분석과 구분에 반기를 든 것이기도 하다. 아이러니한 것은 이후 기독교가 글의 교권을 복잡성과 곤경의 극점까지 끌어왔으며 예수의 신도들은 글 속에서 길을 더듬어 나아가게 되었다는 것이다. 예수의 내재함은 글로 기록된 것이다. 그는 구술 전통을 통해 말로써 예견된 것만큼이나 타나크 속 글로 쓰인 아바타로써 예견되었다. 예수의 죽음 이후에는 글쓰기라는 행위로 인해 그의 교회가 발상했다. 예수 신앙은 편지로 연결된 네트워크 속에서 놀라울 만큼 빠르게 번져갔다. 긴 시간을 두고 이루어진 이 긴박한 대화는 중개자들 그리고 긴 침묵의 간격을 거치며 감정이 곪거나 반대로 누그러지기도 하는 독특한 형태로 신약에 가담했던 것이다.

예수의 음울한 주석자 중 첫째이자 가장 위대한 이가 다소의 사울, 이후 다마스쿠스로 가던 길에 예수의 현현을 체험한 뒤로는 바울이라 불린 이다. 「사도행전」을 비롯해 다른 몇 편에서 등장하는 바울의 이야기는 초기 교회의 민중들을 그려내고 있다. 그러나 나사렛 예수의 신도들이 무엇을 믿어야 하고 또 무엇을 해내야 하며 그 대가로 무엇을 기대해야 하는지를 분명히 밝히는 것은 바울이 써서 교회에 보낸 편지들이다. 이렇듯 성서의 상당 부분이 이미 광범위하리만치 다양한 형식과 장르로 이루어진, 성서에서 새로이 솟아오른 섬이라 할 '편지'의 형식으로 전해졌음이 눈에 띈다. 알렉산드로스

제국 전역의 여러 공동체에서 널리 쓰인 지중해 지역의 공용어인 코이네(Koinē)—유베날리스(Decimus Junius Juvenalis)와 마르티알리스(Marcus Valerius Martialis), 세네카(Lucius Annaeus Seneca)와 대(大)플리니우스(Plinius)의 라틴어에 의해 문학의 변방으로 밀려났다.—로 쓰인 이 편지들은 관습과 믿음에 의해 비약적 속도로 성서에 편입된다.

초기 기독교인들은 막대한 텍스트 산업으로 이루어진 삶을 살았다. 당대의 성서는 히브리어에서부터 모세오경의 그리스어에 이르기까지 다양한 언어로 되어 있을 뿐 아니라 각 권과 장이 작은 공책의 형태로 원시적으로 묶였으며 출처가 불분명한 책들이나 위서들이 정전의 위치를 차지하려 겨루었기에 그 자체로 도서관이었다. 새로운 신앙의 탄생과 함께 다양한 종파와 변종이 폭발적으로 등장했으며 이에 신학자 지망생들은 정전뿐 아니라 주석과 역사서, 심지어 이교의 경전까지도 수집하여 편집해 짜 맞추고 논박했다.

여러 기독교 인물들과 마찬가지로 바울 역시 그림 속에 자주 등장했는데 이때 바울은 글을 쓰는 모습으로 그려져 있는 경우가 많다. (바울의 글쓰기가 성서 자체에 등장하는 빈도는 그보다 더 드물다.) 근대 화가들은 바울을 히에로니무스의 모습과 비슷하게 그리는 경우가 많았다. 눈앞에 필사 도구들을 펼쳐 놓고 사색적인 모습으로 앉아서는, 고독 속에서 원고 속 신앙의 수수께끼를 탐구하는 이의 모습이다. 그러나 실제로는 달랐다. 바울 역시 필경사의 시대에 살았다. 글쓰기에 필요한 재료는 값비쌌으며 여러 비서와 필사 조수가 따라붙는 것이 일반적이었다. 대부분의 작가는 받아쓰기를 시켜서 글을 썼다. 바울의 편지에는 이렇게 글을 받아쓰는 장면이 등장하는 부분이 있다.「갈라디아서」6장 11절에서 바울은 "내 손으로 너희에게 이렇게 큰 글자로 쓴 것을 보라."고 말한다. 이는 마치 유대 전통에서 기독교 관습을 분리한다는 내용을 긴박하고도 독설로 가득한 어조로 쓴 이 편지를 바울이 서기관의 손에서 건네받아 직접 마무리 지은 것 같은 구절이다.

통상적으로 바울이 펜을 받아 든 것은 이 편지가 내용과 필사에 있어 진본임을 나타내는 표시를 한 것으로, 이에 더해 (글자 크기를 명시한 점에서) 그가 펜 다루기에 능숙치 않을 뿐 아니라 근시였다는 사실을 증명하는 것으로도 본다. 그러나 편지에 나타난 이 순간은 바울이 고대 세계에서 필경사에게 고유했던 저자로서의 위엄에 편승하는 것으로 보이기도 한다. 바울의 편지들은 외딴 곳에서 고독을 견디고자 써 내린 동지애로 가득한 편지가 아니다. 이 편지는 여러 사람으로 붐비는 장소에서 타인이 함께하는 가운데, 특정한 공유자나 단일한 상대에게 쓴 것이 아니라 군중을 염두에 두고 쓴 것이다. 이 편지는 전령을 통해 전달되었기에 전령 역시 편지의 일부가 되어 이 편지가 원본임을 보증하고 증인으로 나서는 동시에 대리 인가*를 수행한다. 이곳에서 저자는 합창단원들의 부채에 가려진 채로 춤을 추다가 솔로 파트에서만 등장하는 것이다. 바울은 「갈라디아서」 6장 15절에서 다음과 같이 말을 이어간다. "할례나 무할례는 아무것도 아니로되 오직 새로 지으심을 받는 것이 중요하니라!" 현대 성서에서는 이 구절에 느낌표를 삽입했다. 바울의 시대에 사용되던 민중 그리스어에는 문장부호가 없었음에도 바울은 갈라디아의 신도들을 위해 자신의 필적[큰 글자─옮긴이]이라는 형태로 감탄의 음성을 남겼다. 그는 「갈라디아서」 6장 17절에 다음과 같이 쓴다. "이후로는 누구든지 나를 괴롭게 하지 말라. 내가 내 몸에 예수의 흔적을 지니고 있노라." 이때 바울이 가리키는 것은 초기 교회의 압제자들이 그의 손에 남긴 고문의 상처다. 그는 또한 성서의 암시적이며 예표적인 방식을 사용해 글을 쓰지 않는 주님이 자신의 몸에 더욱 크고 진실하며 더 높은 차원의 서명을 남겼음을 넌지시 말하고 있다.

주의 펜 아래에서 바울은 한 장의 파피루스와 같다. 그뿐만 아니라 바울은 신의 음성을 받아쓰는 주의 서기관이다. 이렇게 바울은 고대 세계의 글쓰기에서 비서와 필사 조수─종

---

* imprimatur, 성서 저작물을 교회 관할권자가 승인하는 것.

종 노예였던―가 가지던 중요성을 다시금 역설한다. 정통주의 신학자들 중에는 바울이 받은 유일무이하며 지배적인 계시를 희석시킨다는 이유로 편지에 드러난 서기관의 역할을 인정하지 않으려는 이들도 있었다. 그러나 신학자 E. 랜돌프 리처즈(E. Randolph Richards)가 지적했듯 서기관의 역할은 보다 폭넓은 저자의 역할이라는 독창적 장치 속에 포괄되는 것이다. 간단히 말하자면 고대에 저자의 역할 속에는 서기들과 언쟁을 벌이고 이들을 고용하고 부려서 독창적 창조자(auteur)로서의 저자라는 하나의 목소리이자 비전에 따르도록 하는 것이 포함되어 있었다는 것이다. 저자를 주인으로 본다면 서기들은 고도로 숙련된 보조 인력들이었다. 필사는 펜을 놀리는 것에 국한된 것이 아니었다. 잉크와 첨필을 준비해야 했고 파피루스를 조달하거나 생산해야 했으며 공책과 밀랍 서판도 마련해야 했다. 학식을 가진 저자가 글쓰기의 모든 기예를 갖추는 경우는 드물었으며, 그중 대부분은 물론 글을 쓸 줄은 알았으나(보통 밀랍 판에 새기는 형태로) '숙련된 손재주'는 없었는데, 오늘날의 파피루스 연구자와 비문 연구자들은 바로 그 점을 통해 숙련된 필경사와 현학자를 금세 식별해낸다. 리처즈는 바울이 서기들과 한 작업은 다양한 수정과 질의로 이루어져 있었을 것이며, 이때 서기는 단순 사무가 아니라 자문과 편집의 역할을 했을 것임을 언급했다. 반면 여러 신학자들은(이들 중 일부는 바울이 받아쓰기를 지시하는 것이 아니라 신의 음성을 바울이 받아쓰는 경건한 이미지를 선호했다.) 파피루스에 갈필로 글을 쓰는 것이 고되기에 고대 세계에서 시간과 재료가 많이 드는 수정은 거의 일어나지 않았으리라고 주장했다. 실제로 현대에 와서 글을 쓸 때 초안을 쓰고 수정하는 버릇(현재는 한정 없이 초안을 작성할 수 있는 컴퓨터를 이용한 글 작성으로 대체되었으나)—메모지에서 뜯어낸 종이나 타자기로 작성한 종이를 뭉쳐서 쓰레기통에 던져버리는—은 어디까지나 현대의 산물임이 분명하다.

그러나 고대의 필경사들에게도 초안을 마음껏 작성할 수 있는 도구는 있었다. 앞서 이야기한 밀랍 서판은 물론 글을 썼다가 지울 수 있는 윤을 낸 양피지 공책도 있었다. 키케로(Marcus Tullius Cicero) 같은 옛 저자는 이런 도구에다가 생각을 정리했다가 나중에 이 초안들을 서기에게 주어 다듬도록 했을 것이다.

확실한 것은 여기까지다. 바울의 서기들은 아마추어가 아니라 당대의 서간문 전통에 조예가 깊은 숙련된 필사 조수들이었다는 점이다. 바울의 편지에는 키케로나 세네카의 편지에 나타나는 강렬한 고전적 암시나 수사학적 꾸밈은 없으나 그럼에도 유려하다.

신약성서의 유래는 극히 알기 어려우나 이들은 정전의

행걸이나 주제에 의해서만 결합된 것이 아니라 언어, 특히 로마 시대의 헬레니즘 세계에서 쓰이던 코이네에 의해 결합된 것이기도 하다. 알렉산드로스 대왕의 그리스 지역 정복이 남긴 흔적인 코이네는 근본적으로는 수천 년간 언어의 이상으로 여겨졌던 아테네의 아티카 방언에 뿌리를 둔다. 그러나 코이네는 그리스어 고전기에 글쓰기가 등장하고도 오랜 시간이 흐른 뒤 플라톤과 극작가들의 아테네와는 멀리 떨어진, 수사학적 논박과 문학이 가닿을 수 없는 시간과 장소에서 발상했다. 신약에 고전주의적 암시가 부재하다는 사실은 많은 것을 알려준다. 초기 교회의 저명인사들뿐 아니라 신약 속 이야기들의 저자와 편저자의 모습을 엿볼 수 있게 한다. 또 이는 고상한 아티카 방언으로부터 거칠지만 실용적인 코이네로의 이전을 보여주기도 한다. 그사이에 수많은 변화가 있었음에도 코이네는 500년도 더 전 그리스어 알파벳이 발생한 것과 동일한 환경인 시장, 항구, 광장, 대중들이 모이는 왕국의 변두리에서 만들어졌다.

고고학자들은 폼페이의 낙서에서부터 브리튼섬의 로마 병사들이 남긴 메모와 편지에 이르기까지 고대 지중해 세계 전역에서 증거를 찾았다. 그중 고대인들에게 글이 차지한 범위와 의미를 가장 잘 밝혀낼 수 있었던 성취 중 하나가 고대 이집트의 도시인 옥시린쿠스(Oxyrhynchus)에서 발굴된 쓰레기 더미 속 파피루스 사본들이었다. 옥시린쿠스는 오늘날 이집트의 엘바나사에 해당하는 지역으로 그 전성기에는 헬레니즘 시대 이집트에서 세 번째로 큰 도시였고 대규모 수로를 통해 물을 공급받는 지역 중심지였다. 이 수로 덕분에 옥시린쿠스는 나일강 홍수로부터 안전했으며 덕분에 기독교가 출현한 시점부터 아랍의 이집트 점령에 이르는 6세기 동안의 기록을 담은 파피루스 사본들이 보존될 수 있었다.

옥시린쿠스는 19세기 초반 영국의 이집트학 연구자들이 수행했던 초기 발굴에서는 빠져 있었던 지역이다. 나일강 상부에 위치한 이 도시는 쓰레기 더미에 뒤덮여 있어 피라미드나 왕가의 계곡 같은 눈부신 발견들에 대면 전망이 밝아 보이지 않았던 것이다. 1890년대에 옥스퍼드대학교의 젊은 고고학 연구자인 벤 그렌펠(Ben Grenfell)과 아서 헌트(Arthur Hunt)가 옥시린쿠스가 유적으로서 가지는 독특한 가치를 알아냈다. 이곳에서 발견된 수천 개의 파피루스 조각 속에는 놀라울 만치 다양한 글이 담겨 있었다. 이전에 알려진 적 없는 고전 작품의 일부도 있었으며, 알렉산드리아의 유대인을 위해 쓰인 히브리어 성서의 코이네 판본인 70인 역 성서의 초기 견본들도 있었으며, 기독교 정전이 아닌 복음과 편지, 경전도 발견되었다. 물약과 주술에 필요한 재료 목록, 결혼 증명서, 임대 계약서, 채무 증서, 그리고 수백 가지의 회계, 법, 기록 문서였다. 이 파피루스들을 한데 모아보면 헬레니즘 시대 글쓰기가 상류층은 물론 교육받지 못한 계층의 삶 속에도 밀접히 스며들어 있었음을 알 수 있다.

이 기록 보관소에서 파피루스 편집자들이 사용한 분류법에 따라 Oxy 852라고 불리는 파피루스 조각에서 나온 에우리피데스의 단편 비극 「힙시필레(Hypsipyle)」가 발견되었다. 그전까지 오로지 다른 고대 저자들의 작품 속 인용으로만 알려져 있었던 렘노스섬의 여왕 힙시필레와 그녀가 아프로디테로부터 저주를 받은 일을 다룬 이 에우리피데스의 이야기는 약 200개의 파피루스 조각을 짜 맞추어 복원되었다. 파피루스 뒷면은 회계 문서로, 조악하게 쓴 커다란 그리스문자로 숫자가 표시되어 있었던 덕분에 글을 짜 맞추는 데 어느 정도 도움이 되었고 동시에 고대의 필사 행위에서 재사용과 재활용의 미덕이 존재했음을 확인할 수도 있었다. 이 글은 읽기나 낭독을 위해 마련된 것처럼 누군가의 손으로 잔뜩 고쳐진 채 버려졌다가 누군가의 낙서장으로 다시금 생명을 얻었던 것이다. 이 글의 연대는 서기 200년경으로 거슬러 올라간다.

그러나 옥시린쿠스에서 발견된 문서는 대개 일상적인 글로 고대 글쓰기의 씨실과 날실을 보여준다. 편지를 조합하는 마술적인 정형문 중에는 다음과 같은 반복 어구도 있다. Oxy 886은 이렇게 시작한다. "이시스 여신은 위대하시니라. 이 방법은 헤르메스와 이시스가 오빠이자 남편인 오시리스를 찾을 때 사용한 29개의 문자다. 징조를 알고 싶은 것과 관련한 사항을 유념하며 태양신을 비롯해 모든 신께 호소하라. 수종려 나무 잎을 29장 가져다가 각 장에 신의 이름을 하나씩 새긴 뒤 기도를 하며 두 장씩 들어 올린 다음 마지막에 남은 이름을 읽어라. 그리하면 그 안에서 징조를 읽고 분명한 대답을 얻으리라." 현대의 옥시린쿠스 파피루스 편집자는 이 조각에 쓰인 사항에 마땅한 의문을 품고 "글을 쓴 사람은 문맹자로 여러 번의 실수를 했다."는 관찰 아래 "(비교(祕敎)의) 글에서 종종 나타나는 바대로" 이 글은 "경전에서 베낀" 것이라고 건조하게 언급했다. 또 다른 조각에는 "신중하고도 다소 커다란 언셜체로" 레슬링의 잡기 방식을 나열하고 있는데 이는 글을 쓴 사람이 필사에 숙련되지 않았음을 보여준다. 파피루스 조각에 남은 글은 그 밖에도 법령, 탄원문, 약속 편지, 출생 증명에 이르며, 말하자면 삶의 마디마디가 글쓰기를 통해 드러나듯 그리스 너머 동쪽 지역의 오아시스이자 로마의 전초기지였던 지역의 일상사를 이루었던 다양한 행위와 관계가 글 속에서 위엄을 얻었다. 이 지역의 저자들 역시 같은 시대의 교양 있는 학자들과 같은 도구와 방식을 썼으나 그 밖에는 공통점이 거의 없었다. 예를 들면 당연히 라틴어로 '글을 썼던' 키케로는 바울이 사용한 코이네가 가진 실용적 문체와 스타카토

리듬과는 동떨어진 아티카 그리스어의 전형으로부터 수사학
이론을 전개했다. 키케로의 종 티로(Tiro)는 학식이 깊은 이로
속기 기법을 개발했으며 키케로가 죽고 자유의 몸이 된 뒤에
는 스스로 글을 써 남기기도 했다. 키케로는 티로를 사랑했으
나 이는 주인의 종에 대한 사랑이었다.

고대 세계에서 글쓰기가 가지던 친밀성과 사회적 밀도는
시인들의 작품 속으로 배어들었다. 예를 들면 카툴루스(Gaius
Valerius Catullus)는 친구이자 후원자인 코르넬리우스 네포
스(Cornelius Nepos)에게 헌정한 시에서 글쓰기를 우정의 의
식이며 공통의 목적으로 묘사한다.

마른 속돌로 갓 문질러 연마한

이 사랑스런 새 작품을 누구에게 바칠까?

바로 그대 코르넬리우스—그대는 내가 쓴 글을 보고

언제나 생각에 잠기곤 했기에.

이탈리아인 중 오로지 그대만이

유피테르의 지혜를 빌려

지난 시대를 두루마리 세 권에 담으려 분투하였으니!

그러니 이 미천한 작품을 받아

좋을 대로 읽어다오, 뮤즈이자 후원자여—

이 작품이 다음 세대까지도 읽힐 수 있기를.

"까마귀를 생각하라. 심지도 아니하고 거두지도 아니하며 골방도 없고
창고도 없으되 하느님이 기르시나니. …… 백합화를 생각하여보라. 실도
만들지 않고 짜지도 아니하느니라. 그러나 내가 너희에게 말하노니 솔로몬의
모든 영광으로도 입은 것이 이 꽃 하나만큼 훌륭하지 못하였느니라." 이는
「누가복음」 12장에 등장하는 구절로 기독교 복음을 담은 가상의 원본
자료인 Q문서를 출처로 하는 구절들을 담고 있다. 서기 3세기의 것으로
추정되는 사진 속 파피루스 조각에는 백합화에 대한 구절은 나와 있으나
까마귀는 등장하지 않는다. 이와 같은 표현의 차이는 이 구절이 정전인
「누가복음」으로 귀결되는 Q문서의 판본보다 더 오래된 것임을 시사한다.
따라서 바로 이 파피루스 조각에 쓰인 글이 「누가복음」이 아니라 오랜 세월
제2경전으로 간주된 외경인 「도마복음」일 수 있다는 충격적인 가능성을
제시한다. 이 파피루스는 이집트의 옥시린쿠스에서 찾아낸 파피루스
조각의 일부로, 얇은 종이와 녹말풀로 이어 붙여 세심하게 보존된 모습은
그 내용만큼이나 의미심장하다. 우리는 백합화와는 달리 수백 년간 각종
고초를 거듭하며 이야기를 이어 붙인다는 사실을 상기시켜준다.

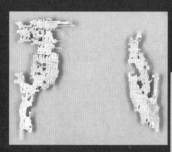

이 재미있는 시는 운치도 있지만 고대의 글쓰기 장면을 알려주는 요소도 여럿 있다. 이 시에 등장하는 작품은 여러 개의 사본을 가진 대체 가능한 글이 아니라 단 하나뿐인 기념물이라는 형태로 독특하게 표현되어 있다. 또 이 작품은 속돌로 "연마한(expolitum)" 것이라고 하는데, 이는 파피루스에 글을 쓸 때 흔히 거치는 절차다. 이 '연마'는 카툴루스가 즐겨 썼던 비유로 단순히 페이지에 윤을 내는 것이 아니라 문학적 표현을 가다듬는다는 의미도 담고 있는데, 이와 같은 표현은 오늘날까지도 이어지고 있다.

한 세대가 지난 뒤 외설적인 시로 추문을 끌고 다니던 마르티알리스에 의해 연마라는 행위는 새로운 쓰임을 갖는다.

> 내 소책자는 새것이라 아직 표면이 지워지지 않았고
> 마르지 않은 페이지는 아직도 손길을 두려워하네.
> 가거라, 아이야. 이 책을 가져가서
> 내 고군분투의 산물을 받을 자격이 가장 큰
> 사랑하는 친구에게 선물해주렴.
> 달려가라, 하지만 잠시 기다리려무나. 이 책과 함께
> 나의 또 다른 선물인 해면을 함께 가져가려무나.
> 파우스티누스, 여러 번 문지른들
> 우리의 익살이 덜어지진 않겠으나

단 한 번 문지르면 충분할 거야.

마르티알리스가 자신의 작품을 우정을 담은 선물로 내놓는 것은 카툴루스와 같으나 이 시에 담긴 속뜻은 한층 더 외설적이면서도 미묘하다. 마르티알리스는 속돌이 아니라 해면을 보내고자 한다. 해면은 고대의 저자들이 방금 잉크로 쓴 글자를 지우는 도구로 쓰기도 했으나, 로마의 공중화장실에서 막대기에 부착해 공용으로 쓰던 위생 도구이기도 했다. 마르티알리스는 또한 고대의 글쓰기가 가진 팰림프세스트적 삭제와 재창조라는 임의적인 특성에 대해서도 분명히 밝힌다. 이 시에 등장하는 작품은 갓 쓰인 새것으로 잉크가 채 마르지 않았으며 "아직 표면이 지워지지 않"은 새 파피루스에 쓰여 있다. 이는 고대에 값비싼 새 파피루스를 사용하기보다는 이미 쓰인 글씨를 지우고 표면을 닦아 재사용하는 팰림프세스트 행위가 흔했음을 가리키는 것이다. 이 시의 결부에 등장하는 마르티알리스의 간청에서 팰림프세스트는 매력적인 은유로 기능한다. 마르티알리스는 과거에 자신이 파우스티누스(Faustinus)에게 상처를 주려 했던 말과 행동을 완전히 지울수는 없다는 것을 인정하는 동시에 갓 쓰여 훼손되지 않은 아름다움을 지닌 이 시의 다발을 건네는 우정의 선물이 효력을 발휘하길 빌고 있다. 우리 모두 알다시피, 팰림프세스트는 이전에 쓰인 글을 완전히 없앨 수는 없으나 새로 쓰인 글을 예전에 쓰인 글에 속속들이 파고들어 활동하게 만든다.

그러나 잉크를 묻히고 가다듬어 글로 쓰인 시가 선물로 전달될 수 있다면 입으로 말한 시는 여전히 시인에게 남는다. 필사본의 세계에 살아가는 시인이 수호해야 하는 권리는 베끼는 것이 아니라 읊을 권리다.

> 피덴티누스, 듣자 하니 내 소책자를
> 네가 토씨 하나 바꾸지 않고
> 사람들에게 읽어준다더군.
> 그 시를 내 것이라 부르고 싶다면
> 내가 너에게 내 노래를 공짜로 선물하마.
> 그 시를 네 것이라 부르고 싶다면
> 그대로 네 것으로 삼으려무나.

마르티알리스는 아마 지적재산권을 처음으로 주장한 시인이자 작품에 내재하는 권리를 끈질기게 수호한 인물이었을 것이다. 당대의 시인들은 후원자를 얻어 귀족, 즉 권력자와 인맥을 맺는 것으로 생활을 꾸려갔다. 시인은 저자를 명시하는 조건으로 무료로 시를 제공했다. 그러나 이 와중에도 시인은 그의 "소책자"를 읊는 행위에 대해 우려하며 시가 본질적으로 글임을 드러낸다. 마르티알리스는 오늘날의 문학 문화와 완전히 다른 동시에 이를 끈덕지게 상기시키는 필사본 경제의 장인이었다. 사실 당대의 풍자 시인이던 마르티알리스가 바로 노예와 젊은이를 납치하는 자를 뜻하던 '표절자'라는 단어를 '언어를 훔치는 이'라는 의미로 문학에 처음 가져온 장본인이다.

> 당신께 내 작품을 추천합니다, 퀸타누스—
> 만약 당신의 시인이 읊는 그 소책자를
> 제 것이라 부를 수 있다면 말이지요.
> 만약 사람들이 이 시를 가혹하게 대하여 불평하거든
> 시를 전적으로 옹호해줄 것이며
> 시를 읊는 자가 그 시의 주인 행세를 하거든
> 이 시들은 내가 자유롭게 풀어준
> 내 것임을 알려주십시오.
> 만약 이 같은 언급이 세 번, 네 번 반복된다면
> 그 표절자에게 무안을 주도록 하십시오.

마르티알리스는 자신의 시가 세상에 나온 사랑스런 종이며 이들이 알 수 없는 가혹한 주인의 손에 들어간 것으로 표현한다. 새 주인의 후원자인 퀸타누스(Quintanus)는 변호사이며, 마르티알리스는 그가 고용한 낭독자가 자기 작품인

양 읊는 자신의 시를 옹호해달라고 요청한다. 마르티알리스는 자신이 노예를 해방하는 것과 같은 방식으로 이 시들에게 자유를 줄 수 있음을 재차 강조한다.

로마제국의 반대편에서 쓰인 바울의 편지에는 키케로, 카툴루스, 그리고 마르티알리스의 것과는 사뭇 다른 사회적 환경이 드러난다. 한쪽에서는 새로운 신앙에 대한 열의가 드러나고, 다른 한쪽에서는 자유분방한 상업적 생활이 엿보인다. 이 둘은 모두 로마 사회의 엘리트주의와 주인-노예 위계에 압력을 행사했다. 바울은 편지에서 디도와 디모데 같이 사절인 동시에 동역자(同役者)의 기능을 수행한 인물들을 빈번히 언급한다. 바울의 글쓰기는 동시대의 로마 귀족들의 그것과 유사성을 가진 동시에 현저한 차이도 보인다.

바울이 편지를 쓴 환경은, 편지의 출처와 진위 여부가 중대한 동시에 입증하기 어려웠던, 편지 쓰기의 전환이 이루어지던 생태 속에서였다. 「데살로니가후서」 2장 2절에서 바울은 다음과 같이 경고한다. "영으로나 또는 말로나 또는 우리에게 받았다 하는 편지로나(강조는 저자) 주의 날이 이르렀다고 해서 쉽게 마음이 흔들리거나 두려워하거나 하지 말아야 한다는 것이라." 바울은 (애초 저자가 불확실한 편지 속에서) 위조의 가능성을 걱정한다. 바울의 편지에 관한 담론과 논란, 분열과 논쟁에는 배경이 있다. 글에 쓰이고, 글을 나타내며, 글을 가득 채운 언쟁과 도발의 배경이다. 이는 초기 교회 신앙의 생태학에서 극히 일부일 뿐이지만 바울은 선포와 예언이 오류의 근원이라고, 변질되고 불완전한 모자이크로서의 글쓰기의 근원이라고 지적했다. 바울은 과거에 비추어 현재를 읽어내는 징후 해석 작업에 온통 몰두하고 있다. 그럼에도 글 속에 쓰인 교리, 즉 신앙 그 자체는 불쑥 돌출하여 지금도 또 앞으로도 글에 맞닥뜨리고, 글에 부딪치며, 글을 말과 행동과 연결 짓고, 징후에서 과거를 그리고 기적에서 미래를 읽어내는 글을 쓰고, 더 많은 글 속에 자신을 써넣을 글을 쓴다.

책이 쓰는 글

바울의 편지에서 눈에 띄는 점은 이것들이 철저히 미완성이라는 점, 이것들을 통해 초기 기독교의 경험을 이루는 논쟁, 압제, 공포, 전도의 생생한 결의 아주 일부만을 엿볼 수 있다는 점이다. 사도서간의 도처에 주요한 논쟁들이 편지와 발화의 형태로 암시되고 있다. 그러나 기록 문서로서의 사도서간은 이러한 경쟁적 견해들은 지우고 여느 기록 문서와 마찬가지로 잠정적 기록만을 제공할 뿐이다. 글은 완전하고 끊김 없는 기록 보존 체계로 역사적 의식의 도약판이라고들 한다. 그러나 실제로 글은 그 속성부터가 간격, 구멍, 빈틈을 만들게 되어 있다. 현전하는 가장 오래된 바울의 기록은 '체스터 비티 파피루스(Chester Beatty papyrus)'라고 알려진 것으로 서기 200년대경 쓰인 열 편의 편지를 모은 것이다. 가장 오래된 기독교 필사본 중 하나인 이 체스터 비티 파피루스에는 4복음서, 「사도행전」, 계시록 및 묵시록적 저작들의 일부와 70인역 성서의 상당량이 담겨 있다.

당대의 대부분의 글들과는 달리 체스터 비티 파피루스는 두루마리 형태가 아니라 처음부터 코덱스(codex), 즉 제본된 책의 형태로 되어 있었다. 오늘날 우리가 당연하게 받아들이는 책의 형태인 코덱스는 글을 아는 이교도들이 여전히 두루마리를 사용하던 시절 기독교인들이 최초로 사용하기 시작했다. 고대에 코덱스 형태의 책은 기독교인, 이교도, 유대인이 모두 사용했는데, 용도는 오늘날 우리에게 익숙한 읽기 위한 책이 아니라 글을 쓰기 위한 공책이었다. 밀랍 서판의 가장자리를 제본해 코덱스를 닮은 아상블라주(assemblage)를 만들기도 했고, 양피지 조각을 제본해 글자를 쓰고 지울 수 있는 작은 소책자를 만들기도 했다. 읽기 위한 글은 주로 두루마리 형태였다. 파피루스는 두루마리를 만들기에 적합한 소재였는데, 섬유 속에 잔류하는 펄프로 인해 물에 적시면 끈끈해지기 때문이다. 마련된 파피루스 낱장의 끝을 겹쳐 두들기면 이음새를 남기지 않고 이어 붙일 수 있었다. 저자들은 두루마리에 글을 쓴 것이 아니다. 낱장에 글을 쓴 다음 나중에 두루마리 형태로 이어 붙인 것이다. 적시고 두들기고 둘둘 말기, 고대에 쓰인 글을 읽기 위한 글로 바꾸기 위한 제책은 이렇게 이루어졌다.

읽기 위한 책이 어떻게 코덱스 형태를 띠기 시작했는지는 여전히 수수께끼로 남아 있다. 문헌학자인 T. C. 스키트(T. C. Skeat)는 기독교인들이 편의성을 위해 코덱스를 도입했다고 주장했다. 4복음서는 두루마리로는 여러 권이었지만 코덱스 형태로는 편리하게 한 권으로 묶을 수 있기 때문이다. 또 다른 학자들은 바울의 편지를 편찬한 이들이 코덱스의 편의성을 가장 먼저 알아차렸으리라 추측했다. 이 골치 아픈 논쟁은 애초에 풀 수 없는 난제다. 앞서 이야기한 체스터 비티 파피루스 같은 초기 필사본에는 사도서간과 4복음서, 「사도행전」과 구약성서가 전부 담겨 있다. 신약의 수수께끼 중 다수는 경제적인 글쓰기에 따르는 산물이다. 바울의 편지는 알려지지 않았으며 수집된 적 없는 다른 편지들을 예시로 든다. 이 다른 편지들은 필사의 효율성을 위해 공통 어구를 사용한 것으로 보이며 그 기원이 무엇인지는 역시 알 수 없다. 쓰였다가 유실된 텍스트의 암흑 물질이 다량 남아서 여전히 글에 그 힘을 행사하고 있다.

바울의 편지들을 수집하고 선별하여 정전을 만드는 작업은 이 흔적들을 보존하는 데는 역효과를 미쳤다. 다른 고대 저자들의 경우 이러한 흔적은 어느 정도 거리를 두고 발견되었다. 예를 들면 저자들이 그 시대에 현존했지만 유실된 지오래인 작품을 인용하는 것과 마찬가지로, 키케로가 어느 편지 속에서 다른 편지의 사본이 필요하다고 언급하며 사라진 편지의 내용을 설명하는 것이다. 15세기 인문주의의 도래 이후 학자들은 이렇게 파편적인 언급이나 인용을 통해 유실된 텍스트를 찾고자 박차를 가했다. 그러나 바울의 편지는 문학이 아니라 자기 충족적 예언으로서의 경전이었다. 이 편지의 독자들에게 중요한 것은 당대의 다른 글이 담긴 편지가 아니라 복음의 이야기—바울의 시대에는 아직 책의 형태로 묶이지 않았으나 격언이나 인용구, 짤막한 이야기라는 구술 전통에 실려 전해지던—와 변덕스러운 야훼의 행동이나 예언자, 방랑자, 왕의 말에 담긴 다양하면서도 섞어 짜인 의미들이었다. 그 결과물인 바울의 편지는 선별적으로 보이지만 실제로는 성서적 정신에 고유한 읽기와 쓰기 방식의 유산이다.

바울이 글이라는 매체를 이용했다는 단서는 도처에 무성히 드러난다. 「디모데후서」 4장 13절에서 바울은 갈 곳 없이 외로운 신세를 한탄하며 믿음직한 친구에게 자신의 글을 포함한 잃어버린 물건을 가져오라고 부탁한다. 「디모데후서」

4장 9절에서 13절에 이르는 구절은 서한으로 맺어진 교분 관계를 전하고 있는데, 이는 인상적이지만 경전에 등장하기에는 이상한 부분이다.

> 9 너는 어서 속히 내게로 오라. 10 데마는
> 이 세상을 사랑하여 나를 버리고 데살로니가로
> 갔고 그레스게는 갈라디아로, 디도는 달마디아로
> 갔고. 11 누가만 나와 함께 있느니라. 네가 올 때에
> 마가를 데리고 오라. 그가 나의 일에 유익하니라.
> 12 두기고는 에베소로 보내었노라. 13 네가 올 때에
> 내가 드로아 가보의 집에 둔 겉옷을 가지고 오고
> 또 책은 특별히 가죽 종이에 쓴 것을 가져오라.

흥미로운 것은, 학자들이 바울이 중히 여기던 신학적 관점들을 논하고 있지 않은, 디모데에게 보낸 이 편지의 진위성에 의문을 제기한다는 점이다. 어느 위조자가 혼란을 야기하려 「디모데후서」의 마지막 부분에 이토록 애처로운 구절을 집어넣은 것일까?

만약에 그것이 사실이라 해도, 이 구절은 바울의 시대에 필경사들이 코덱스 형태의 제본된 소책자를 흔히 사용했음을 알려준다. 바울의 시대에 살던 기독교인들에게 글로 쓰인

말은 공책의 형태로 존재했다는 사실에는 이론의 여지가 별로 없다. 리처즈는 바울의 편지들을 하나로 묶은 사람은 바울 자신이며, 이를 베끼고 기록으로서 보관하기 위해 앞서 언급한 '공책'의 형태로 만들었으리라고 추정한다. 이 추정을 따르면 바울의 편지들은 처음부터 코덱스의 형태로 존재했다. 바울은 쓰기와 읽기의 새로운 경제를 실천한 최초의 기독교인 저자들 중 하나였던 것이다. 사도, 설교자, 신자 들은 동역자들로부터 베낀 편지, 쪽지, 글이 담긴 공책을 가지고 다니는 필사 지향적 이주민인 경우가 많았다.

예수의 신도들은 바울의 말을 나누고자 하는 강렬한 욕구를 느꼈을 것이다. 이는 강렬한 동시에 종종 은밀한 욕구였으리라. 신도들은 소중한 공책을 가져가 참된 말(True Word)의 파편일 새로운 글귀들을 베껴 썼을 것이다. 이 코덱스가 기독교인에게 중요한 것, 나아가 세계의 지배적인 책 형태가 된 것은 읽는 행위가 아니라 쓰는 행위 덕분이었다. 논쟁적이며 글쓰기를 좋아하는 기독교인들은 길게는 1000년 전부터 모세오경을 엮어왔던 궁정 저자와 성서 이야기꾼과는 문화와 사회, 언어와 읽고 쓰는 능력, 역사와 감수성 등 모든 면에서 크게 달랐다. 그러나 성서의 텍스트를 창조하고 결합하는 행위라는 면에서는 상당히 유사했으며 야휘스트와 엘로히스트 저자의 경우 연속적이기도 했다. 이 두 저자는 글쓰기를 통해 판독 가능한 과거가 혼란스러운 현재에게 말을 걸게 만들었으며, 역사와 진위성을 판독하는 근대의 경험적 세목들보다는 전통과 언약, 계시의 시학을 우선시했다. 공동체 설립의 기획이었던, 역사 그리고 하느님이 보낸 징후에 대한 이들의 읽기는 동시에 쓰기이기도 했으며, 이 행위를 통해 구약과 신약 속 그 변화무쌍하고도 찬란한 복잡성과 상호 의존성에 힘입어 후대에 글쓰기의 힘의 원천이자 불편한 예시가 된 텍스트들이 태어났다.

3세기 말엽의 기독교도 인물인 유세비우스(Eusebius)와 그 선학인 오리게네스(Origenes)는 대형 학술 도서관의 관리자였다. 역사학자 앤서니 그래프턴(Anthony Grafton)과 메건 윌리엄스(Megan Williams)에 따르면 이들이 처음 시작한 필사 작업은 수도사들에게 이후 1000년간 지속되는 귀감이 되었다. 애초 그리스어 교사였던 오리게네스는 종교에 귀의하며 문학책을 모두 팔아 없앴다. 오리게네스의 이 행위는 그리스 문학에 대한 기독교의 포기를 상징하는 것으로 이해되었으나, 그래프턴과 윌리엄스는 이 행위가 사실상 새로운 형태의 글쓰기로의 전환이었다고 주장했다. 오리게네스는 기독교 서적뿐 아니라 철학 서적을 포함해 완전히 새로운 책들을 위한 공간을 만들고자 했던 것이다. 오리게네스는 평생 800권이 넘는 책을 썼으니 그 책들만으로도 상당한 규모의 도서관을 꾸릴 수 있었을 것이다. 그는 친구와 학생, 후원자 들을 위한 사본을 만들 수 있도록 이 책들을 손 닿는 곳에 간직하면서 고대의 출판 행위에 해당하는 필사를 통한 복제라는 끊임없는 순환 속에 두었다. 이 책들을 쓰도록 뒷받침해준 것은 다른 저자들의 책들로 이루어진 더 큰 도서관이었다. 플라톤과 피타고라스와 같은 그리스 철학자들의 저서, 요세푸스(Flavius Josephus)가 기록한 예수 시대의 유대인 봉기와 같은 역사서들, 필론(Philon)을 비롯한 유대인 권위자들의 히브리어 성서 주석과 주해, 그리고 급성장 중이던 교회의 비평가와 동역자 들이 쓴 책들이었다. 이 방대한 장서들과 함께 이 책을 제작하고 또 복제하는 다수의 필경사들이 등장했다. 유세비우스에 따르면 오리게네스는 비서들이 속기로 말을 받아쓰고, 이 말을 필경사들이 정돈된 산문으로 다듬고, 필체를 익힌 여성들이 후원자들을 위한 사본을 제작하는 일체의 지원을 즐겼다고 했다. 바울의 경우와 마찬가지로 고대에서 다작을 남기려면 조수들이 필요했으며 저자됨이란 학식이나 균형잡힌 문장을 구사하는 능력만큼이나 인력을 운용하는 능력이 필요함을 뜻했다.

편지와 목적지

초기 그리스인들이 만들어낸 새로운 형태의 쓰기, 읽기, 그리고 출판의 세계는 근대성의 초석이 되었다. 오늘날의 눈으로 보자면 이 변화는 1200년 뒤 인쇄기가 도입되었을 때와 마찬가지로 갑작스러운 것처럼 보인다. 기독교인이 등장하기 전에는 두루마리와 파피루스를 사용하다가, 교회가 세를 얻은 뒤에 코덱스와 양피지가 등장했다. 사실은 (역시 인쇄된 책의 등장과 마찬가지로) 이 변화는 수백 년에 걸쳐 차근차근 느리게 진행되었다. 그럼에도 이 변화의 여파는 여전히 의미심장하다.

초기 기독교인들에게 책이 중요했던 것은 책이 성서의 보고 역할을 했다는 것 외에도 앞으로의 글쓰기를 촉진하고 지원하며 보존했다는 점 때문이었다. 로마 시대의 어마어마한 문화적 혼란과 변화를 배경 삼아 기독교가 등장했다.

알렉산드로스 대왕의 후예들이 서아시아에 건설한 그리스 왕국들에서 그리스 철학은 독특한 부흥기를 맞아 로마제국으로 흘러 들어갔다. 특히 알렉산드리아에서는 플라톤주의에 비교(祕敎)와 고대 이집트 설화가 뒤섞이게 되었다. 여러 학파들이 학생과 후원 관계, 영향력을 놓고 경쟁했다. 스승들은 선학을 계승했음을 주장하는 것 외에도 글로 쓰인 마술과 의식의 설화들을 철학의 주제들에 결합하여 정당성을 확보하고자 했다. 그리하여 과거에는 특정한 전통을 열성적으로 수호하는 역할을 하던 철학 전문가들이 탐식적으로 비사를 수집하게 되었다. 이전에는 진실성과 순수성을 추구하던 그들은 이방인의 전통 역시 개방적으로 받아들이게 되었는데, 이때 그들이 받아들인 것이 팔레스타인 민족과 영지주의*, 메시아주의, 그리고 기독교였다.

알렉산드리아의 철학자들에게 글쓰기는 여전히 소크라테스에게 의구심을 주었던 위험을 띤 것이었다. 플로티누스(Plotinus)와 같은 3세기 인물에게 글쓰기란 다만 기억을 보완할 뿐 아니라 무지한 타인의 공격에 사상을 노출시키는 역할을 했다. 또 이러한 사상이 타인으로부터 도용당하기 쉽게 만들기도 했다. 오늘날의 출판인이나 음반 회사가 지적재산권의 침해를 경계하는 것과 마찬가지로 철학자들은 사상을 도둑맞아 다른 학파가 생겨날지도 모른다는 생각으로 초조해했다. 그렇기에 이들은 자신들의 가르침을 빈틈없이 지켜내기 위해 오랫동안 지도했던 학생들만 필기를 하고 책을 만들고 논평을 쓸 수 있도록 허용하곤 했다. 이런 학파들이 써낸 책들은 암호 같은 논평, 그릇된 지시의 걸작이자 글로 이루어진 비교로 가득한 숲과 마찬가지였다. 글쓰기의 교권이 남기는

---

* 초기 기독교 시대에 존재하던 이원론 기반의 종교 사상으로 플라톤주의와 그리스 신화, 유대 신비주의 카발라(kabbalah)가 혼합된 형태다.

교훈이 개방성이라면, 이 철학자들이 만들어낸 도서관은 글쓰기가 동시에 일종의 '쓰지 않기'임을 증명한다.

그럼에도 이런 철학 학파들은 대개 텍스트를 통한 혁신이 이루어지는 온상이었다. 이곳에서 필경사들은 정확하고 정교한 양식과 필체를 발전시키고, 논평과 주해라는 학술적 글을 표현하는 특수한 방법들을 규정하고, 글이 글을 향해 말하게 하는 미묘한 기술들을 열 가지도 넘게 발견했다. 이들은 에피쿠로스(Epikouros)나 제논(Zenon)과 같은 학파 창시자들의 권위 있는 가르침을 구하려 먼 곳의 도서관에 있는 두루마리를 베끼고 조합하면서 이들 사이의 차이점을 면밀히 뒤지며 목록화하고 세세한 의견을 달았다.

그렇게 바울의 시대가 지나고 다음 세기에 기독교는 자리 잡게 되었다. 또 이방의 사상과 열성적 학술 활동에 힘입어 오리게네스와 같은 초기 기독교 지도자와 학자 들이 철학 학파들의 세련된 방법론을 가져와 노골적으로 파벌적인 자신들의 목적에 적용했다. 그러나 이후 정통주의가 강화되자 기독교인들은 그리스 사상을 파문하고 도서관의 그리스 두루마리를 파괴했고 이로 인해 암흑시대의 시작이 가속화되었다. 나아가 415년 알렉산드리아에서 폭도가 이미 쇠락하고 있던 대규모 도서관을 공격해 그리스 전통의 마지막 수호이자 지적인 여성 학자인 히파티아(Hypatia)를 고문하여 죽였다.

노스럽 프라이가 지적한 바대로 글쓰기는 본질적으로 다의적이며—즉 '고정된 언어'가 아니다.—단순히 언술을 시각적 형태로 만들어놓은 것에 그치는 것이 아니라 끊임없이 확산되는 의미로 이루어진 숲이다. 이렇게 볼 때 성서는 단순히 유일신 종교의 자료집으로 기능하는 것에 그치지 않는다. 성서는 목소리와 양식의 충돌을 통해 글쓰기의 가능성을 확장하는 동시에 복잡하게 만든다. 성서는 글쓰기가 여러 책과 시간을 통과해 글쓰기를 향해 말하고자 하는 세계를 창조하는 데에 있어 다른 어떤 책보다도 크게 기여한다. 로마제국의 전성기를 지나 메소포타미아의 권력이 사그라지던 수 세기 동안 있었던 셀 수도 이름 붙일 수도 없는 발명과 생각 속에서 수없이 많은 펜과 첨필이 성서 속의 율법과 이야기와 시를 한 자 한 자 써냈다. 이는 오래된 상처와 공포를 다스리고, 공동체와 정체성을 하나로 잇고, 지혜와 진실을 찬미하고, 아름다움과 사랑, 공포와 두려움을 표현하기 위한 선택들이었다. 그렇게 그것들은 한 글자 한 글자씩, 끊임없는 결합적 유동 속에서 상호작용하고, 가능한 미래를 예지하고, 유용한 과거를 움직이며, 희망과 역사의 운을 맞추며 기호의 공동체 속에 자리 잡았다.

그 결과물은 구불구불하고 혼란스럽고 모순투성이다. 성서가 쓰이는 순간에는 모든 글자, 모든 문자, 모든 상징이

도편은 고대 세계의 포스트잇이었다. 포스트잇이라는 표현은 도편이
고고학의 도처에 존재했다는 점, 그리고 그것이 일상적으로 쓰이던
실용품이었다는 사실을 전달하지만, 마찬가지로 그것이 우리 시대에
얼마나 낯선 것인지를, 그것들의 본질이 무엇인지를, 고대의 글쓰기 문화가
가진 거칠고 흙투성이인 윤곽을 드러내는 것을 지우는 표현이기도 하다.
부서진 토기 조각인 도편에는 장보기 목록이나 저주가 적혀 있기도 하고,
2세기에 쓰인 편지의 일부인 사진 속의 도편처럼 사적인 메시지를 담고
있기도 하다. 도편은 무기명 투표에 쓰였는데, 보통 참주가 될 우려가 있는
후보자나 사안을 나타내는 글자를 미리 새긴 다음 부서지지 않은 토기로
만든 투표함에 넣도록 했다. 오비디우스(Publius Naso Ovidius)의 『변신
이야기』, 키케로의 연설, 4복음서를 낳은 고대 세계의 문자문화를 상상할
때 우리는 돌이 가진 금욕성이나 파피루스의 점착성뿐 아니라 이 깨어진
토기 조각의 금, 점토판에 갈대로 긁은 자국 역시 떠올려야 한다.

파편이고 조각이며, 생각과 표현, 원인과 결과, 종이와 잉크 사이의 갈림길이었다. 신자들은 성서를 읽어 내리며 이러한 혼란의 확산을 맞고자 매 순간 다의성에 전쟁을 선포하는 축 자적 해석에 매달릴 수도 있다. 아니면 이 혼란을 성서가—즉 글쓰기가—타고난 특성으로 보며 포용할 수도 있다.

　　신약이 등장하며 고대가 저물어가던 시절에는 글쓰기와 읽기, 책과 필기, 저자됨과 베끼기, 읽기, 편집하기의 차이를 구별하기 쉽지 않았을 것이다. 인쇄 매체의 시대에 사는 우리 가 생각하는 기계를 통한 대량생산으로서의 '출판'은 존재하 지 않았다. 모든 책은 손으로 쓰였다. 그렇기에 책을 생산하는 행위는 읽기와 편집하기였다. 그렇게 생산된 모든 책은 언젠 가 베껴질 원본이 되었다. 책을 사고팔기도 했지만 대부분 책 은 선물로 주고받거나 빌려주었으며, 이때 책에 담긴 글은 속 돌로 다듬은 시이건 예언자의 강렬한 문장이건 선물경제에서 징표(token)로서 가치를 가진 개별적 존재였다. 반면 오늘날 선물로 받은 책은 그것으로 존재를 다한다. 준다는 행위 자체 는 보답을 불러오지만 책 자체는 읽히건 읽히지 않건 선반 위 에 자리 잡는 것으로 끝난다. 책이라는 사물은 문자의 공화 국에, 추상 속에서 빚어낸 공공 영역에 연결되어 있음을 나타 냈다. 후기 고대에 책의 삶은 보다 활력적이었다. 학자에게 또 는 엘리트 계층의 후원자에게 주어진 책은 전문 필경사나 노예의 손으로 베껴졌다. 책을 쓰고 나면 뜻을 같이하는 친구나 동료에게 편지로 그 존재를 알렸고, 그러면 이들이 노예를 보내 베끼게 하거나 빌려달라고 부탁했다. 그래프턴과 윌리엄스는 이런 책들의 도서관은 오늘날의 도서관과 마찬가지로 "문화자본을 물질적 형태로 보관하는 수단"이었다고 했다. "그러나 후기 고대에 이런 자본은 베끼고 퍼뜨리는 과정을 통해 오늘날보다 훨씬 더 빠른 속도로 사회자본으로 변형되었다." 이렇게 책을 빌려주면 상대가 다른 책을 선물로 주거나 빌려주는 식의 보답이 이루어졌다.

고대의 시인들과 신들은 무척이나 다른 존재였지만 그들이 독자이자 필자로서 하던 행위에는 같은 습관과 규범이 있다. 카툴루스에게 모든 오래된 책은 읽기뿐 아니라 쓰기의 기회였다. 베끼기, 주석 달기, 논평하기, 편지 쓰기 말이다. 마르티알리스에게도 바울에게도 글쓰기는 책뿐 아니라 공동체를 만들어내는 수단이었고 시인과 철학자, 필경사로 이루어진 드넓은 세계를 하나로 이어주는 사회적 접착제 역할을 했다. 그렇게 책들은 쓰기와 읽기, 호의의 주고받기, 공유하는 생각, 사상과 신앙을 함께하는 집단들의 사회적 연결망이 되었다.

6장

로고스 엑스 마키나

글쓰기를 배우는 글

16세기 영국 철학자 프랜시스 베이컨(Francis Bacon)이 보기엔, 다음에 나오는 글귀는 응용과학의 물성을 형이상학의 영역으로 도약하게 만드는 실용 마술 같을 것이다. 오래전부터 사용해왔으며 알아볼 수 있는 글자들로 이루어진 이 글귀는 일종의 보이지 않는 기계와 협력해 보이지 않는 재생산 구조를 지닌 똑같은 글을 끝없이 쏟아낸다.

```javascript
<script type="text/javascript">
var currDiv = $("#one");

var currPage = 1;

$(".nav").mouseenter(function() {
    if($(this).hasClass("active")) $(this).css("color",
"#FF1E00");
});

$(".nav").mouseleave(function() {
    if($(this).hasClass("active")) $(this).css("color",
"#000000");

});

$(".nav").click(function() {
    var searchNum;
    var id = $(this).attr("id");
    if($(this).hasClass("active")) {
            if(id=="prov") {
```

```
        currDiv = $("#one");

        $("#two").html("");

        $("#three").html("");

        $("#four").html("");

        $("#five").html("");

        zoomLevel = 0;

        searchString = [ ];


} else if  (id== "collection") {

        currDiv = $("#two");

        $("#three").html("");

        $("#four").html("");

        $("#five").html("");

        zoomLevel = 1;


} else if  (id=="format"){

        currDiv = $("#three");

        $("#four").html("");

        $("#five").html("");

        zoomLevel = 2;
```

```
        } else if (id == "objects") {

                currDiv = $("#four");

                $("#five").html("");

                zoomLevel = 3;


        }

        $(this).nextAll(".nav").removeClass("active");

        $(this).nextAll(".path").html("blank").
css("opacity", 0);


        $(".nav").removeClass("current");

        $(this).addClass("current");


        if(zoomLevel == 3) {

                $(currDiv).find("."+currPage).
removeClass("hidden");

                        $(".itemnav").removeClass("hidden");

                        $(".hoverdiv").removeClass("hidden");

                        if(currPage == 1) $("#loadless").
addClass("hidden");

                }
```

```
else $(currDiv).find("div").

removeClass("hidden");

            $(currDiv).find("div")

    .removeClass("active");


            for(i = 0; i < (searchString.length - zoomLevel);

    i++) {

                    searchString.pop();

            }

        }

    });
```

이 글귀는 당연히 마술이 아니다. 이것은 고차원 컴퓨터 언어인 코드다. 이런 이름이 붙은 것은, 이 언어의 구문론이 컴퓨터의 한없이 금욕적인 심장에서 박동하는 기계언어의 수학적 원리가 이루어내는 고차원의 추상을 구체화하기 때문이다. 컴퓨터 코드는 켜켜이 깊어지는 추상을 향해 뻗어 내려가는, 살아 있으며 또렷이 움직이는 팰림프세스트다. 이 팰림프세스트 아래의 깊은 켜가 표현이 쓰이는 표면에 동력을 공급하며 활성화한다.

고차원 언어는 무수한 스위치를 켜고 *끄기* 위해 필요한 정교한 논리를 우리 인간이 직관하고 파악할 수 있는 정신적 대상으로 변환한다. 현대 컴퓨터 프로그래밍에서 은유는 우리에게 익숙해진 유연성(flexibility), 전원(power), 편재성(ubiquity)을 가진 소프트웨어를 산출하는 반드시 필요한 표현 양식이다. 은유가 얼마나 효과적인가는 신중하게 모듈화된 제어 컨트롤에 따라 정보의 패킷을 전류의 아낌없는 흐름으로 인해 가속화된 속도로 인도하는, 한층 더 불가사의한 기계의 기호학의 여러 겹의 교차에 달려 있다. 그러나 궁극적으로 이 시스템은 텍스트가 텍스트에게 말을 걸고, 논리적 기호들이 서로 엮이고, 하드웨어의 가장 난해한 속내까지 언어가 스며들 때에 작동한다.

컴퓨터 코드는 표현력과 분기 효과(ramifying effect)를 상당히 경제적으로 전달할 수 있다. 실제로 오늘날 우리가 사용하는 데스크톱 컴퓨터에 쓰이는 것보다 훨씬 단순한, 시스템과 기계를 위해 짜인 단 한 줄의 코드가 의미와 경험, 문화를 강력하게 움직이기도 한다. 베이직(BASIC) 프로그래밍 언어로 만들어진 이 한 줄의 코드는 이렇게 생겼다.

```
10PRINT CHR$(205.5+RND(1)); : GOTO 10
```

언뜻 보기에는 단순하고 의미를 알 수 없는 이 한 줄의 코드는 시인이자 MIT 교수인 닉 몬포트(Nick Montfort)가 공동 연구자들과 함께 최근에 출판한 책의 주제다.(그들은 이 코드 자체를 책 제목으로 채택했다.) 이 코드를 1980년대 초반에 만들어진 코모도어 64 컴퓨터에 입력하면 컴퓨터는 화면에 /와 \를 수없이 출력해 넋이 빠질 만큼 생생한 모자이크 패턴을 만들어낸다. 오늘날까지도 일부 소프트웨어 개발자들은 코드를 미묘하게 수정해 표현의 경제성과 그 효과의 밀도 사이의 균형을 맞추어 이런 패턴을 여러 가지로 변주하며 창조성을 발산한다.

코드는 중립적이며 그저 수단에 불과한 것으로 보이지만, 이 문자열의 모든 요소는 제각기 문화사가 있다. 예를 들면 PRINT라는 명령어는 종이로 출력물을 만들어내는 것이 아니라 결과물을 디스플레이 화면으로 보내는 것인데, 이 명령어는 베이직이 전기식 발광 스크린이 표준 컴퓨터 장비가 되기 이전 텔레타이프 프린터를 디스플레이 기기로 채택했던 컴퓨터를 위해 만들어진 것이라는 유래를 보여준다. CHR$라는 문자열은 코딩 용어로 '기능'을 뜻하며 컴퓨터에게 다음에 이어지는 괄호 안에 든 식을 사용해서 아스키(ASCII) 인코딩 공식에 따라 문자와 숫자를 찾아 연산하라고 지시하는 일을 하는데, 이 인코딩 공식 역시 전신통신의 역사에서 유래했다. 몬포트와 공저자들은 이 코드와 코드가 운영되는 시스템,

그리고 그 코드의 변화가 가장 큰 반향을 갖는 디자인 영역 및 기술적 수행을 면밀히 읽어낸다. 몬포트의 연구팀은 이렇게 쓴다.

> 코드는 프로그래머가 기계를 가동하기 위해 쓰고 유지하고 수정하는 특수한 글이다. 코드는 그럼에도 우리에게 더욱 익숙한 문서들이 가진 특질의 상당수를 가지고 있는 글이다. 코드는 순수하게 추상적이고 수학적인 것은 아니다. 유의미한 사회적, 정치적, 미학적 차원이 존재하기 때문이다. 코드가 문화와 연결되어 영향을 미치고 또 영향을 받는 방식은 코드 자체를 집중해서 읽어냄으로써 프로그램의 특성을 검토하여 추적할 수 있다.

코드는 외따로 존재할 수 없는 종류의 글이다. 그러나 지금까지 존재한 다른 글은 어떤가? 책은 자주성을 주장한다. 편지와 메모는 특정한 정황을 명시한다. 그러나 이들 역시 컴퓨터 프로그램과 마찬가지로 쓰기를 핵심으로 둔, 변하기 쉬우며 역동적인 다른 사물들의 네트워크 속에 존재한다. 그렇다 해도 컴퓨터 소프트웨어는 각별히 정교한 종류의 글로 특정한 표기 체계로 표현되며, 이런 신비로운 발생과 전위를 가능케 하는 고도로 전문적인 매체에 맞추어져 만들어져 있다. 코드라는 글은 특수한 담화라는 서식지 안에서 스스로와 다른 프로그램들—다른 글들—을 마치 저절로 일어나는 것처럼 보이는 방식으로 즉시 그리고 서서히 변이시킨다. **코드는 글을 쓰는 글이다.** 마치 자기가 무엇인지 아는 것처럼 행동하기 시작한 글이다. 이것—즉 소프트웨어, 프로그래밍, **코드**—은 글이 애초부터 되고자 고군분투해왔던 바로 그 모습이 아닐까?

컴퓨터가 글쓰기의 교권을 붕괴시키는 그 무엇, 즉 사색적이고 질서정연하고 반성적이며 인간중심적이고 학술적인 옛 세계에 대한 반란이라고 일컫는 경우가 많다. 이런 사고의 패턴은 우리가 '2.0'이라는 표현—오늘날의 필경사라 할 수 있는 프로그래머들이 프로그램의 새 버전을 만들던 관습에서 유래한—을 디지털 테크놀로지와 어우러지거나 조금이라도 연관되는 온갖 것에 빈번히 붙이고 있다는 점에서 가장 잘 드러난다. 교육 2.0, 도서관 2.0, 문화 2.0 같은 별칭에는 직관적인 호소력이 있다. 그럼에도 이들은 컴퓨터가 등장하기 전에는 해당 영역에 여태까지 버전 1.0만이 존재했다는, 즉 오로지 한 종류의 학교, 한 종류의 책, 한 종류의 이야기하는 방식 또는 이미지를 만들어내는 방식 또는 모르는 곳에서 길을 찾는 방식만이 존재했다는 암시를 준다. 실제로는 이런 것들은 줄곧 변화해왔으며, 방향을 틀어가며 새로운 패턴과 배치를 드러내는 핵심적 습관과 정서를 에워싸고 진동해왔다. 변화무쌍한 글쓰기의 교권은 이런 변화의 지표가 되고 이를 가능케 했다. 그렇기에 우리가 현대 컴퓨터 기술의 편재성을 글쓰기에 대한 방해나 반란이 아닌 갱신이자 부활로 보고, 무엇보다도 글이 무엇이며 무엇을 하는가에 대한 논의의 새로운 버전으로 볼 때 정보 기술에 대한 신선하고 새로운 이해가 열리기 시작할 것이다.

오랜 역사를 거치며 진행되어온, 아마도 기나긴 컴퓨터혁명이라는 이름이 어울릴 글쓰기와 기계의 섞어 짜기 속에서 우리는 현대성이라고 불리는 효과와 정황을 발견하게 된다. 인쇄된 글—여기서는 가동활자로 생산된 글—은 최초의 교체 가능한 산업 부품으로 만들어진 최초의 대량생산품이라는 중요한 의미를 가진다. 컴퓨터 코드를 정보 시대의 핵심 수단이 되는 복제 가능하고, 반(半)자율적이며, 유사 의식적 글로서 이해하기 위해 컴퓨터가 등장하기 훨씬 오래전 과거로 돌아가보자.

성모소일과

브뤼헤의 어느 작업실에서 채식과 채색 세밀화의 거장 시몬 베닝(Simon Bening)이 세밀화의 삽화에 섬세한 손길로 선명한 색을 칠하고 있다. 그의 손에서 탄생하는 인물과 색상은 중세의 일반 독자들이 성서에 접근하는 주요 매개이던 시도서(Book of Hours)를 꾸미는 마지막 세부 장식이다. 때는 4월, 북향으로 난 창으로 스미는 창백하고 싸늘한 햇살은 베닝의 자욱한 입김을 받아 빛나는 듯한 착각을 불러일으키는 세밀화 속 한여름 색조와는 대조적이다. 도제가 세밀화가 그려질 자리를 본문 옆에 배열한 뒤 스케치해둔 윤곽선에다 베닝이 꽃 피는 나무들이 가득한 연초록 언덕을 그리는 중이다. 그가 쓰는 물감 중에는 구리 줄밥과 생석회, (가급적 어린 소년들의) 소변으로 만든 녹청의 부드러운 녹색, 갈매나무 열매를 백반과 혼합해 만든 연노랑색이 있다. 부유한 고객들을 위해서는 연지색 또는 '성 요한의 피'라고 불리는 붉은색을 쓰는데, 성 요한 축일인 6월 24일에 떡갈나무 뿌리에서 잡아 온 연지벌레라는 개각충(介殼蟲)으로 만든 염료다. 물론 베닝의 작품에 그 명성을 선사한 번쩍이는 광채를 표현할 은박과 금박도 있다.

시도서에는 후기 고대에서 오늘날에 이르기까지 수도회

243

의 수사들이 지켜온 철저한 신앙생활 일과에 맞춰 드리는 기도를 모은 '성모소일과(the Little Office of the Virgin)'가 실려 있다. 서지학자 니컬러스 바커(Nicolas Barker)의 표현대로라면 시도서는 "충만한 개인 신앙생활의 도구"로서 대단히 널리 읽혔으며 "평신도와 종교인 모두의 일상의 한 부분"이었다. 시도서에는 매일의 기도 외에도 복음서 봉독본과 달력이 상당한 분량을 차지했다. 성스러운 장면과 세속적인 장면을 묘사한 화려한 채식화들이 각 부문에 더해졌다. 달력의 기준 주기는 파종, 추수, 사냥, 유흥을 담은 일련의 이미지로 이루어진 '이달의 노동'으로 구성되었다. 이달의 노동에 들어가는 풍경 세밀화는 중세 후기 시도서 제작의 최대 중심지였던 브뤼헤의 캘리그래피·채식·제본 작업자들의 조합인 성 요한과 성누가 길드 조합장인 시몬 베닝만의 특기이기도 했다. 길드의 동료였던 캘리그래피 작업자들이 작업을 끝내면 베닝이 그림을 그려 넣었다.

브뤼헤와 겐트에서 활동하던 베닝과 그 동료들은 오늘날 알려진 가장 화려한 시도서들을 제작했다. 그런데 놀라운 것은 또 있다. 베닝은 구텐베르크가 마인츠에서 처음으로 가동활자를 실용화한 지 50년 후인 1483년 태어났는데, 마인츠는 오늘날 겐트에서 독일-벨기에 국경을 가로질러 차로 네 시간 거리에 위치한 곳이다. 베닝이 활약한 것은 16세기 초반

이 두 페이지는 인쇄 기술이 등장하며 생겨난 차이를 보여준다. 위쪽 페이지는 리비우스(Livius)의 글을 15세기 초반에 프랑스어로 옮긴 필사본 중 한 장이다. 아래 페이지는 몇 년 뒤 마인츠에서 구텐베르크가 인쇄한 42행의 라틴어 성서다. 놀라운 점은 서체가 다를 뿐 두 페이지 사이에 유사성이 있다는 것이다. 레이아웃, 본문 배치, 페이지 장식에 있어 이 두 산물은 서로 연속성을 가진다. 구텐베르크는 중세 유럽의 필사 전통을 붕괴시키고자 한 것이 아니라 이 전통에 참여하고 발전시키고 증대시키려고 했던 것이다. 물론 글쓰기는 세계에서 스스로 자리를 찾아간다. 소크라테스는 글이 영영 변하지 않고 대화에 응답하지 않는다고 불평했으나, 글은 깊은 시간 속에서 무한히 새로이 변화하는 방식으로 자신과 우리의 기질을 바꾸면서 우리와의 대화를 이어간다.

의 첫 10년간인데, 웨스트민스터에서 콘스탄티노폴리스에 이르기까지 인쇄기가 그 기적을 펼치던 것과 같은 때다.

글과 삽화가 있는 책이 상업화된 것은 가동활자가 고안되기 오래전의 일이다. 12세기 중반이 되자 필경술은 봉쇄 수도원을 벗어나 세속의 산업으로 넘어갔는데, 특히 파리대학 신학부를 선두로 종교와 학술 기관이 밀집해 있던 파리에서 책의 수요가 무척 컸다. 필사본은 여전히 값비쌌다. 초서(Geoffrey Chaucer)는 『캔터베리 이야기』에서 서생을 오로지 책에 한해서만 소유욕을 드러내는 이로 묘사한다. "그는 그저 침대 머리맡에 / 검은색이나 붉은색으로 장정된 스무 권의 책을 두고자 하며", 이 책들을 위해 친구들에게 기꺼이 돈을 꾸어서는 "책을 사고 수업을 듣는 데 그 돈을 쓴다." 강의나 공동 학습의 주요 교재는 박학한 주석과 해설이 달린 성서를 썼지만, 설교와 논쟁을 중심으로 다채로운 삶을 살았던 학자들에게는 가지고 다닐 수 있는 더 작고 저렴한 책이 필요했다. 파리에서는 이렇게 실용적이고 단기적인 목적을 위한 휴대용 성서, 심지어 주머니에 들어갈 만한 조그만 크기의 성서를 빠르고 저렴하게 생산하는 산업이 발달했고, 그 결과 중세의 중앙 컴퓨터라고 할 수 있었던 거대한 크기에 장식과 주석을 가미한 낭독대용 성서와는 구분되는 새로운 갈래의 성서가 생겨났다.

양피지 생산자와 루브리케이터*, 필경사와 제본사의 작업장에서 상업적 문학이라는 새로운 비주류 필사본의 흐름이 시작되었다. 그럽 스트리트라는 말이 생기기도 전에 그 역할을 하고 있었던 이들은 13세기 영국 철학자 로저 베이컨(Roger Bacon)의 표현에 따르면 "글을 모르는 기혼자"라는 두 가지 잘못을 지녔으며, 따라서 전통적 필경사들을 품고 있던 성직자의 경계를 이중으로 위반했다. 이곳에서 제작한 책은 대부분 성서였는데, 13세기의 이 '파리 성서'는 학생에게 맞게 작은 크기로 저렴하게 제작한 성서를 가리킨다. 13세기 파리와 이탈리아의 대학생들을 위해 만들어진 이 성서는 긴 글의 발췌본을 네 쪽에 담아 서적상에서 팔거나 나누고 빌려주기도 하던 조각(peciae)의 형태로 발행되었다. 서적상에서는 성서의 주제와 세속적 주제—비화와 우화, 성인의 삶과 기사의 목가시, 시도서와 궁정풍 연애담—를 담은 저렴한 책들을 다량 생산했는데, 인쇄술이 발전하여 유럽 전역에 문학 시장이 발달하기 두 세기 전부터 이미 그 시장의 특성을 보여준 셈이다.

---

* rubricator, 빨간 글씨로 글자를 장식하는 작업을 하는 장인.

그 신묘한 자

인쇄의 시대가 도래하고 첫 10년 동안, 필사본을 만들고 사용하는 습성은 학자들에게 여전히 중요했다. 책을 베끼는 일은 그들의 학술 활동에도, 상업적 소비에 있어서도 중요했다. 초기에 인쇄된 책들에서는 장식된 머리글자를 비롯해 필사본의 장식적 요소들이 드러난다. 또 독자들은 같은 필사본 여러 개를 가진 책 판매상을 힘들게 찾아다니기보다는 인쇄된 책을 빌려서 베끼는 게 더 효율적이라고 느끼게 되었다. 15세기에 우르비노 공작을 비롯한 여러 고위 계층 후원자들과 거래하던 필사본 상인 베스파시아노 다 비스티치(Vespasiano da Bisticci)는 인쇄된 서적 거래를 거절한 것으로 유명했다. 하지만 그의 필경사들이 공작 등의 고객을 위해 만든 필사본도 많은 경우 인쇄된 책에서 베낀 것이었다. 그 이유는 단순하다. 인쇄술이 도래하기 전 필사본이 귀하고 값비싼 것이라는 사실은 인쇄술이 생겨난 이후에도 변하지 않았기 때문이다. 그러나 수집가들이 이익을 좇았기에 학술 분과에서 필사본과 인쇄본의 공생 관계는 계속 이어졌다.

가동활자가 도입되고 첫 100년 동안에는 출판업자 스스로 인쇄 기술의 유래와 역사에 강한 흥미를 가졌다. 그러나 근대에 와서 인쇄술이 가져온 변화의 효과는 르네상스 역사가들 사이에서 상당 부분 경시되었다. 이는 20세기 중반 역사학자 엘리자베스 아이젠슈타인(Elizabeth Eisenstein)이 근대 초기 유럽 전체에 가동활자가 확산되면서 노동과 정신의 관습에 어떠한 변화가 생겨났는가를 기록한 기념비적 저작 『변화 요인으로서의 인쇄기(*Printing Press as an Agent of Change*)』가 출판되면서 달라졌다. 아이젠슈타인의 연구는 라디오, 텔레비전과 원거리 통신의 효과가 널리 관찰되고 논의되던 미디어 기술의 개화기 한가운데에서 이루어졌다. 아이젠슈타인은 이런 의식을 변용하는 효과에 대한 유비를 통해 서양의 글쓰기의 지적, 문화적 국면에서 일어난 복합적 변화의 궤적을 추적한다. 도형과 디자인을 복제할 수 있게 된 것, 개정판을 비롯한 텍스트의 변형 과정을 엄밀하게 진행하고 기록으로 남길 수 있게 된 것, 데이터와 텍스트 순서를 도표화할 수 있게 된 것은 모두 근대성이라는 스튜에 결정적인 향미를 더하는 요소들이었다.

이런 변화의 속성이 무엇이라고 분명히 정의하기는 어렵다. 책의 장수가 늘어난 것, 생산 속도가 빨라진 것, 인쇄의 정확도가 높아진 것 모두가 글쓰기의 교권에 놀라운 변화를 가져왔다. 그러나 유럽의 다른 지역에서는 인쇄기가 다른 형태로 나타나 또 다른 저자층, 작업자와 상인 길드, 정치와 종교의 권위자에게 응답했다. 가동활자는 언어를 가시적이고 지속되는 형태로 만드는 과정에서 물질적 변형의 새로운 층위를 만들어냈고, 읽고 쓰는 사람들의 세계는 저작권과 소유권과 진리라는 개념을 새로이 만들어내고자 분투했다. 그 결과물은 새로운 디지털 기술이 혁명적인 변화를 약속하며 매일같이 우리의 삶을 휩쓸고 지나가는 오늘날에 와서 회고하는 것만큼 뚜렷하고 중대하게 나타나지는 않았다. 그러나 인쇄기로 인해 언어가 역사상 최초의 공장제 대량생산품이 되면서 글쓰기 자체의 형태와 물리적 속성에 일련의 신속한 변화가 생겨났음은 분명하다.

중세 유럽의 파편적인 정치적 지형으로 인해 수도원들은 다양한 요구와 목적에 맞게 외따로 떨어져 있었고, 따라서 15세기의 서체 양식은 무척이나 다양하다. 이 서체들을 텍스투라(textura), 로툰다(rotunda), 바타르드(batarde)라는 세 유형으로 나눌 수 있다. 오늘날의 블랙레터, 고딕 또는 끝이 뾰족한 서체(pointed letter)를 떠올리게 되는 묵직하고 각이 진 텍스투라 서체는 성서와 전례용 책에 쓰였다. 로툰다 서체는 오늘날의 로만체와 더욱 비슷하고, 주로 학술 서적에 자주 등장한다. 바타르드 서체는 극도로 다양한 일군의 필기체로 오늘날의 독자들에게는 이탤릭체를 연상시키는데, 실제로 이탤릭체 역시 바타르드 서체에서 갈라져 나온 것이다. 바타르드 서체는 세속의 책에 쓰였고 상업이나 행정 분야에서 일상적으로 쓰이던 서체다.

어떤 관점에서 보면 인쇄기의 도래는 글쓰기의 죽음처럼 보인다. 담론을 글의 형태로 기록하고, 관리하고, 전달하고, 보관하는 지배적인 형태로서의 필사본이 종말을 맞은 것이다. 양적인 면에서 인쇄된 책은 필사본을 금세 압도했다. 15세기 말에는 유럽에서 인쇄된 책의 수가 중세 내내 만들어진 필사본의 수를 뛰어넘었다. 또 인쇄된 책의 품질 역시 필사본의 품질과는 크게 달랐다. 우리에게 익숙한 관점으로 보면 인쇄술의 시대가 오면서 필사의 세계는 쇠퇴하고 삶의 방식 전체가 돌진하는 기계를 이기지 못하고 사라져버렸음 직하다. 그러나 우리가 보아왔듯 인쇄라는 기교와 기술은 필사의 기술을 지워버린다기보다는 이를 포섭했다. 필사의 과정을 이루는 깊은 조예와 장인 정신을 필요로 하는, 인지적으로 풍요로운 작업들―동물 가죽을 벗겨 피지와 양피지를 마련하고, 잉크와 색소를 섞고, 양피지를 두드려 얇게 누르고, 그림의 윤곽을 따라 구멍을 뚫어 백묵가루를 뿌려 베끼고, 붉은 장식 글자를 쓰고, 채식하고, 검고 구불구불한 글자를 한 번에 한 글자씩 써넣는 일―은 고조되는 잉크의 바다 속에 서서히 용해되었다.

물론 현실은 보다 미묘한 차이를 지녔으며 또 복잡하다. 인쇄된 글은 결국 글이기 때문이다. 활자 속에는 금속 세공사와 활자 제작자, 인쇄 기사의 흔적뿐 아니라 필사체의 흔적도 담겨 있다. 그리고 이보다 더 깊은 흔적들도 식별해낼 수 있다. 서체 디자이너들은 인쇄 서체를 고안하기 위해 필사체 시대에 폐기된 고대의 스타일과 양식, 장식을 발굴했고, 돌에 글자를 새기기 위해 만들어진 기술 중 일부를 가동활자의 맥락에서 새로이 활용했다. 15세기 후반에 인쇄된 글씨는 고대의 도상학, 중세의 표현성, 기계화 시대의 효율이 뒤섞인 혼합물이자 고고학 유적지다. 실제로 활자의 근대적 유연성은 근원적으로 이 고고학적 특성에 바탕을 둔다. 인쇄업자는 다양한 시대의 수단과 양식을 혼합해서 효율적이고 잘 조절된 표현력이 풍부한 서체를 제작했기 때문이다.

인쇄된 글씨를 보면서 그 안에서 이런 특성들이 어떻게 진화되고 혼합되었는지 살펴보자.

S   P   Q   R

위의 예는 트라얀(Trajan)이라는 서체로 쓰였다. (참고로 트라얀, 그리고 보다 더 익숙할 타임스 뉴 로만(Times New Roman)에서 헬베티카(Helvetica)에 이르는 이런 활자의 종류를 타이프페이스(typeface) 또는 페이스(face)라고 부른다. 폰트(font)는 특정한 서체의 크기를 나타낸다.) 로마 도처에서 발견된 돌에 새겨져 있던 이 메시지는 세나투스 포풀루스케 로마누스(Senatus Populusque Romanus), 즉 '원로원과 로마 인민'을 뜻한다. 로마 공화국의 표어를 아우구스투스의 시대에서 오늘날까지 전해 내려오는 형태로 새긴 것이다. (아직도 이 글귀는 고대인들이 오늘날의 로마 도처에 남겨둔 유물인 하수구와 분수에서 찾을 수 있다.) 앞 페이지에 사용된 서체인 트라얀은 트라야누스(Trajanus) 황제가 오늘날 루마니아에서 우크라이나에 이르는 도나우강 동쪽 지역을 점령했던 다키아족을 정벌한 기념비인 트라야누스의 기둥에 새겨진 글씨에 바탕을 두고 만들어진 현대의 서체다. 대문자의 획과 둥근 부분은 조정되어 예측 가능한 패턴으로 굵기를 달리하며, 짙은 세로획이 폭포처럼 수직으로 내리그이는 것과 대조적으로 여기서 뻗어 나온 더 가느다란 가로획은 흐르듯이 퍼지는 형태다. 로마의 필경사들이 석수가 정으로 글씨를 파낼 수 있도록 대리석 표면에 붓과 잉크로 글씨를 그려 넣을 때 필요했던 장식체였다. 이탈리아 인문주의자들은 이를 깃펜과 펜촉을 사용해 모방했다. 서체의 세리프 역시 그 유래는 각 글자를 다른 글자와 구분하고 분리하기 위한 반사적인 행동이었던 붓질 마무리에서 나온 것이다. 단 Q와 R의 경우 세리프는 다음 글자를 불러들이듯 오른쪽을 향해 길게 늘어진다. 세리프는 정으로 새겨지면서 멧돼지 털로 만든 붓이나 깃털 펜의 장식성이 망치와 벼린 날의 날카로운 견고함으로 미세하게 바뀐다. 낭랑하게 울리던 망치와 로마인의 땀이 만들어낸 세리프의 날카로움은 정과 타인기로 거푸집에서 글씨를 잘라내고 금세공사의 공구를 사용해 작게 재배열하는 서체 디자이너의 손에서 되살아났다. 세리프는 대문자에 그 유래를 부여하는 동시에 건축학적 안정성과 힘, 독자의 눈이 의지할 수 있는 패턴의 언어를 제공한다.

글자는 새겨지는 동시에 새긴다. 글자 내부와 글자 사이의 구멍, 즉 공백은 의미만을 전달하는 것이 아니라 글자의 역사의 흔적을 담고 있다. 우리를 빤히 쳐다보고 있는 콩팥 모양의 약용 사탕처럼 생긴 P와 R의 내부 공간은 운율을 같이하는 등가물로, 둥근 원과 곡선을 희한하게 옆으로 세워놓은 모양새다. 트로얀 대문자 서체에서 이 구멍들은 미묘하게 다르다. P 속의 구멍은 볼록한 배 부분의 아래쪽이 세로획에 붙지 않고 열려 있어서 더 넓은 세상과 소통하려는 듯 작은 여백을 만든다. 하지만 대부분의 인쇄자에서 이 구멍들은 좀 더 체계적인 관련성을 지니고 있는데, 소문자체를 함께 살펴보면 알 수 있을 것이다. 252쪽 예의 글자 중 가운데 두 자를 작게 만들어보자.

p   q

우리는 이미 타이포그래피의 구전설화 한가운데에 들어왔다. p와 q의 공백은 거울에 비춘 한 쌍으로, 가동활자에서는 작고 반전된 형태다. p와 q를 구분하는 건 골치 아프지만, 엄청나면서도 미묘한 효율성이 이를 상쇄한다. 이 두 글자 안의 구멍을 동일하게 만들 수 있다는 점이다.(p와 q가 서로를 반전한 형태인 서체도 있다.) 이는 두 글자를 카운터펀치(counterpunch)라고 불리는 도구 하나로 만들 수 있다는 의미다. 단단한 압형의 끝부분을 글자 모양으로 다듬어내는 공정을 위해 가장 먼저 카운터펀치를 만들고 사용한다. 그렇게 생겨난 압형을 타인기라고 부르는데, 타인기는 인쇄기보다 먼저 발명되었다. 타인기는 작은 글씨를 가죽과 은에 각인하는 데 쓰였고, 심지어 중세 후기에도 이따금 종이나 양피지에 낱자를 찍을 때 쓰이기도 했다. 구텐베르크는 필경사나 서기가 아니라 금세공인 길드의 일원이었다. 아마 구텐베르크가 불러온 가장 큰 혁신은 금세공인들이 사용하던 타인기를 똑같은 글씨를 여러 개 찍어내는 공정의 토대로 사용했던 것이리라.

q라는 활자를 만들기 위해서 압형 제작자(punch cutter)는 우선 아무것도 새겨지지 않은 작은 금속조각에다 끝부분이 p와 q의 내부 구멍 모양으로 연마된 카운터펀치를 두드린다. 그러다가 그는 같은 모양의 카운터펀치로 b와 d 역시 만들 수 있다는 사실을 알게 된다. 그렇게 새겨진 둥그런 모양

둘레에다가 고운 줄과 조각칼로 글자의 획과 세리프를 새겨 낸다. 완성된 글자를 무른 금속으로 된 모형(母型)에다 박는데, 이 주형이 거푸집이 되고 거기다가 뜨거운 금속—주석, 안티몬, 납—을 붓는다. 이 혼합물은 금세공사였던 요하네스 구텐베르크가 고안한 것인데, 납의 탄력적인 부드러움을 주석의 내구성과 결합시키고, 물과 마찬가지로 식으면 팽창하는 안티몬은 녹은 금속이 굳으면서 수축하고 뒤틀리는 것을 막아준다.

이와 같은 야금술의 자산은 구텐베르크의 시대 훨씬 이전 연금술사들이 발견한 것이다. 구텐베르크가 참신한 것은 연금술사들의 사변적인 작업을 대량생산이라는 실제 과업으로 전환했기 때문이다. 이런 공정을 통해 만들어진 금속활자들은 혼성체이자 알 수 없는 방식으로 쓰일 수 있는 '글'이다. 서체 디자이너 프레트 스메이예르스(Fred Smeijers)는 세 가지 종류의 글자를 구분했다. 쓰인 글자, 그려진 글자, 타이포그래피로서 재현되는 글자가 그것이다. 쓰인 글자는 필경사나 낙서가의 산물로 연필, 펜, 목탄이나 크레용으로 그은 선의 형태로 만들어진다. 스메이예르스의 협소한 정의에 따르면 중세의 필사본과 오늘날의 식료품 목록에 이르는, 심지어 구텐베르크의 시대에 만들어진 (전부는 아니지만) 거의 대부분의 글자들은 쓰기의 산물이다. 이와 대조적으로, 그려진 글자는 공을 들여서 테두리를 그리거나 안을 채우거나 여러 번의 붓질을 이어 붙여서 만든 것으로, 간판 그리는 사람이나 화가들의 작업, 그리고 중세 필사본의 그림 무늬, 붉은 장식 글자, 채식된 머리글자 등이다. 마지막으로 식자기(typographic machine)를 통해 생산되는 활자들은 불가해한 방식으로 만들어지며 이 활자를 통해서는 생산수단을 짐작하기 어렵다.

최초의 압형 제작자와 서체 디자이너 들은 필경사들의 서체를 기계 생산의 맥락에 맞추어 깎고 녹인 금속의 특성에 적합하게 개량했다. 구텐베르크와 그의 초기 동료들은 그들에게 가장 익숙한 고딕체를 작업에 사용했다. 고딕체는 이미 필경사들이 필사본을 복제할 수 있도록 고도로 양식화된 서체였기 때문이다. 고딕체는 우리의 눈에는 화려한 장식체로 보이지만 실제로는 펜으로 긋는 반복적인 획들의 작은 집합으로 된 단순한 구성이다.

í   n   m

구텐베르크 성서를 비롯해 인쇄기 도입 초기 독일에서 책을 인쇄할 때 압형 제작자들과 식자공들은 고딕체를 최대한 비슷하게 복제하고자 했다. 이는 고딕체를 모방해 시장에서 필사본과 경쟁하기 위해서가 아니라 그들이 알고 읽었던 책들이 고딕체로 되어 있었으며 고딕체가 고도로 정교하고 단순하며 반복적이기 때문이었다. 중세 후반의 필경사들의 기술은 무르익어 방대한 스펙트럼에서 쓰일 수 있었다. 15세기 브뤼헤 정도의 수준에서 보았을 때는 더 나은 것을 바랄 이유가 없이 충분했을 것이다. 그러나 인쇄술이 남쪽 이탈리아까지 전파되자 인쇄업자들은 새로운 서체의 공급자들에게로 눈을 돌렸다. 15세기에는 남쪽의 필경사들과 이미 상당히 다른 길을 걷고 있던 르네상스 인문주의자들의 필사체였다.

인문주의자들은 르네상스 정신을 특징짓는 참신함과 고아함의 조합을 찾으려 머나먼 과거를 참조하여 서체를 개량했다. 그 추동력은 상당 부분 페트라르카(Francesco Petrarca)에게서 나왔다. 인쇄기가 발명되기 100년 전에 활약한 시인 페트라르카는 카롤링거 르네상스 시대의 필사본 속에서 자신이 발견한 서체를 널리 알렸는데, 당대 사람들과 그는 이 서체가 고대 로마의 대필가들이 쓴 것이라고 믿었다. 그들은 이 필사본의 파편과 낱장을 고대 그리스인과 로마인이 남긴 것이리라 여겼으나 사실 그것들은 카롤링거 르네상스 시대 필경사들의 작업물로, 샤를마뉴 치하 앨퀸의 필경사들이 만든 단순하고 직선적인 글씨들이었다. 그러나 식자공들은 책뿐 아니라 벽, 그리고 풍경 속에 널린 로마 기념비의 폐허에도 눈을 돌렸다. 그들은 로마 유적의 주춧돌이나 개선문에 새겨진 사각 꼴의 대문자를 따온 다음 로마자 대문자에 있는 두 발 달린 것 같은 세리프를 대소문자 모두에 적용해 흐르는 듯한 통일된 성격을 부여했다. 그렇게 만들어진 결과물이 큰 글자와 작은 글자가 혼종된 알파벳으로 후대의 인쇄업자들이 대문자(uppercase)와 소문자(lowercase)라고 이름 붙인 활자가 되었다. 이렇게 탄생한 가볍고 날래 보이는 인문주의자들의 필체는 묵직한 검은색 고딕체와 강렬한 대조를 이루었다. 상상된 과거에서 영감을 받았음에도 이 서체는 결국 근대를 형성하고 유형화하게 되었다. 그러나 그 근대성에도 불구하고 인문주의자들의 서체는 여전히 손으로 쓰였고, 고유하며, 필사로 이루어진 과거의 흔적을 담고 있는 쓰인 글자였다.

식자공들은 페트라르카의 서체를 개량하면서 기계적 효율성을 도입하기 위해 재사용할 수 있는 카운터펀치를 이용하고 서체의 특징을 x자 높이, 어센더(ascender), 디센더(descender)*의 형태로 정밀하게 측정했다. 아주 작은 금속조각에 정확하고 나란하며 깨끗한 글자를 새겨서 활자를 생산하는 공정에는 필사체의 디자인에 금속공예와 기계가 결합된 다양한 단계들이 수반되었다. 그렇게 생산된 활자는 로마와 인문주의자 필경사들, 그리고 금속 세공인 길드에 소속된

★ 각각 타이포그래피에서 기준선이 되는 소문자 x의 위아래 폭, 소문자 중 획이 x자 높이의 위쪽으로 올라가는 부분, x자 높이의 아래쪽으로 내려가는 부분을 뜻한다.

구텐베르크의 동료들의 흔적을 담은 혼종적인 글씨였다.

인쇄술의 시대는 서서히 다가왔지만, 가동활자가 처음부터 유럽인들의 상상력에 대단한 충격을 가져왔음은 의심의 여지가 없다. 1455년 미래의 교황 비오 2세는 후안 카르바할(Juan Carvajal) 추기경에게 최근 보았던 새로운 성서에 관한 이야기를 담은 편지를 썼다. 오늘날 구텐베르크 성서라고 알려진 마인츠에서 인쇄된 42행의 성서다.

> 프랑크푸르트에서 보았던 그 신묘한 자에 대해
> 받은 편지들 중 틀린 것은 하나도 없었습니다.
> 성서 전체를 보지는 못했고 [성서의] 여러 권 중
> 몇 첩만을 보았을 뿐이지만, 글씨는 깔끔하고도
> 정확했고 오해의 소지가 없어 힘을 들이지 않고도
> 안경 없이도 읽을 수 있습니다. …… 안타깝게도
> [돌아가서 한 권 구입하는 것이] 불가능할 것 같은데,
> 갈 길이 멀어서기도 하지만 책이 완성되기도 전에
> 사려는 사람이 줄을 지어 있다고 들었습니다.

에네아 실비오 피콜로미니(Enea Silvio Piccolomini)라는 본명으로 이 편지를 쓴 미래의 교황은 프랑크푸르트회의의 사회를 보러 파견되었고 이곳에서 기계로 성서를 제작하는

아직 미완성인 프로젝트가 소개되었다. 피콜로미니가 본 것은 완성된 제품이 아닌 일종의 베타테스트였다. 모아서 제본할 수 있게끔 인쇄된 장들을 작은 단위로 묶어둔 첩(quire) 또는 접장(signature)이라 불리는 상태였다. 그러나 또렷하고 정확한 글자들이 보여준 이 프로젝트의 전망이 미래의 교황에게 깊은 인상을 남긴 것이 분명했다. 이 사업이 상업적으로 성공하리라는 것은 이미 확실했고, 책 저자의 미래도 밝았는데, 다만 이 프로젝트를 시작한 '신묘한' 자의 정체는 베일에 싸여 있었다. 피콜로미니가 구텐베르크를 직접 만난 것인지, 아니면 간접적으로 이 발표에 대한 보고를 들은 것인지, 아니면 보았다는 사람이 구텐베르크가 맞는지조차 확실치 않다. 어쩌면 구텐베르크의 동업자 중 하나인, 나중에 파산의 도가니 속에 있던 구텐베르크의 인쇄소를 인수했던 푸스트(Johann Fust)나 쇠퍼(Peter Schöffer)였는지도 모른다.

우리는 종종 구텐베르크 성서를 피콜로미니가 묘사했듯 기적적으로 나타난 것으로 취급한다. 요하네스 구텐베르크의 이마에서 우리가 알고 사랑하는 완성된 책의 형태로 뚝 떨어진 것처럼 말이다. 겉표지, 광고 문구, ISBN 바코드까지 달려 있었으면 좋았을 것이다. 하지만 실제로 구텐베르크 성서들은(구텐베르크가 제작한 성서 중 같은 것은 없었다.) 15세기에서 16세기에 인쇄된 대부분의 책과 마찬가지로 인쇄기의 복제 능력에 이미 검증된 펜과 잉크와 물감을 결합한 혼종적인 사물이었다. 이후 유럽 전체에 인쇄술이 확산되기까지 몇 년간 출판된 많은 책처럼 구텐베르크 성서의 페이지 역시 독자들을 인도할 장식 머리글자와 쪽 번호, 루브리케이션—붉은색 글자로 쓴 글—을 위한 여백을 남겨두고 있었다. 16세기가 무르익을 때까지 인쇄된 책에는 주문에 따라 그리는 테두리와 삽화를 넣을 여백이 남겨져 있었다. 인쇄술은 중세 말미의 필경사와 삽화가의 자리를 빼앗는 대신 이 장인들이 작업할 수 있는 새로운 매체와 시장을 제공했다.

이 혁신적이며 통제할 수 없는 기술의 창조자에 대해서는 거의 이야기된 바가 없다. 요하네스 구텐베르크의 삶에 대한 정보는 인쇄된 글의 촘촘한 망에 걸리지 않았다. 우리가 알 수 있는 사항들은 빈약하고 적다. 그는 부르주아 계급 상인 출신이었다. 그의 집안은 영주의 지배를 벗어나 시민들의 자치가 가능했던 자유도시라는 근세적 맥락 속에서 번영했다. 그는 금세공인 길드의 일원이었다. 근세의 길드는 후대에 등장한 노동조합, 로터리클럽, 상공회의소의 지원을 결합한 형태였는데, 우리는 구텐베르크가 길드의 일원이었다는 것이 그가 기능장이었다는 의미인지 새 물건과 중고 물건의 거래상이었다는 의미인지 알 수 없다. 그래도 확실히 알 수 있는 사실은 구텐베르크가 부르주아 출신의 도회지 사람

(townsman)이며 새롭게 부상한 장인과 상인 계급에 속했다는 것이다. 학자도 성직자도 아니었던 구텐베르크는 우리가 아는 중산층에 걸맞게 문화적 야심을 실용적인 수완과 맞물리게 만들었던 것이다.

세공인으로서, 기술자로서, 발명가로서 뛰어난 자질을 발휘했던 구텐베르크의 이름은 역사의 페이지 속에서 거의 찾아볼 수 없다. 그의 동업자였던 은행가 요한 푸스트와 필경사 페터 쇠퍼는 소송을 걸어 그의 사업을 빼앗아 갔다. 푸스트는 피콜로미니가 카르바할 추기경에게 쓴 편지에서 암시되는 그 프로젝트에서처럼 인쇄기의 능력을 여기저기에 시범을 보여 이 매체를 전파한 사람이다. 파우스트(Faust)라고도 알려진 푸스트는 인쇄기의 마술적인 힘을 보여주며 사람들을 설득했으니, 파우스트 설화는 여기서 힌트를 얻은 것인지도 모르겠다. 한편 쇠퍼는 1세대 출판업자 중 가장 큰 성공을 거두었다. 이후에는 구텐베르크보다 푸스트나 쇠퍼가 먼저 인쇄기를 고안했으리라는 설도 등장했으나 진실은 어느 기록에도 인쇄물에도 필사본에도 남아 있지 않다. 구텐베르크 성서는 아마 여태까지 존재했던 어떤 책보다 더 면밀한 검토의 대상이었을 테지만, 구텐베르크의 작업 방식은 아직도 명백하게 밝혀지지 않았다. 그러나 확실한 것은 푸스트의 사업 감각과 쇠퍼의 기술 덕분에 가동활자를 사용한 인쇄술이 유럽 전역—심지어 (그리고 특히) 필사 기술의 최후의 보루였던 겐트와 브뤼헤까지도—에 속속들이 전파되었다는 것이다.

브뤼헤는 중세 필사본의 최후의 보루였을 뿐 아니라 영어가 출판의 영역으로 진출한 곳이기도 하다. 윌리엄 캑스턴(William Caxton)이 1473년 영어로 인쇄한 최초의 책 『트로이 역사 모음집(Recuyell of the History of Troye)』을 출판한 곳이 브뤼헤였다. 캑스턴 역시 인쇄라는 신기술에 끌린 모험적인 영혼의 한 예다. 사치품을 거래하는 포목상이던 캑스턴은 1450년대에 브뤼헤로 이주해 런던 모험상인조합의 회장이 되었다. 캑스턴이 프랑스어로 쓰인 『트로이 역사 모음집』을 영어로 직접 번역했으며 그 밖에도 100권 이상의 책을 번역해 모국어에 영향력을 발휘했음은 잘 알려진 사실이다. 그러나 캑스턴의 이런 욕구는 정서적인 만큼이나 상업적인 것이기도 했다. 라틴어로 쓰인 책들이 유럽 전역에서 왕성하게 거래되고 있었기에 이재에 능한 장사꾼이던 캑스턴은 영어라는 비옥한 새 시장을 개척할 가능성을 보았던 것이다.

캑스턴의 시대에 인쇄는 흔히 '인공적인 글쓰기'라고 일컬어졌다. 이는 나중에 사진이 처음 등장했을 때 '빛으로 그린 그림'이라고 불렸던 것을 연상시킨다. 캑스턴은 영어사에 독특한 영향을 미쳤는데, 이는 그가 출판 초기에 수많은 영어 책을 인쇄했기 때문이기도 하고, 그가 만든 책 대부분이 외서 번역서이며 장황한 프랑스어를 신중하며 충실하게 번역한 그의 세심한 직역 때문이기도 하다. 캑스턴이 번역을 통해 정서법과 고유어를 정착시킨 행위에 대해 직접 쓴 글은 인쇄된 영어 서적을 놓고 중간 계층의 취향과 시장이 일제히 생겨나기 시작했음을 보여준다.

> 물론 모든 사람을 만족시키기는 어려운데, 언어는 다양하고 변화하기 때문입니다. 요즈음에는 자국에서 조금이라도 명성이 있는 자라면 누구나 이해하는 이들이 거의 없는 방식과 용어로 이야기를 하며, 정직하고 뛰어난 학인들은 내가 알쏭달쏭한 용어로 글을 쓰기를 바랍니다. 그렇게 나는 교육받지 못한 평민의 말과 학자의 알쏭달쏭한 말 사이에 당혹한 채 서 있습니다. 그러나 내가 판단하기에는 일상적으로 사용하는 평범한 말이 낡고 오래된 영어보다 더 이해하기 쉽습니다. 그리고 오늘날의 책들은 시골 농부들은 쓰지도 읽지도 못하고, 오로지 학인이나 무공을 세우고 기사도를 갖춘 신분 높은 귀족들만 이해할 수 있습니다. 그래서 나는 그 둘의 중간을 위해 이 책을 가져와 우리의 모국어인 영어로 옮겼으며 이 책은 지식 없는 이들의 말도 학식 높은 이들의

말도 아닌 하느님의 은혜에 따라 이해될 것입니다.

캑스턴이 영어 글쓰기의 세계에 미친 영향은 그 성격에 있어서도, 영국 르네상스라는 형태로 일어난 문자의 세계에 미친 영향력에 있어서도 독특하다. 캑스턴의 관심사는 노골적으로 세속적이며 서사적이며 이국적인 것을 향했다. 셰익스피어로 인해 피어나기 시작한 폭넓고 속세적인 감수성이 이미 그의 눈앞에 아른거렸던 것이다. 옥스퍼드 영어사전을 찾아보면 캑스턴은 7300개 표제어에서 2만 2543번 등장한다. 비교를 위해 이야기하자면 새뮤얼 존슨(Samuel Johnson)의 『영어 사전(Dictionary of the English Language)』은 1383개 표제어에서 1413번 등장한다. 셰익스피어는 1만 5604개 표제어에서 6만 번 이상 등장한다. 따라서 캑스턴의 영향력은 최초의 영어 사전 편찬자와 영어권에서 가장 저명한 작가의 중간쯤에 위치한다.

15세기 후반 영어는 빠른 변화를 겪고 있었다. 캑스턴은 당대의 정전으로 간주되던 시인들에 집중했지만 이 정전이라는 것은 일시적인 것이었으며 어떻게 보면 인쇄술의 도입으로 인해 변화가 강제되었다. 16세기 초반이 되자 캑스턴의 후계자인 윈킨 디 워드(Wynkyn de Worde)가 생존한 시인들의 작품을 인쇄하기 시작했으며 중세 영문학의 거인인 초서와 가워(John Gower)의 책은 빠른 속도로 수가 줄기 시작했다.

글쓰기가 글쓰기에 미치는 부패시키는 영향―원고에서 원고로 베끼는 위험―은 인쇄 기술이라는 맥락에서 곧바로 문제로 제기되었다. 그 이야기를 구체적으로 정리한 사람은 영국 인쇄사에서 극히 초기에 등장한 편집자 로버트 브레이엄(Robert Braham)으로 1555년 필사본 원고가 인쇄물로 넘어갈 때 편집자의 역할이 가지는 중요성에 대해 썼다. 존 리드게이트(John Lydgate)의 『고대 역사(Auncient Historie)』의 편집자 후기에서 브레이엄은 필사로 전해지는 문학작품의 혼란스러운 날실을 풀어내는 편집자의 역할에 대해 이야기하며, 초서의 책의 편집자는 "이 위대한 보석을 훌륭한 판단력과 고생과 엄청난 고통으로 다듬어 오늘날 읽히는 작품으로 만들어낸 기특하고 열성적인 고귀한 자였다. 문제의 초서의 작품들은 완전히 사라졌거나 복제를 통해 부패되고 타락하였기에 결국 복제본에서 작가의 원 의도는 조금도 남아 있지 않다."고 썼다.

출판과 관련해 '불법 복제(pirate)'라는 단어의 원래 의미가 타인의 저작을 권한 없이 복제하는 것이 아니라 상업, 행정 당국이 발행한, 이 기술을 사용하고 공유할 권한을 부여하는 면허 없이 인쇄기를 사용하는 행위를 가리켰다는 사실은 주목할 만하다. 빈틈없는 보호를 받은 것이 작품이 아니라 생산수단이었던 것이다. 이런 면허를 발급할 수 있는 것은 주로 왕실, 의회, 출판업자와 서적상 길드였고 교회 역시 면허 발행권을 얻고자 했다. 영국에서는 서적상 길드가 인쇄에 대한 독점 권한을 가지고 있었는데 이를 부당하다고 여기는 이들이 많았다. 17세기 초반 의회는 편의를 위해 서적업자 길드에게 검열권을 포함한 출판 면허를 부여했다. 정부는 출판 권한을 서적상의 손에 넘겨줌으로써 이견의 여지가 있는 글의 생산을 미연에 방지하고자 했다. 그러나 표면상 서적상들의 통제 아래 있던 출판은 여전히 상업을 추구하는 사업이었다고 볼 수 있다.

구텐베르크와 마찬가지로 캑스턴을 비롯해 후대의 영국 인쇄업자들 대부분은 학자나 성직자 출신이 아니었다. 이들은 부르주아 계급이자 도회지 사람이었고 상업적 이윤을 추구하는 상인들이었다. 그들의 이윤은 일종의 국제적인 지역주의라고 부를 만한 것으로, 국내의 방식과 모국어에 단단히 묶여 있는 동시에 국경을 가로질러 흐르는 사상 그리고 수익에 의해 풍부해졌다. 길드에 소속되어 있던 최초의 인쇄-출판업자들은 실용적이고 계획적이었다. 학술적 입장이나 성직자의 의무가 없었기에 (구텐베르크처럼) 실험적인 동시에 그 취향은 (캑스턴과 마찬가지로) 폭넓었다. 그러나 또 하나 흥미로운 점은 이들이 텍스트의 편집, 수집, 처리, 그리고 번역과 주석,

작문 같은 학술적 참여를 할 준비가 되어 있었다는 것이다. 박식하고 탐구심이 있으며 진취적인 학문의 유통 그리고 이를 촉발한 지적인 용기는 (고전적인 주장대로라면) 이를 가능케 한 인쇄기의 등장 이전에 나타난 것이다.

자본주의의 정신이 한창 꽃피던 이때 프로테스탄트 윤리가 융성했다. 글의 힘에 헌신하는 산업이 성서에서 이야기하는 가장 높은 덕에 놓인 영적인 운동과 어느새 동맹을 맺는다는 사실은 아마 놀랍지 않을 것이다. 그렇게 청교도주의자들의 작품이 인쇄본이 되는 과정에서 불온한 출판업자 여럿이 귀나 코, 때로는 목숨을 잃었다. 성실청*이라고 알려진 영국의 비밀 법원은 1607년 그 내용이 진실이라 해도 불온서적 출판에 대한 처벌을 면할 수는 없음을 불온서적죄라는 법조항으로 공표했다. 왕정이나 관료를 공공연하게 모욕하는 책은 진실성 여부에 상관없이 처벌 대상이라는 것이었다. 청교도 비평가인 알렉산더 레이턴(Alexander Leighton)이 1630년 「의회를 향한 청원(An Appeal to Parliament)」이라는 소책자를 써서 출판하자 찰스 왕과 왕실은 격분했다. 레이턴은 성서야말로 무엇보다도, 심지어 왕보다도 중요하다고 주장했고, 그렇기에 신자라면 하느님께 충실해야 하며 성서의 기준에

★ Star Chamber, 제임스 1세와 찰스 1세 시기에 고문과 불공평한 심의로 악명 높았던 형사 법원으로 천장이 금박 별들로 장식되어 있는 데서 명칭이 유래했다.

따라 통치자를 평가해야 한다고 주장했다. 레이턴은 자신의 목표는 "왕의 명예, 백성의 침묵, 교회의 평화를 위해" 존재하는 문제들을 교정하는 것이라고 말했다. 그러나 레이턴과는 의견이 달랐던 성실청은 레이턴의 책이 "불온하고 가증하다."고 평가했다. 그렇게 1630년 11월 16일 레이턴은 웨스트민스터에서 태형을 당한 뒤 한쪽 귀를 잘리고 코가 둘로 갈라졌으며 얼굴 한쪽에는 낙인이 찍혔다. 그리고 일주일 뒤에는 얼굴의 나머지 반쪽에도 같은 조치가 이루어졌다.

처벌에도 불구하고 청교도들은 멈추지 않았다. 존 바스트윅(John Bastwick), 헨리 버튼(Henry Burton), 윌리엄 프린(William Prynne)은 1637년 성실청으로 끌려가 왕정을 비판하는 소책자를 발간했다는 이유로 불온서적죄를 선고받았다. 모두가 영원히 글쓰기 도구에는 접근할 수 없고 귀가 잘린 뒤 '종신형'을 받았다. 대중이 자기편이라고 믿고 있던 왕실은 국경일마다 신체 절단형을 집행했다. 그러나 관리들이 칼을 들고 기다리고 있는 동안 (당대의 관습에 따라) 이 세 사람이 마지막으로 연설을 할 기회를 얻었을 때 대중은 환호를 보냈다. 프린은 두 번이나 체포되어 신체 절단형을 받았는데, 그가 석방되어 런던으로 돌아가자 1만 명의 군중이 그를 맞이하며 환호를 보냈을 정도였다.

출판을 통제하려는 시도들은 그 잔혹함 때문에 더욱더

결연한 반발을 일으켰다. 이로부터 100년이 훌쩍 지난 뒤《보스턴 가제트(Boston Gazette)》의 한 기고가는 영국 시민혁명이 일어난 "근원적이고 진실한 진짜 이유"가 출판의 억압이었으며 "프린이 귀를 잃지 않았더라면 찰스 왕도 참수형을 당할 일이 없었을 것이다."라고 썼다. 의회 대 왕정, 청교도 대 성공회, 프로테스탄트 대 왕실 서사 간의 언쟁은 결국은 1640년대의 내전으로 이어졌다. 청교도가 우세한 의회가 과거의 억압을 잊지 않고 1641년 고문을 일삼던 성실청을 폐지하자 변화한 정치적 환경에 힘입어 소책자, 잡지, 그리고 최초의 신문 같은 언론들이 쏟아져 나왔다. 1643년 의회 위원회에 따르면 그 결과 출판업자들은 "구석진 곳에 비밀리에 인쇄기를 놓고 책과 소책자, 신문을 인쇄하고, 판매하고, 출판하고, 배포했다."

빈번한 검열의 대상이 되어왔던 존 밀턴이 고대 아테네의 웅변가들이 당대의 쟁점을 논하던 언덕에서 이름을 딴 소책자 『아레오파지티카』를 출판한 것은 시민혁명이 한창이던 1644년이었다. 밀턴은 출판의 억압이 사회의 가치를 구제할 수 없도록 악화시킨다고 주장했다. 출판의 자유는 지식을 찾아가기 위한 허위와 오류를 허용하고, 지식 속에서 이들이 노출되어 사멸할 수 있다는 것이다. 글을 복제하는 수단을 억압하면 허위와 오류를 일삼는 자들뿐 아니라 진실을 말하는 자들 역시 악영향을 입는다는 주장이었다.

책이란 완전히 죽어 있는 사물이 아니며 그 자손인
영혼만큼이나 왕성한 생명의 힘을 가지고 있다. 아니,
책은 약병처럼 가장 순수한 효험과 책을 낳은 살아
있는 지성의 정수를 보존하고 있다. 나는 책이 우화에
나오는 용의 이빨처럼 생기와 의욕이 넘친다는 사실을,
씨로 뿌려져 무장한 인간을 피워낼 수 있음을 안다.
그러나 한편으로 주의해서 사용하지 않는다면 좋은
책을 죽이듯 사람을 죽일 수도 있다. 사람을 죽이는
자는 이성이 있는 피조물, 하느님이 창조하신 형상을
죽이는 것이지만, 좋은 책을 죽이는 자는 이성 그
자체, 하느님의 형상 자체를 눈앞에서 죽이는 것이다.
많은 인간은 지상에서 고된 삶을 살지만 좋은 책이란
삶 너머의 삶이라는 목적을 가지고 방부 처리를 해
간직해둔 고매한 영혼의 귀한 혈액이다. 어떤 시대도
생명을 보존할 수 없는 것은 사실이나 그것은 그리
큰 손실이 아닐지도 모른다. 그리고 시대의 혁명은
거부된 진실이라는 손실을 회복하지 못할 때도
있으며, 그것의 부족으로 국가 전체가 한층 쇠퇴한다.

밀턴의 경고는 명료하다. 그 세기가 저물 무렵 존 로크
(John Locke)는 독자들이 "라틴어도 이해하지 못하는 어리

석고 따분한 인간들의 권력에 종속되어 있다."고 비판했다.
1695년에는 의회가 출판법을 번복했다. 독점적 권리를 지키
고자 했던 서적상들은 출판인뿐 아니라 저자에게도 혜택이
주어져야 한다며 자신들이 출판 허가를 소유하고 있는 인쇄
물에 대한 권리를 보장받기 위해 수년간 의회를 상대로 로비
에 힘썼다. 마침내 마련된 구제책이 1710년의 저작권법(입법
당시 재위 중이던 여왕의 이름을 딴 '앤 여왕법'으로 불린다.)으로 허
가의 대상을 생산수단만이 아닌 작품 자체에 부여했다. 오
늘날에는 당연한 것으로 여겨지지만, 서적 생산의 속성에
대한 이 새로운 시각을 통해 언어가 소유물의 한 형태라는
마르티알리스의 오래된 이해는 갱신된다. 복제 기술이라는
맥락에서 저작권법은 불안정하고 불분명한 법이며, 그 곤혹
스럽고 모순적인 효과는 오늘날까지도 문화 현장의 패턴을
형성한다.

벽에 쓰인 글

당연히 글은 하나의 계층이나 이익집단의 소유물이 아니며,
종이가 글자를 담는 유일한 매체인 것도 아니다. 돌에 새겨진
글은 기념비적이고 영구하며 값비싸다. 제국주의적이고 국가

가 통제하려는 야망을 품고 있으면서도 무척이나 개인적이다. 『위대한 유산』의 핍에게 부모님의 성향과 습관을 알려준 것이 비석에 새겨진 글자들임을 여러분도 기억할 것이다. 하지만 벽에는 굳이 글씨를 새길 필요가 없다. 회벽, 나무 벽, 돌벽은 주거지를 만들어주기도 하지만 어디에나 있으며 오래 버티고 표현력이 풍부하기에 공적인 글과 일시적인 글 모두를 쓰고 공유하기 적합한 매체다. 글은 문명의 동반자이자 많은 부분 벽들 사이에서 일어나는 삶의 형태다. 집이 되는 벽, 분리하는 벽, 훈육하고 통제하는 벽. 폼페이 같은 고대 로마의 도시에서부터 오늘날의 거대도시에 이르기까지 낙서는 도시 생활의 방식과 리듬과 밀접하게 엮여 있다. 낙서가 언제나 불법이고 범죄였던 것은 아니다. 벽이 가지는 사적인 힘은 문명화된 문화들 사이에 공평하게 분배되지 않았다.

더욱 친밀한 형태의 글―편지는 물론이고, 사진 등의 기념품을 넣어 목걸이에 다는 갑인 로켓(locket)이나 다른 소중한 기념물에 담긴 글―역시 쓰인 글의 형식과 힘을 가지고 있다. 역사학자 줄리엣 플레밍(Juliet Fleming)은 조지 퍼트넘(George Puttenham)의 1589년 논문 「영시의 기예(The Art of English Poesie)」를 보고 시의 기하학적 형태와 레이아웃과 페이지 위의 단어 배치에서 자수, 신호 체계, 글씨 연습판 속의 잊힌 문예미학을 감지해낸다. 영국 르네상스 시대가 한창이던 시절—셰익스피어의 시대이자 전문 직업으로서 문학이 꽃 피던 시대—종이와 펜, 인쇄물이 귀한 사치품이었음에도 불구하고 읽고 쓰는 능력이 널리 보급되었다. 그러나 사람들은 수동적 독자에 머물지 않았다. 그들은 글자를 쓸 수 있는 표면이 있다면 어디든 자기 이름과 생각을 새겼다. 플레밍은 이렇게 말한다. "어떤 사람들은 분필로는 이름을 쓸 줄 알지만 펜으로는 쓰지 못했을 것이다."

그것이 다양한 재질, 페이지 너머의 물성에 의해 활기를 띤 글의 세계다. 나무에 칼로 새기거나, 은에 세공하고 각인하거나, 태피스트리며 캔버스에 수를 놓거나, 금속으로 주형하거나, 그림 속으로 들어간 글자들, 단어들이 사물인 세계—그리고 역으로 사물들이 신의 형상이고 신의 뒤섞인 메시지가 되어 스스로를 글자로 내어놓는 세계—다. 그것은 머릿속의 공간을 점유하는 동시에 사물의 세계를 점거하기를 꾀하는 글이었는데, 이는 아마도 데카르트(René Descartes)의 시대를 지나온 오늘날보다 초기 근대에 한층 더 공동 영역이었을 것이다. 플레밍의 주장대로, 역사학자들이 초기 근대라고 부르는 15세기부터 18세기 초반의 영국인들에게 글쓰기가 가진 힘은 "개인적이고 서정적이고 음성 중심이기보다는 집단적이고 격언체이며 서술적"이었다. 물론 르네상스 시기의 영국에서 이는 그다지 새롭지 않았다. 그리스의 꽃병에 새겨진 알파벳, 고대 로마의 기념비에 새겨진 명문, 고대 중국의 석비에 새겨진 글씨를 생각하면 말이다. 글은 처음부터 목적에 스스로를 가두는 대신 건축과 지형 속에 스며들었다. '그래피티'라는 용어가 처음 쓰인 것은 옹기장이가 그릇에 글씨를 새기는 것을 의미하는 이탈리아어인 스그라피토(sgraffito)였다. 19세기 고고학자들이 폼페이의 벽에 새겨진 글씨를 발견하면서 그래피티라는 말이 현대적인 용법을 가지게 되었다. 그러나 이때에도 그래피티는 불법이라는 오명을 띠고 있지 않았다. 폼페이인들이 거칠게 쓴 글씨들에는 불법적인 일이 아니라 계시, 오래되고 희귀한 것을 다시금 위엄으로 치장하는 회상이 담겨 있었다.

그래피티라는 단어에 오늘날의 의미를 부여한 사람은 시인 앨런 긴즈버그다. 긴즈버그는 벽에 쓴 글의 감정가이자 실천가였다. 그는 컬럼비아대학교 화장실 칸 안에 불경스런 슬로건을 휘갈겨 썼다가 퇴학 직전까지 갔다. 시간이 흐른 뒤 긴즈버그는 (장편시『울부짖음(Howl)』의 발원지인) 뉴욕 168번가의 뉴욕주립정신병원에서 평범한 인간으로서 서로 대화하는 것을 금지당한 수감자들에게는 벽에 쓰는 글이 중요한 의미를 갖는다는 것을 깨달았다. 그래피티라는 단어에 위반적이고 불법적이며 공격적인 공적 낙서라는 의미를 불어넣은 것이 긴즈버그다. 그렇게 고대 폼페이의 벽에 쓰여 있던 글에서 명확하게 그 근거를 찾음으로써 20세기 도시의 천사 머리를 한 힙스터*들에게 고대성을 결부시킨 것이다.

하지만 르네상스 시대의 도시 거주자들에게 그래피티는 한층 더 실용적인 태도로 다가왔다. 기억 체계가 연상적 메시지로 채워진 상상의 궁전들로 이루어져 있었던 세계에서 초기 근대인의 의식구조는 페이지와 나뭇잎만큼이나 벽에 의해 구축된 것이었다. 근대 초기의 회벽은 집에서도 공공장소에서도 글씨를 쓰기에 좋은 바탕이 되었다. 흰 칠만 새로 하면 쓴 글을 수정할 수 있었다. 몽테뉴(Michel de Montaigne)는 서재의 서까래에 아포리즘을 썼다. 퍼트넘은 경구란 "많은 사람들이 만나고 글을 쓰는 …… 탁자 위나 창문 위, 벽면 또는 벽난로에 …… 누구나 알고 사용하는 분필이나 석탄으로 새기거나 쓴 것"이라고 했다. 엘리자베스 1세는 1554년경 우드스톡의 감옥 벽에 시를 썼고 이 시는 40년이 지나 발견되고 기록되었다.

> 그대 자꾸만 변하는 갈팡질팡한 운명은
> 내 마음을 불확실한 두려움으로 괴롭히는구나.
> 갇혀 있는 나에게는 감옥이 집이요,

★ 앨런 긴즈버그의 시 『울부짖음』에 등장하는 표현.

기쁨은 내 영혼을 완전히 떠나버렸다.

반면 악인을 붙잡는 사슬은 없고

죽어 마땅한 이들은 자유로이 돌아다니게

내버려두면서 선하고 순결한 자들은

천 개의 자물쇠로 가두는구나.

그러나 여기서 그 어떤 일도 일어날 수 없으며

하느님은 내 적들에게 그들이 생각한

모든 것을 보내주신다.

하지만 벽에 쓴 글은 쩨쩨하고 못 배운 자들의 것이기도 했다. 조지 허버트(George Herbert)는 빈 벽이 "바보들의 종이"라고 했다. 제임스 1세 시대의 연극에 등장한 전형적인 배역인 터치스톤(Touchstone)(그가 등장하는 극 중 가장 유명한 것은 셰익스피어의 『뜻대로 하세요』다.)은 악평이 자자했던 희극 『동쪽으로(Eastward Ho)』(1605)(조지 채프먼(George Chapman)·벤 존슨(Ben Johnson)·존 마스턴(John Marston) 지음)에서 인색한 가게 주인으로 등장해 지혜와 학식을 얻는 대신 벽에다 독실한 체하는 엉터리 경구를 갈겨쓴다.

그리고 다른 이들이 몰락할 때 내가 출세한 것은

하느님이 나를 지켜주신 덕이다! 내가 어쩌다 보니

부자가 되었을까? 아니다! 황금을 교환해서? 아니다!
근사한 인맥이 있어서? 아니다! 나는 자그마한
가게를 차려서 얼마 안 되는 돈을 벌며 바닥부터
올라왔고, 빚지지 않고, 명패 없는 이 가게를 좋은
검약의 문장들로 장식했지. "터치스톤, 가게를 지켜라,
그러면 가게가 너를 지켜줄 것이다." "적은 벌이가
묵직한 지갑을 만든다." "명랑하고 지혜롭게 살라."

글은 연인들의 손에서 태어나 페이지 밖으로 뛰어오르기도 했다. 사랑에 취한 연인들은 양초의 그을음으로 침실 천장에 글을 쓰거나 유리창에 글을 새길 수 있도록 날카롭게 세공된 다이아몬드가 박힌 '글쓰기 반지'를 끼기도 했다. 이런 관습은 19세기까지 살아남아 1840년대에 너대니얼 호손(Nathaniel Hawthorne)과 소피아 호손(Sophia Hawthorne)은 친구인 에머슨이 소유한 낡은 목사관에서 살면서 신혼부부의 정취를 유리창에 새기기도 했다.

인간사는 하느님의 목적에 달려
있다. 소피아 A. 호손 1843.
나스 호손 여기는 그의 서재
가장 작은 잔가지가 하늘 위로 도드라지게 뻗어 있네.

내 아내가 짓고 아내의 다이아몬드로 썼으며

내 남편이 1843년 4월 3일 저물녘에 새기다.

황금빛 속에서.

SAH

에머슨은 벽에 쓰인 글씨는 고대의 하느님의 명령과 같
다며 "나는 문설주의 인방(引枋)에 쓰겠다. '내키는 대로'라
고." 하고 「신명기」의 명령*에 현대성을 부여했다.

오늘날 우리에게는 글이 쓰이는 적절한 영역이 있다는
현대적인 감각이 퍼져 있다. 글이 있을 자리는 인쇄된 종이 위
라는 감각이다. 심지어 스크린 위라고 해도 그런 곳에 쓰인
글은 부차적이고 그저 정보 전달과 주석을 위한 것이라고 여
긴다. 공적 영역을 얻으려고 분투하는 글에는 적절한 자격과
당위가 있어야 한다. 광고의 형태로 사고 돈을 지불하는 간판
이라거나, 교통표지판을 비롯한 공적 목적으로 국가에서 생
산한 인프라에 쓰인 글 등이 그렇다. 심지어 개인들조차 브랜
드, 팀 로고, 유명 육상 선수의 이름을 내세운 상품이라는 형
태로 다가오는 상업적이고 반(半)공식적인 글에 잠식되고 있
다. 공적 영역에 적혔으나 이처럼 승인받지 못한 글은 글이 아

★ "또 네 집 문설주와 바깥문에 기록할지니라."(「신명기」 6장 9절)

니다. 그것은 낙서이자 마모이고 기물 파손이다. 그러나 글은 언제나 책보다 그리고 페이지보다 컸으며 지금도 그렇다. 공동 경지인 커먼스(commons)의 인클로저가 시골 사람들을 자기 땅에서 쫓아내 도시로 몰아내고 농부들을 임금노동자로 바꾸었듯이, 현대의 글은 사적으로 소유된 페이지와 상업 공간에 확고하게 제한되어 있다. 책 표지는 일종의 울타리, 즉 발행인이 주장하고, 편집자가 검토하고, 법이 보호하는 소유물의 경계선이다. 이제 우리가 앞서 이야기한 터치스톤의 이야기를 다시 생각해볼 때다. 널리 알려진 격언들을 자기 벽에 쓰고 그것을 자기 글이라 주장한 터치스톤 선생은 공적인 글을 사적인 손으로 옮겨 오는 행위를 처음으로 시작한 인물이다. 글을 다루는 프티부르주아 계급에게 울타리 말뚝과 가시철조망을 제공하려 저작권법이 생겨나기 훨씬 오래전부터 말이다.

어쩌면 페이스북이 핵심을 찌른 건지도 모른다. 우리의 자아를 글로 쓰는 것에 대해선 책보다 담벼락이 더 적합한 은유일 테니까. 전자 텍스트를 책이라는 프로크루스테스의 침대에 맞추는 대신 우리는 벽과 로켓과 인방을 찾는다. 디지털 세계에서 이는 블로그와 피드(feed), 모바일 디바이스, 그리고 어디에나 존재하는 터치스크린에 비유할 수 있을 것이다.

가장 훌륭한 형태

인쇄업자, 작가, 독자가 인쇄기의 효과와 가능성을 진전시키려 아낌없는 노력을 퍼부었음에도, 가동활자 기술은 400년에 가까운 세월 동안 거의 변하지 않았다. 18세기 필라델피아의 벤저민 프랭클린 인쇄소에 윌리엄 캑스턴이나 15세기 출판업자인 알두스 마누티우스(Aldus Manutius)가 찾아갔더라도 금세 인쇄기의 작동법을 파악할 수 있었을 것이다. 잠시 새로운 서체에 적응하는 시간만 가지면 곧바로 작업을 시작할 수 있으리라. 그러나 19세기 초반 인쇄술에는 이 기술을 근본적으로 바꾸는 변화가 찾아왔다. 가장 중요한 변화는 이전에 근력으로 이루어지던 인쇄라는 노동을 자동화한 증기 동력이다. 곧 연판법이 등장해 출판업자들은 활자를 배열한 원판을 여러 차례 재사용하며 수많은 사본을 찍어낼 수 있게 되었다. 인쇄기의 산출량이 100배, 1000배로 증가했다. 신문이 더 저렴해지고 널리 보급되었다. 간판, 전단, 카드, 플래카드, 셔츠 목깃, 직물, 상자, 깡통에 이르기까지 다양한 매체에 인쇄가 들어갔다. 19세기는 인쇄기의 검은 잉크가 석탄을 땔 때 나는 연기처럼 공적인 삶과 사적인 삶의 구석구석에 배어든 문자의 시대였다. 유럽과 미국에서는 사람들의 옷차림도 문자를 닮아갔다. 모직 옷은 잉크 빛깔로 물들었고 실크해트는

b, d, h의 작대기처럼 불쑥 솟아올랐으며 코트 뒷자락과 부츠 굽은 세리프처럼 꺾였다.

근대의 삶에서 문자의 편재성을 증진한 것은 증기력보다도 전신통신의 발명이었다. 줄을 타고 기묘하게 지저귀는 목소리들, 목소리라기보다는 점과 선으로 축약된 발화가 된 목소리들.

> 별에서 오듯 희미하게
> 목소리가 전선을 타고 찾아오네.
> 나 살아가는 세상이 아니라
> 저 먼 곳 유령의 목소리네.
> 다가오는 유령의 목숨을 나는 더듬고
> 그의 조난 신호에 담긴 단어를 듣네.
> 희망의 전율은 강렬하고
> 공포의 한기는 지독하지.

로버트 서비스(Robert Service)의 이 시 속 전신 기사는 아이러니한 고독으로 괴로워한다. 그는 드넓게 펼쳐진 의사소통망의 한 접속점이지만, 연결되어 있음이 그의 육체적 고립의 원인이다. 그는 완전히 혼자인 것은 아니다. 외딴 벌목장이나 채광소에서 일하는 전신 기사는 인부들과 바깥세상을 이어주는 다리 역할을 하기 때문이다. 유콘강의 얼어붙은 타이가 지대를 넘어 그에게 다가오는 메시지는 도시와 온기와 분주함을 노래하고, 전선은 목소리를 닮은 기묘한 윙윙 소리를 낸다. 물론 실제 목소리가 아니라 모스부호로 표현된 글자들이다. 전신 기사에 의해 모스부호로 변환된 전언이 내륙 지역의 소식을 증기력으로 돌아가는 도시의 인쇄기로 전송되면 문자들이 대륙과 대양을 가로질러 인쇄된다. 하지만 전신 기사에게 이 목소리들의 효과는 멀고 추상적이기만 하고, 동료들의 목소리는 기계를 닮은 파편들로 분해되어 낯선 에너지를 뿜어낸다.

모스부호는 기계적인 특성을 가졌음에도 불구하고 기계로 분석하기는 어려운 언어였다. 모스부호가 그것이 부호화하는 글자들과 마찬가지로 임의적인 것이기 때문이다. 전신 통신은 정보가 인쇄될 수 있는 속도를 변화시켰지만 그럼에도 실시간으로 전문을 받아쓰고 글자로 해석하는 사람이 필요했다. 19세기 후반에는 모스부호를 곧장 글자로 변환하는 기계를 고안하려는 시도가 여럿 있었다. 그중 결정적인 것이 1876년 프랑스의 발명가 에밀 보도(Émil Baudot)가 각 문자를 다섯 자리 이진수로 치환하는 부호를 고안한 것이다. 개방된 전신선을 타고 흐르는 양전하와 음전하의 형태로 전해지는 이 부호로는 32(=2^5)개의 문자를 부호화할 수 있다. 알파벳

26자를 포함하고도 공백과 구두점까지 포함할 여유가 있었다. 보도는 '문자'와 '숫자'의 부호를 지정해서 변환했기에 두 가지 모두를 담을 수 있었다. 보도가 고안한 입력기에는 다섯 개의 키가 있었다. 전신 기사는 그들이 원하는 글자가 아니라 각 글자에 해당하는 부호를 입력했다. 태생부터 멀티미디어였던 모스부호는 점을 찍는 소리, 깜박이는 불빛, 흔들리는 깃발, 피워 올리는 연기로도 표현할 수 있다. 심지어 사람의 목소리로도 모스부호를 쉽게 표현할 수 있다. 목소리와 마찬가지로 모스부호는 따뜻하며 임의로 오르락내리락한다.

그러나 보도는 전신선을 통한 전송, 부호 해독과 글의 인쇄를 가능케 할 길을 제시했다. 도널드 머리(Donald Murray)라는 오스트레일리아의 기자는 종이테이프에 다섯 개의 문자로 이루어진 부호를 찍을 수 있는 기계를 고안했다. 그렇게 만들어진 테이프는 타자기를 비롯한 다른 인쇄 기계가 자동적으로 인쇄물을 생산할 수 있게 했다. 보도와 머리가 만든 부호는 각각 제1과 제2의 국제 전신 알파벳이 되었다. 그리고 오래지 않아 여러 언어를 명시할 수 있는 다양한 부호들이 등장했다. 키릴문자와 그리스문자도 전신통신에 담기게 되었고, 서양 언어들 간의 철자법 차이 역시 전신통신의 특수성 속에 독특한 흥취로 담기게 되었다. 19세기 말 전신통신이 전 세계로 퍼져나가고 그 중요성도 커지자 유럽과 북아메리카의 정

285

부와 기업 들은 다양한 전신통신 시스템 간의 호환성 논란을 잠재울 수 있는 국제 표준 위원회를 만들었다. 보도와 머리가 만든 시스템은 전신 메시지가 도착하는 순간 인간이 읽을 수 있는 글자로 인쇄하는 텔레타이프 기계를 탄생시켰다. 신문사와 사업체마다 텔레타이프 단말기가 자리 잡아 20세기 중반 개인 간의 메시지를 전달한 웨스트유니언 전보국이 등장할 수 있는 근간을 형성했다.

전신통신을 통해 글이 여러 대륙을 넘어 해저 케이블로 전해지는 동안, 급성장 중인 국가들에서는 산술에 대한 수요가 증가했다. 미국에서 1880년 인구조사는 통계가 나오기까지 8년이 걸렸다. 1890년 인구조사가 다가오자 다음번 통계를 위해 새로운 인력이 필요했다. 통계학자 허먼 홀러리스(Herman Hollerith)가 펀치카드를 이용한 기계 통계 시스템을 개발한 덕분에 1890년 인구통계는 1년 만에 끝났다. 펀치카드는 당연히 글이 아니다. 19세기 초에 자카드식 문직기의 정교한 짜임을 제어하기 위해 만들어진 펀치카드는 시스템이 일정한 순서로 수행되도록 하는 작업에 쓰이는 기계 부품이었다. 펀치카드는 개조되어 입력과 출력, 상승과 하강 등의 단순 작업을 반복하는 자동 피아노나 오르간 등의 기계에도 쓰였다. 19세기 중반 찰스 배비지(Charles Babbage)는 펀치카드가 데이터를 기록하는 데도 쓰일 수 있음을 알아차렸으나, 홀러리스가 펀치의 천공을 통한 전기 접속으로 기계적 연산장치를 작동시킬 수 있는 시스템을 고안하였기에 그의 카드 시스템은 엄청난 양의 데이터를 즉시 기록할 수 있게 되었다.

홀러리스가 세운 회사인 태뷸레이팅머신컴퍼니(The Tabulating Machine Company)는 1911년 다른 세 회사와 합병되어 국제사무기기회사(International Business Machines Corporation), 즉 IBM이 되었다. 오늘날 우리는 보통 컴퓨터가 2차 대전 이후의 군사–산업복합체라는 맥락에서 탄생했다고 생각하는 경향이 있지만, 사실 컴퓨터 기술의 결정적인 초기 발전을 이끌어낸 것은 급성장한 인구와 확장되는 사회의 수요였다.

그러나 우리가 이 기계에 말을 걸고, (글의 형태로 된) 명령어를 사용해 알아볼 수 있는 인간의 언어와 비슷한 메시지를 교환할 수 있기까지는 그 뒤로도 오랜 시간이 걸렸다. 1960년대까지는 여전히 홀러리스의 펀치카드가 컴퓨터에 정보를 입력하고 읽어내는 주요 수단으로 쓰였다. 이런 명령어를 인간이 읽을 수 있는 형태로 입출력하기 위해서는 다른 단계와 기계가 필요했다. 1950년대의 컴퓨터 프로그래머들은 프로그램을 운영하는 기계를 거의 건드리지 않았다. 그들은 그저 지시어를 썼고, 오퍼레이터가 이 지시어를 펀치카드로 변환해 깔때기를 통해 컴퓨터에 집어넣었다. 이런 컴퓨터들은 잘 알려진 대로 크기도 엄청났지만, 크기만 큰 것이 아니라 커다란 방 한가운데를 차지하고 수많은 사람들이 빡빡한 일정에 맞게 협력해서 각자의 역할을 수행해야 작동시킬 수 있었다.

현대 컴퓨터의 전신인 이 기계들은 그들이 수행해야 할 특정한 작업을 구현하기 위해 만들어졌다. 지시어를 코드로 만들고 매체에 담은 뒤 스위치를 작동시켜 원하는 작업을 시작하게 된 것은 한참 뒤의 일이었다. 초기 컴퓨터를 프로그래밍하기 위해서는 컴퓨터를 만들고 회로와 스위치를 정렬하여 관계를 지정해야 했다. 이런 작동은 순전히 기계적인 것으로 어떠한 의미로도 글쓰기와는 거리가 무척 멀었다.

이런 접근의 좌절이자 궁극적인 분기는 명백했다. 컴퓨터과학의 선구자인 앨런 튜링(Alan Turing)은 다양한 지시어를 코드 하나로 축약하는 '보편적 기계(universal machine)'라는 개념을 제시했다. "각각 다른 작업을 수행하는 각각 다른 기계를 한없이 가질 필요는 없다." 튜링은 이렇게 썼다. "다양한 작업을 하는 기계들을 만들어내는 엔지니어링 업무는 이 보편적 기계가 각 작업들을 하도록 '프로그래밍'하는 사무 작업으로 대체될 수 있다." 튜링은 연산의 물리적 수단들을 분리해서 퍼즐처럼 복잡한 논리적 연산자들을 어떤 연산이건 이에 맞추어 재구성할 수 있는 확장 가능한 코드로 단순화함으로써 이를 가능케 했다.

　　1960년대가 되자 경영과 과학 분야에서는 업무에 연산을 사용할 수 있는 보다 편리하고도 인력을 덜 드는 시스템이 필요해졌다. 1970년대 초반 새로운 부류의 기계인 미니컴퓨터가 등장했다. 디지털이큅먼트코퍼레이션(Digital Equipment Corporation)이 출시한 PDP-8과 같은 미니컴퓨터는 IBM 1401 같은 산업용 컴퓨터와 비교했을 때는 8비트에서 16비트라는 말도 안 되는 처리 속도를 가진 저성능 제품이었다. 그러나 IBM 1401과는 달리 이런 미니컴퓨터들은 대개 방 하나에 들어가는 크기였다. 가격이 2만 달러 정도였으니 중앙 컴퓨터에 비해서 자릿수가 한둘은 적었다. 게다가 결정적으로 미니컴퓨터는 단 한 명의 오퍼레이터가 필요할 때마다 프로그래밍할 수 있는 기기였다. 그렇다면 컴퓨터의 프로세서와 메모리를 연결하는 시스템은 무엇이었을까? 이때 텔레타이프 기기를 사용했는데, 주로 텔레타이프코퍼레이션(Teletype Corporation)에서 생산한 모델 33으로, 미국정보교환표준부호를 사용해 부호화된 문자를 오늘날 우리에게 아스키(ASCII)라는 이름으로 알려진 7비트 문자부호로 변환하는 기기였다.

　　보도의 코드에서 유래하여 여러 세대에 걸쳐 국제 표준화 기관의 작업으로 개량된 아스키코드는 128개의 문자를 각각 7비트의 시로 만들고 여덟 번째 비트는 오류 검토를 위해 사용했다. 기계 기반의 글쓰기 체계가 가진 고유한 능력이기도 한 이 오류 검토 비트는 숫자 열 뒤에 0이나 1을 붙였다. 전신 기기는 이 숫자 열이 짝수인지 홀수인지를 '알 수 있도록', 그리고 잘못 만들어지거나 불완전한 메시지는 거절하도록 고안되었다. 보도의 코드가 모스부호와 다른 가장 중요한 점은 특수한 훈련을 받은 인간과 특수하게 고안된 기계 둘 다 보도의 코드를 읽을 수 있다는 것이다.

고전적으로 이 시스템은 대문자와 소문자, 필수 구두점 그리고 @, #, 또 앰퍼샌드라고 불리는 오래된 &―필사 기호로 중세의 필경사들이 알파벳을 끝낼 때 et per se라고 쓰던 것이 전해졌다.―등의 어표(logogram)를 포함한 95개의 인쇄 가능한 문자를 제공했다. 공식적인 이 문자들 뒤에는 33개의 '제어문자'가 존재하는데, 원래의 목적은 전신의 기술적 필요에서 나온 것이다. 문자열을 통해 텔레타이프 프린터(오늘날에는 컴퓨터)에게 이런저런 작업을 하라고 지시하는 보이지 않는 글자들이다. 제어문자는 디지털 세계의 시볼레스*다. 인간 대신 디지털 기기를 향하는 컴퓨터 버전의 튜링 테스트**인 셈이다.

1980년대 후반부터 또 다른 문자 해독 시스템인 유니코

---

* shibboleths, 한 집단을 다른 집단과 구분하는 표식이 되는 관습 또는 언어 표현.

** 기계가 인간과 얼마나 비슷하게 대화할 수 있는가를 기준으로 기계의 지능을 판별하고자 하는 테스트.

드(Unicode)가 생겨나 컴퓨터의 보편적인 문자 집합으로서 아스키를 대체하게 되었다. 유니코드는 문자들이 결합하고 집합을 이룰 수 있도록 고안되었다. 예를 들면 문자 위에 발음 구별 부호를 올리거나, 한자의 부수를 결합해 복잡한 문자를 만들 수 있도록 말이다. 이런 일이 가능한 이유는 아스키처럼 8비트가 아니라 16비트로 부호화된 유니코드는 100만 개가 넘는 개별 문자를 담을 수 있기 때문이다. 지금까지 유니코드에 담긴 문자 및 기호는 11만 개에 달하고 그중 7만 개 이상이 한자다. 오늘날의 유니코드는 전 세계 주요 언어 대부분을 포함할 수 있고, 유니코드에 담긴 고대 알파벳과 자음문자, 음절문자의 수도 점점 늘어가고 있다. 몇 가지만 나열하자면 쐐기문자(특히 기원전 3세기의 고대 수메르어)는 물론 고대 페르시아어, 선형문자 B, 이집트 상형문자, 비잔틴 음악 부호 등이다. 유니코드에는 현재 존재하는 것과 사라진 모든 문자 체계, 보편적이고 이상적인 문자, 비교의 문자와 천사의 문자, 「스타트렉」의 클링온이나 톨킨(John Ronald Reuel Tolkien)의 텡과르 같은 창작 문자 체계를 다 담고도 컴퓨터가 재미 삼아 만들어 낸 언어까지도 담을 수 있을 정도로 충분한 공간이 있다고 말해도 좋을 것이다. 물론 컴퓨터가 그런 상상을 할지는 모르겠지만 말이다.

물론 새로이 생겨난, 전적으로 디지털화된 언어의 담론

이 극단까지 치달아 우리의 통제를 벗어나는 상상은 유혹적이다. 폴란드의 위대한 SF 작가 스타니스와프 렘(Stanislaw Lem)은 컴퓨터가 서로에게 해주는 이야기인 '비티스틱스(bitistics)'라는 미래의 문학 갈래를 상상했다. 비티스틱스는 그들의 난해한 시학, 연산과 쏟아지는 데이터로 이루어진 운율이 소네트나 빌라넬(villanelle)보다는 은하계의 구조나 생체 구조와 더 비슷한 시의 형태에 담긴 것이다. 렘의 상상 속에서 비티스틱스를 연구하는 인간들은 컴퓨터가 만들어내는 유령 같은 서사시를 판독하려 온 힘을 다한다. 기계가 만들어 낸 이 서사시 중 일부는 인간들을 괴롭히고 들볶으려 지은 것이고, 다른 것들은 오로지 기계 자신들을 위한 이야기다.

그러나 SF를 통한 상상의 벼랑에서 한 걸음 물러나면, 전자 글쓰기에는 필사본 두루마리나 중세의 코덱스, 오늘날의 소설 속에 살아 숨 쉬는 인간의 것과 똑같은 온기와 스펙트럼이 존재한다는 것을 알 수 있다. 이 장의 첫머리에 나왔던 자바스크립트를 떠올려보자. 기계나 공장, 또는 DNA 구조처럼 작동하는 이 텍스트는 그 지시 대상과 울림을 한없이 복제 가능한 기호와 효과의 배열이라는 형태로 펼쳐낸다. 이런 글은 수없이 많은 형태와 표층 텍스트를 생산해낼 수 있다. 오디오 플레이어, 웹 페이지에 삽입된 비디오, 블로그 포스트, 아니면 고대의 글이 담긴 디지털 이미지와 같이, 우리와 긴밀히 엮여 있는 형태들로 우리의 자취를 듬뿍 담고 무성하게 증식하는, 표현들의 뒤엉킨 강둑이다.

기계 속의 유령

마인츠에서 커다란 낭독대용 성서가 제작되는 모습을 돌아보면, 우리의 시대가 몸을 부르르 떨며 깨어나 병 속에 든 배의 돛처럼 팽팽히 당겨지는 역사의 실마리 위로 뉴스와 문자의 공화국과 모퉁이 책방이 둥실 떠오르는 모습이 보인다. 그 시절 필사로 쓰인 글에서 인쇄된 글로의 이행은 그렇게 갑작스러운 것도 단절된 것도 아니었다. 세상이 변한 것은 맞다. 그러나 인간의 수명이라는 컴퍼스 안에서 중요한 것들은 이전과 달라진 것이 없었다. 어쩌면 옛 형태로 표현된 것들 중 대다수가 새로운 매체의 새로운 표현법 속에서도 여전히 가능했다고 말하는 것이 더 정확할는지도 모르겠다. 아마도 그 시대는 변형이라기보다는 번역의 시대라고 부르는 것이 좋을 것이다. 네트워크화된 문화가 빠르게 상승하면서 다가오는 충격과 진동의 한가운데에 있는 우리에게 많은 것을 알려줄 수 있는 시대 말이다.

발터 베냐민(Walter Benjamin)은 「역사의 개념에 대하여」에서 파울 클레(Paul Klee)의 1920년 작품인 「새로운 천사 (Algelus Novus)」를 '역사의 천사'로 상상하며 여러 논의를 변주한다. "일련의 사건들이 우리의 눈앞에 다가온 그 앞에서, 천사는 잔해 위에 잔해를 쌓고 그것을 발치로 밀어 오는 단 하나의 파국을 본다. …… 천국에서 폭풍이 불어오는데, 그 폭풍이 난폭하게 날개를 붙들어대는 바람에 천사는 날개를 접을 수 없다. 천사는 폭풍에 떠밀려 잔해들이 하늘 높이 쌓여가는 광경을 등진 채 미래를 향해 떠밀려 간다. 이 폭풍을 우리는 진보라고 부른다." 이런 이미지는 강렬하지만, 그래도 나는 베냐민이 반대로 생각했다고 본다. 역사를 서로 맞물린 사건들의 연쇄가 아니라 단일한 파국으로 보는 것은 천사가 아니라 우리이기 때문이다.

역사학자 에이드리언 존스(Adrian Johns)는 구텐베르크의 발명이 글쓰기의 문화사에 쉽게 식별할 수 있는 단일한 혁명을 가져온 것이 아니라고 주장한다. 인쇄기는 작가들과 이들의 다양한 지지자들이 옛것을 새롭게 하고자, 또 참신한 것에 익숙한 형태를 덧씌우고자 했던 다양한 시도로 이루어진 다채로우면서도 국지적인 혁명의 연속에 기폭제가 되었다는 것이다. 존스는 네트워크와 노드(node)로, 프로토콜과 코드로 이루어진 오늘날의 트랜스모던 세계는 구텐베르크와 캑스턴의 시대와 무척이나 다름에도 희망과 공포, 기발한 책략과 방어로 이루어진 모자이크라는 점에서는 유사하다고 보았다. "통신 기술이 갖는 의의는 물론 광범위하고 중요하겠지만", 존스는 이렇게 결론짓는다. "그것들이 단일하고 패권적일 가능성은 적다. 이들은 문화적 역동을 고려한 적합한 지식을 통해 이해하고 제어해야 할 대상이다."

우리가 엮는 뒤엉킨 강독

프랜시스 예이츠(Frances Yates)는 서양 학술 문화 속에 비밀리에 전해지는 기억술의 역할과 의미를 연구한 대작 『기억술(The Art of Memory)』에서 소크라테스가 파이드로스를 상대로 문자를 발명한 신 토트에 대해 이야기하는 일화를 재고한다. 신이자 왕인 타무스는 문자가 "기억이 아니라 회상을 위한 영약"이라고 폄하한다. 예이츠가 지적한 바대로 이 이야기는 종종 순수한 구술성, 즉 "구술적 기억이라는 문화의 생존"을 지지하는 맥락에서 이야기된다. 그러나 예이츠는 소크라테스가 이야기하는 것은 기억 일반에 대한 것도, 특히 기억의 명수들이 사용하는 기억술에 대한 것도 아니라고 주장한다. 예이츠는 소크라테스의 생각 속 고대 이집트인들은 가장 깊은 기억, 즉 이데아의 기억을 가지고 있다고 쓴다. 모든 사물과 정념, 감각을 비롯한 잡다한 사건들이 존재하는 살아 있는 보편적인 현실은 지나가는 그림자에 불과하다. 이런 관점에서 볼 때 기억이란 사소한 사항들을 수집하고 배치하는 장치가 아니라 우리가 태어나기 전부터 가지고 있던 지식, 즉 지식의 근본 그 자체의 사라지지 않는 회고다. 예이츠는 이렇게 결론짓는다. "플라톤적 기억은 조직화되어야 하는데, 연상 기억법이라는 사소한 방법이 아니라 현실과의 연관 속에서다." 플라톤의 정의에 따르면 기억은 저장이 아니라 계시다.

그렇게 글은 독특한 방식으로 조명된다. 구술 세계를 막대하게 분열시키는 것이 아니라 궤변술의 종복이자 한 종(種)이 되는 것이다. 구술과 문자의 싸움이 아니라 이데아에 대한 고찰과 잘못된 지혜의 유혹 간의 싸움이다. 임의적인 연상—알파벳, 라임, 아니면 형태와 기능의 인위적 유사성—으로 생각을 조직화하는 '인위적 기억'을 수행하는 사람은 현실이 바탕을 두는 원초적인 이데아를 회상하는 것이 아니다. 기만하고 즐기기 위해 지나가는 환상과 예쁜 그림을 두뇌에 새기는 것이다. 그는 이미 글을 쓰고 있다. 언어를 부호화하는 흔적을 남기는 행위 자체는 그저 형상에 대한 우상숭배이며 불멸하는 이데아의 자리에 좀비와 같은 글자를 올려두는 것이다.

컴퓨터 기술은 오즈의 마법사와 같은 게임이다. 커튼 뒤의 코드에 대해서는 관심을 두지 않는 것이다. 우리는 우리가 읽는 것을 보는 것이 아니라, 실현화(instantiation), 유령처럼 홀연히 나타난 형상이자 아바타를 본다. 스크린에 등장한 형체는 사잇각으로 보아야 보인다. 시점을 이동하면 상은 다시는 붙일 수 없는 파편으로 조각조각 깨진다. 텍스트는 하이퍼링크를 통해 서로를 침범하고 감염시킨다. 모션 캡처 기술은 우리의 몸짓을 각인하리라 약속한다. 이미 사진으로, 영화로, 방송 매체로 전달된 그 충격에 더해질 기쁨을 상상해보면 결론은 자연히 떠오르기 시작한다. 글쓰기가 만들어내는 의식의 특정한 형태의 전송과 네트워킹을 통해 알파벳뿐 아니라 자아의 지배 또한 끝이 난다. 물론 글쓰기는 이미 의식에 변화를 이루어냈다. 그럼에도 오늘날의 기술은 의식을 또다시 변화시킬 것이며, 아마도 이는 글쓰기의 지배 속에서는 알 수 없었던 형태가 되리라.

최근 우리는 주의의 분산, 그리고 손과 사고의 습관 변화가 얼마나 다른 정신과 다른 역량, 심지어 (그리고 특히) 다른 상상력을 만들어내는가에 주목하기 시작했다. 손글씨 쓰기의 종말은 교육적 성과의 감소로 이어질까? 아시아 학생들이 공학과 과학 분야에서 우수한 까닭이 그림문자를 사용한 문자 체계를 학습한 것과 부분적으로라도 관련이 있을까? 이런 구체적인 두려움이 나에게는 한층 더 크고도 형체 없는 불안의 제유로 다가온다. 대체로 네트워크화된 미디어와 컴퓨터의 등장보다 몇 세기나 앞서 있었던 모더니티에 대해 주저하는 반응 말이다.

이런 불안을 가장 신중하고도 면밀하게 탐색한 이들 중 하나가 작가 니컬러스 카(Nicholas Carr)다. 그가 2011년 출간한 책『생각하지 않는 사람들』은 컴퓨터 시대의 파국적인 인지적—그리고 이로 인한 문화적—변화의 전망을 파헤친다. 카가 특히 우려하는 바는 '신경 가소성(neuroplasticity)'에 대한 생각에서 나타나는데, 신경 가소성이란 인간의 발달 과정에서 두뇌에 일어나는 생리학적 변화에 대해 뇌과학 분야에서 새롭게 이해하는 방식이다. 성숙한 인간의 두뇌는 한때는 고정된 기관으로 여겨졌지만 최근 두뇌는 무척이나 유연하고 재배치가 가능하다는 것이 밝혀졌으며, 특히 우리가 두뇌에 정보를 입력하는 방식이 달라지면서 일어난 변화들이 가장 뚜렷하게 밝혀지고 잘 연구되고 있다. 물론 이런 두뇌의 재배치는 우리의 능력과 감각, 심지어 감수성까지도 변이시키는데, 카는 이런 변화가 장래에 유해할 수 있다고 주장했다.

'깊이 읽기의 시작'이라는 절에서 카는 글쓰기의 역사를 간결하고도 적절하게 설명한다. 그는 고대인들이 질그릇 조각과 밀랍 판에 새긴 마술적인 경구에서부터 중세의 종교적 암시를 거쳐 18세기의 우아한 도미문*에 이르는 논리와 일관성, 깊이의 전개를 추적해간다. 이렇게 쓰인 글들은 형식뿐 아니라 신경의 승리이기도 하다. "책 읽기는 단일하고 고정된 대상에 지속적이고 끊이지 않는 관심을 기울여야 하는, 자연스럽지 않은 사고의 과정을 연습하는 것이다."라고 카는 썼다. 이런 읽기가 귀중한 것은 독자가 저자의 글에서 얻는 지식 때문만이 아니라 그 글이 독자의 정신 속에서 상호 공명하는 방식 때문이기도 하다. 오랫동안 방해 없이 책을 읽을 때 열리는 고요한 공간 속에서 사람들은 스스로 연상하고 추론하고 유추하며 자신의 생각을 길러낸다. 깊이 읽을수록 깊이 생각하게 된다.

카에게 필사본과 인쇄, 출판은 근대 문학이 그 절정기에 오른 '깊이 읽기(deep page)'의 부흥이라는 의미를 갖는다. 늙고 얼굴에는 더께가 찌든 구텐베르크가 15세기에 시작한 이 과정은 깊이 읽기를 찬양하는 「집 안은 고요하고 세계는 잠잠했다(The House Was Quiet and the World Was Calm)」라는 시를 쓴 월리스 스티븐스(Wallace Stevens)에 이르러 대단원을 맞는다. "고요는 의미의 일부, 정신의 일부 / 페이지를 향한 완벽의 접근."

문제는 과거의 다양한 시점에서 이런 변화를 겪은 많은 사람들은 그렇게 느끼지 않았다는 것이다. 필사본 상인 베스

★　periodic sentence, 다수의 절을 포함하고 있으며 문장의 끝에서야 의미가 완성되는 문장.

파시아노 다 비스티치는 필사본을 위한 도서관에 인쇄된 책이 점점 늘어나는 것을 규탄했다. 교황 바오로 4세는 가동 활자의 도입 이후 이어진 일명 초기 간행본 시대 동안 금서 목록을 지정했다. 교황 우르바노 8세는 갈릴레오와 언쟁을 벌였다. 조너선 스위프트(Jonathan Swift)와 알렉산더 포프(Alexander Pope) 역시 그랬다. 프랑스혁명 이전의 프랑스 왕조 역시 그랬다. 변화의 한가운데에 놓인 사람들의 정신과 도덕은 깊어지는 페이지 위에 그대로 떠 있기에는 너무나 빠르게 변했다.

인쇄기는 오늘날 우리가 숭배하고 특권화하는 깊이 읽기를 위한 책만을 생산하지는 않았다. 인쇄기는 선전물과 가짜 정보, 싸구려 통속소설, 그리고 공공 도덕에 반하는 삽화책, 포르노그래피, 자기계발서를 비롯해 예의바른 문화가 전반적으로 경멸하고 거부하는 책들을 생산했다. 특히 18세기에는 독자들을 홀리는 외설적인 그림과 저속한 이야기들이 많았다. 저명한 도서사학자이자 문화사가 로버트 단턴(Robert Danton)이 보여주었듯 볼테르(Voltaire)와 루소의 시대는 에로티카와 추잡한 삽화, 부유한 유명인들을 터무니없이 비방하는 이야기들이 넘쳐 났다. 이런 것들을 빼고 '구텐베르크 시대'의 역사를 논하는 건 완전하지 않다. 마치 오늘날 우리의 인터넷 문화를 인터넷 밈, 문자 메시지, 이모티콘만으로 협소하게 설명할 수 없는 것과 마찬가지다. 우리는 둘 다를 고려해야 한다. 포르노그래피, 가짜 정보 그리고 순전한 어리석음이 초기 간행본 시대부터 인터넷 도입 초창기까지 번성했기 때문이다. 그리고 깊이 읽는 뇌는 그 모든 기간 내내 변화하고, 꾸준히 이어지고, 또 진화했다.

인터넷에 대해 논하는 권위자들과 전문가들은 점점 더 기존의 매스미디어 문화와 오늘날 온라인상에서 형성되는 보다 평등한 형태의 문화 사이에, 그리고 인터넷상의 삶과 물리적 세계의 삶 사이에 단단한 경계를 긋고자 하는 것 같다. 때로 웹에서 툭 던진 말도 안 되는 농담이 상대방의 허세에 도전해 진실을 밝히는 것처럼 보이기도 한다. 평등한 문화라는 것은 따지고 보면 이런 것이다. 경계 없는 공간이 보장하는 것, 누구나 유명인이 될 수 있다는 것 말이다.

그렇다면 깊이 읽기란 어디에서 온 것일까? 단순히 싸구려 읽을거리들을 무시하는 데서 온 것은 아니다. 시와 포르노그래피 사이에는 여러 가지 합금과 동맹이 존재하기 때문이다. 무엇이 무엇이라고 딱 잘라 구분할 수 있는 순간은 없다. 조너선 스위프트는 1704년 「책들의 전쟁」에서 고전 정전과 근대 작가들 사이의 전쟁을 그려냈는데, 이때 그는 고전을 지적이고 고상한 것으로 그려냈다. 그럼에도 스위프트는 당대에 넘쳐 나던 외설 작가들을 비판하려는 시도는 조금도 하지 않았다. 그의 심기를 거스르는 것은 그럽 스트리트의 삼류 작가들보다는 데카르트 같은 고답적인 귀족들과 리처드 벤틀리(Richard Bentley) 같은 고전주의자들이었던 것이다. 하지만 스위프트의 시대에 살던 근대 초기 독자들은 《더 다이얼(*The Dial*)》이나 왕립학회에서 얻는 빛나는 지혜뿐 아니라 인쇄물이 가지는 가능성이 달라지면서 생겨난 어두운 측면의 다양성과도 직면했다. 이는 음란한 통속 삽화, 종말론을 담은 논문집, 프랑스에서 수입한 호색적인 유사 서사시 등이었다. 깊이 읽기를 만들어낸 것은 바로 이런 다양성, 그리고 짐작건대 이의 근원이었을 두뇌 회로였으리라.

우리는 깊이 읽기가 사라질까 두려워하기보다는 읽기가 그렇게 깊은 곳까지 도달했음에 먼저 경이를 느껴야 한다. 또 우리는 이 깊은 페이지의 모서리에는 악취가 나고 우중충한, 동시에 생명력으로 꿈틀거리는 야트막한 퇴적지가 길게 펼쳐져 있음을 기억해야 한다. 가소성을 지닌 우리의 두뇌는 이 오물 속을 헤치며 아주 오랜 시간 동안 탐사했으니까.

지금까지 한 이야기는 글쓰기 매체가 우리의 두뇌를 변화시키지 않는다고 주장하기 위해서가 아니다. 결국 다양한 형태의 글이 우리에게 준, 정신이 가진 극도로 다양한 습관—만들고 배우고 행동하고 자라나는 것에 대한 겹겹의 은유—을 달리 설명할 방도가 무엇이 있겠는가? 우리는 오컴의 면도

날*로 깃펜을 뾰족하게 다듬으면서 신경 가소성이 20세기 중반 월터 J. 옹이 이야기한 글쓰기에 의한 의식 변화의 생리학적 측면임을 인정하는 수밖에 없다. 결국 글쓰기를 포함해 인간이 가진 기술은 진화의 산물이고, 진화의 과정에서 아무리 다양한 변형이 생겨난다 해도 자연선택은 상당히 보수적이다. 성공적으로 적응하기 위해서는 재난이 아닌 모든 상황에서 견딜 수 있는 굳건한 토대가 필요하다. 신기하게도 인류는 생존하기 위해 변이에 의존하도록 진화했다. 교묘하며, 도구를 만들고, 세상을 바꿀 수 있는 우리의 지적인 유연성은 그 자체로 (적어도 아직까지는) 적응성이다. 그리고 마찬가지로 이 유연성은 생존을 위한 것이다. 아마 동굴벽화에서 음악, 상형문자, 알파벳에서부터 컴퓨터와 모션 캡처에 이르기까지 이들은 전부 (합성된 것이더라도) 단일한 특징을 다양한 형식으로 표현해낸 것이다. 검색엔진에서 바코드 판독기에 이르기까지, 읽기와 쓰기의 세계는 부서지기는커녕 확장되고 있다. 신생 기술은 글쓰기의 흔적을 지니고 있다. 그러니까 무엇보다도 실질적인 의미에서 이들은 새로운 영역으로 확장된 글쓰기다. 확장은 글쓰기에 내재된 속성이고, 다시 말해 우리에게 내재된 천성이다. 알파벳의 법칙은 폭군이나 왕조가 강제한

★ 같은 현상을 설명하기 위한 다양한 주장이 존재할 때 더욱 간단한 쪽을 선택하라는 경제성의 원리.

규칙이 아니다. 이는 소란스레 피어나는 세계의 혼란 속에서 의미를 도출하는 법을 배우기 위한 여러 가지 형태와 양식 중 하나일 뿐이다.

글쓰기는 강요하지도 명령하지도 않는다. 글쓰기는 가르친다. 글쓰기가 인간 의식의 소산에 부여하는 질서는 상상력에 건축적인 요소를 구축한다. 신화와 기억으로 이루어진 숲과 시커먼 바다 속에 글자라는 섬세한 지휘자가 들어와 생각들의 각 부(部)와 코러스를 이어주는 것이다.

여러 사상가들이 글쓰기의 방식은 문화적, 사회적 형식을 통해 반향을 일으키며, 삶을 구조화하는 도구뿐 아니라 패턴을 제공한다는 점에 주목했다. 구술문화에서 문자문화로의 이행을 아주 크게 생각했던 옹과 같은 사상가에게는 이러한 반향이 문명을 빚어내고 통치의 구조, 서사와 논증의 양식, 심지어 의식 자체를 만들어내는 힘이었다. 서양 문명은 정말로 알파벳의 모습을 닮아 있을까? 만약 그렇다면 그것은 글쓰기가 우리를 알파벳 모양의 상자 속에 강제로 밀어 넣었기 때문인가? 유사성이 인과관계를 함축하는 것은 아니다. 물론 조금 더 근원적인 원인을 가리킬지는 모르지만 말이다. 글쓰기가 질서 짓고 비교하고 분류하고자 하는 우리의 충동을 만든 것은 아니다. 글쓰기는 우리의 그러한 경향 위에 만들어져서 그것들이 꽃피도록 했을 뿐이다. 음악에서 건축, 정치에 이르는 다양한 문화 형태는 알파벳의 절대 권한을 보여주는 것이 아니라 글쓰기가 생겨나기 전 수천 년간 진화해온 보다 근원적이고 기본적인 기질에서 기원한다. 다양한 문자 체계들은 또 다른 진화된 충동들과 관계를 맺는다. 질서정연한 정치 구조, 기둥과 아치, 직물의 짜임 무늬, 음악과 스토리텔링, 이것들은 나비 날개에 새겨진 눈알 모양이나 곤충의 생식기관을 연상시키는 난꽃과 같다. 그래도 우리는 여기서 용기를 얻을 수 있을 것이다. 모방, 균형, 경제성은 진화뿐 아니라 시에 필요한 것이기도 하기 때문이다.

이런 관점에서 보면 문화는 생물이 가진 두드러지는 특징인 소란하며 무자비한 다양성의 '재가동'이라고 할 수 있겠다. 문화가 누구나 이용 가능한 오픈 소스 운영 체제로 이루어진 새로운 플랫폼이라면 생물학적 진화는 이와 몹시 유사한, 단순하지만 느린 중앙 제어 시스템이다. 생물학이 적응을 위해 느리지만 확실한 묘목장을 제공한다면, (무한한 공간을 가지고 있다는 점만 제외하면 궁극적으로는 자연의 일부인) 문화는 생존을 위해 엉성하지만 쓸 만한 도구 세트를 만들어내는 일종의 온실을 제공한다. 문화가 하는 일은 실제의 자연선택보다는 빠른 피드백 메커니즘을 가진 적응 회로, 생물종의 번식주기보다 훨씬 짧은 주기로 작동하는 회로를 제공하는 것인 셈이다. 그리고 이런 의미에서 글쓰기는 문화가 새로운 형태를 발달시키는 능력의 속도와 밀도에 있어 두드러지는 발전이라고 볼 수 있다.

오늘날 서양의 독서 문화는 인쇄기의 힘으로만 태어난 것이 아니다. 중세 아동들을 책과 독서에 노출시킨 것 역시 이를 위한 기틀을 닦았다. 조르주 드 라 투르(Georges de la Tour)가 그림 「성모의 교육」에서 그려냈듯이, 가정생활을 담은 장면에서 책은 중요한 요소였다. 두꺼운 책은 촛불의 빛을 받아 빛나는 가운데 세상의 나머지는 이와 대비되는 심연 속에 묻혀버린다. 가정에서의 독서 애호가 드러나는 이 같은 장면은 결코 드문 것이 아니다. 니컬러스 옴(Nicholas Orme)이 탁월한 연구서 『중세의 아이들(Medieval Children)』에 썼듯 여러 필사본이 이 장면에 대한 해석을 되풀이했다. 기독교 성인전인 『황금전설』과 2세기에 쓰인 외경인 「야고보 원복음」 둘 다 생식력이 없는 노인인 요아킴과 안나의 딸 마리아가 배움을 위해 예루살렘 성전으로 갔다고 썼다. 그럼에도 화가들은 마리아가 가정에서 책을 펴놓고 어머니와 마주 앉은 모습을 꾸준히 그려냈다. 이런 묘사는 「시편」 51장 "주여, 내 입술을 열어주소서. 내 입이 주를 찬송하여……"라는 구절로 시작하는 중세의 기도서인 『시도서』 첫 장에 그려지곤 했다. 이런 방식으로 화가는 가정에서 함께하는 친밀한 독서를 계시의 이미지와 말로써 하는 항복에 결부시켰다. 이런 장면들은 서양의 상상력 가장 깊숙한 곳까지 책을 스며들게 만들어 책을 학술적이며 종교적인 위엄에서 끌어내려 개인적 경험의 차원으로 가지고 왔다. 오늘날까지도 책은 집 안에 자리를 잡고, 문명화된 사회에서 책의 위치(위상)를 결정짓는 패턴을 만들어내는 독서가 이루어지는 결정적인 시기인 어린 시절의 책 속 모험을 가능케 한다.

어린 시절의 독서에 배어 있는 따뜻하고 경이로운 가정적 분위기는 역사적으로 아이들이 글쓰기를 배워온 방식과는 두드러지게 대조를 이룬다. 쐐기문자에서 팔머 필기법 교본에 이르기까지, 글쓰기라는 기술을 배우는 데 따르는 암기 훈련은 전통적으로 가혹하고 때때로 신체적 학대로 이어지기도 한다. 다양한 언어와 형태가 복잡하게 뒤섞인 쐐기문자는 그중에서도 특히 배울 때 혼란스럽고 고통스러웠으리라. 학생들은 기초 음절자를 가장 단순한 것에서부터 복잡한 것에 이르기까지 차례로 암기했다. 수메르어 자모를 나타내는 글자들은 전체의 극히 일부에 불과했다. 그다음으로 배울 것은 엇갈리는 다양한 발음을 만들어내는, 아찔할 정도로 방대한 재구성과 병치였고, 그다음으로 이름과 직업, 동물과 사물의 이름을 배웠다. 그것들을 다 배운 다음에야 드디어 텍스트를 베끼기 시작할 수 있었다. 그러나 다양한 변형과 발음법이 있는 쐐기문자의 경우 베끼기는 작문의 한 형태이기도 했다. 당시의 필사 교육은 오늘날의 글쓰기 교육보다는 곡을 유려하게 연주하기 위해 건반과 음계를 차례로 배워가는 음악 교육과 더 비슷했다. 그렇게 이 과정을 모두 끝낸 메소포타미아의 필경사들은 능란한 기술을 갖추게 되었다. 그들의 훈련 과정에는 셈과 점성학, 법 용어와 무게와 수치를 배우는 것까지 포함되어 있었다. 이는 문예 교육이라기보다는 정보를 제어하는 사이버네틱스 교육에 더 가깝다. 정보를 통제한다는 점에서 권력과 문자의 긴밀한 연관성—문학뿐만 아니라 사회의 진보에도 영향을 주는—을 시사한다.

그러나 이런 훈련 역시 아이들이 학교보다는 집에서 글쓰기의 기술을 배우는 경우가 늘어나면서 변하게 되었다. 학교에서 가르치는 읽고 쓰기 교육은 수시로 바뀐다. 지금은 소리에 기반을 둔 전통적인 음성학이 다시 유행하고 있고 일명 총체적 언어교육이라는 접근법은 뒷자리로 물러났다. 그러나 교실 안이 (태블릿 컴퓨터와 랩톱이 등장했다는 점을 제외하면) 거의 바뀌지 않은 것과는 달리 책 읽기 환경을 둘러싼 그 밖의 모든 것은 완전히 달라졌다. 이제 많은 아이들은 읽고 쓰는 법을 알기 전부터 컴퓨터 사용법을 배우고, 컴퓨터가 사물의 세계에 보다 깊숙이 파고들수록 독서의 변화 역시 더욱 밀접하고 깊은 영역으로 파고든다. 어쩌면 매리언 울프(Maryanne Wolf)를 비롯한 연구자들이 걱정했던 대로 기술이 지속적 독서를 분열시키고 있는 건지도 모르겠다. 아니면 기술 덕분에 글쓰기 학습이 더 즐겁고 쉽고 개인적인 동기를 띠는 건지도 모르고. 둘 중 어떤 것이든 우리는 결국 글쓰기의 교권을 글쓰기의 끝없는 피드백 루프 속 또 한 번의 주기 속에서 변형하고 보존할, 말하자면 우리에게 주어져 마땅한 독자들을 얻게 될 것이다. 옛 시절에 우리는 필경사들과 대서사들이 우리의 명을 받고 이에 따라 우리의 세계에 질서를 만들어주기를 바랐다. 그런데 오늘날 우리는 의미를 만들어내는 유연한 창조자를 원한다. 그러니 우리가 글쓰기를 배우는 방식 또한 이에 따라 변한다 해도 놀랄 일은 아니다.

다윈이 말한 무한한 형상 중에서도 가장 복잡하고 고도로 진화한 형상인 글쓰기는 여전히 진화를 거듭하며 새로운 매체를 잠식하고 새로운 표현 양식에 적응한다. 체스처럼, 신고전주의 건축처럼, 신처럼, 글쓰기는 살아남고 번성하기 위해 우리의 의식을 필요로 한다. 이렇게 설명한다고 해서 글이라는 근사한 우발적 사건의 위엄과 경이가 줄어드는 것은 아니다. 실은 그 사실이 내가 글을 찬양하는 이유의 바탕이기도 하다. 우리는 다시 다윈의 뒤엉킨 강둑으로 돌아와 "각기 너무나 독특한 형태를 띤, 무척 복잡한 방식으로 서로 독립되어 있는 정교하게 구축된 형상들은 모두 우리를 둘러싸고 작용하는 법칙들의 산물"인 글을 바라보고 있다. 다만 글의 경우에는 이런 법칙이 말하지도 보지도 못하는 행위자가 아니라 인간 의식의 작용으로서 우리를 **통해** 작용한다는 점이 다르다.

글은 문명의 시녀이고 강자의 도구다. 글은 회계와 법과 행정을 가능하게 한다. 그러나 글이 문학을 위해 열어준 공간 속에서 글은 우리의 자유를 보장하며 우리의 존엄을 지켜준다. 유사한 방식으로 우리는 컴퓨터를 지난 반세기 사이에 마치 구름에서 떨어진 역사의 천사처럼 우리에게 밀려온 기술적 혁명이자 문화적 파국으로 보았다. 그러나 컴퓨터 역시 인쇄기에서 전신에 이르기까지 텍스트를 생산하는 다른 수단들과 마찬가지로, 오로지 필사본만이 생산수단이던 기나긴 단계에서 이어진 글쓰기 역사의 일부다. 우리는 네트워크 문화를 분열적인 것, 지난 5000년간 우리가 익혀온 글쓰기와 책과 학습의 세계를 용해하는 만능 용해제라고 생각하는 경향이 있다. 그러나 이 분열은 구텐베르크의 발명뿐 아니라 서한과 성서로, 명문과 그래피티로 이어져온 풍성한 담론을 통해 주어진 것인 동시에 이와 동일선상에 놓인 것이다. 즉 공적 영역의 기나긴 역사의 새로운 장에 불과하다. 우리는 전자 글쓰기가 '진짜' 글쓰기의 온기와 물성—굳어가는 점토, 이랑진 밀랍, 무두질한 가죽, 빳빳한 종이—과는 동떨어진 철저히 탈물질화된 것이라고 생각하는 경향이 있다. 그러나 전자 글쓰기의 뒤엉킴 역시 물성을 가진 것으로, 그 물성은 신호를 내뿜는 카리스마적인 장치뿐만 아니라 신호가 점멸하며 전송되는 통로인 구리선과 광섬유, 연납과 실리콘, 그리고 전자기 스펙트럼의 반대쪽 끝에서 오는 것이기도 하다.

물론 구술과 문자, 필사본과 인쇄물, 인쇄기와 컴퓨터라는 이분법을 제시하는 것 자체도 또다시 문제를 낳는다. 지금까지 살펴보았듯 필사본을 제작하기 위해 손글씨를 쓸 수 있는 단 한 가지 매체, 유일한 생산방법이라는 것은 존재하지 않았다. 애초부터 고전적인 물질의 4요소 모두가 글쓰기의 매체가 되었다. 가죽, 식물섬유, 피지, 파피루스, 종이 모두 살아 있는 것들에서 온 것으로 그 4요소의 혼합물이었던 것이다. 광물성의 잉크는 불과 흙을 물과 결혼시키고, 그 숨결 속에서 증류된 로고스는 바람에 실려 간다. 그리고 전자식의 형태를 띠었을 때도 글은 여전히 이 물질적 요소들을 동원한다.

우리는 글쓰기를 위해 숲을 밀어버리고 열차 한 대분의 석탄을 활활 태우지만 이는 우리 문명의 다른 습관들이 이 지구에 만든 오지만디아스 식의 광대한 폐허에 비하면 아무것도 아니다. 중요한 것은 우리의 집중 시간이 짧아지고 있는가, 우리의 문화적 기준이 시들어가고 있는가, 우리의 양식과 장르가 흐릿해지는가가 아니다. 우리가 물어야 할 것은 이 질문이다. 글쓰기는 우리가 글로써 저지른 일들을 없앨 수 있는

가? 주문의 형태로건, 천문도의 형태로건, 필사본 두루마리의 형태로건, 기계로 해독 가능한 코드의 형태로건, 아니면점점 더 난해하고 강력해지는 전자 양식으로건, 글은 우리의철저히 물질적인 뒤엉킴이 빚어낸 폐허를 앞지르고, 궁극적으로는 유지할 수단을 줄 수 있을까?

1972년과 1973년 우주탐사선 파이오니어가 지구를 떠나 태양계 궤도에 오를 때 파이오니어에는 벌거벗은 코카서스인종 남녀 한 쌍의 그림, 그리고 외계 생명체에게 탐사선의 출발지와 맥락을 알리기 위한 여러 가지 상형자, 그리고 이진수기반의 암호로 새겨진 설명과 메시지를 담은 금속판이 실렸다. 이 금속판은 천문학자이자 작가인 칼 세이건(Carl Sagan)이 SETI(외계 지적 생명체 탐사) 계획의 창시자인 프랭크 드레이크(Frank Drake)와 함께 고안한 것이다. 그림은 세이건의 아내인 린다 살츠먼(Linda Salzman)이 그렸다. 몇 년 후 세이건은음악과 천체물리학, 녹음 기술 분야 전문가들로 이루어진 팀을 꾸려 보이저 레코드를 제작했고, 파이오니어와 마찬가지로 각각의 레코드에는 금속을 입혔으며, 전기 도금된 커버에는 미량의 우라늄을 삽입해 우라늄 238의 반감기가 45억 년임을 감안하여 탐사선의 연대를 측정할 수 있도록 했다.

세이건의 우아하고도 소박한 메시지를 외계인이 해독했는지는 아무도 모른다. 글쎄, 그렇지 못했을 가능성이 천문학적으로 높으니까. 이 글을 쓰고 있는 지금 두 대의 보이저 탐사선은 지구에서 각각 150억 킬로미터, 200억 킬로미터 떨어진 곳에 있다. 심우주 통신망(Deep Space Network)을 통해 광속으로 전달되는 전파가 이 간격을 메우기까지는 15시간이 넘게 걸린다. 그러나 그렇게 멀리까지 갔는데도 보이저 탐사선들은 아직 다른 항성계에서 어마어마하게 멀리 떨어진 태양계 속에 존재한다.* 보이저 1호는 4만 년 내에는 다른 항성계 2광년 내에 진입하지 못할 것이다. 그리고 보이저 2호는 30만 년쯤 후 시리우스 항성계 5광년 내로 진입하게 될 것이다. 현재 보이저 탐사선들은 성간 우주와 맞닿아 있는 태양권의 바깥층인 헬리오스시스를 통과하고 있다. 지구와의 상대적인 속도와 무관하게 은하계의 관점에서는 그들은 거의 정지 상태로 2억 5000만 광년에 달하는 은하수의 궤도 속에서 별들과 암흑 물질과 어우러져 장대한 춤을 추고 있는 셈이다.

세이건 자신도 인정했듯, 탐사선에 실린 메시지의 첫째 목적은 동시대의 지구인들에게 우리 모두가 지구라는 "작은 파란 구슬" 속에 함께하고 있다는 사실을 상기시키는 것이고, 두 번째 목적은 타임캡슐로서의 역할이었다. 보이저호에 실린 골든 레코드 계획을 담은 『지구의 속삭임』에서 세이건은 미

★　보이저 1호는 2012년에, 보이저 2호는 2018년에 태양계를 벗어났다.

외계의 지적 생명체에게 보내는 영원한 메시지인 파이오니어 금속판은
천문학적 발견의 약속이 지구의 소멸이라는 공포스러운 전망과 뒤섞여
있었던 당대의 과학적 언어를 불가피하게 담고 있다. 왼쪽 위 상형문자는
수소 원자의 전자 하나에 담긴 에너지 천이를 담고 있는데, 이는 주파수를
활용해 다른 여러 별들에 대한 우리 태양의 상대 위치를 측정하는 기준으로
나타내기 위함이고, 이 상대 위치는 아래에 그려진, 가운데가 중첩되는
직선들이 별 모양을 이루는 패턴으로 표현되었다. 지극히 적은 확률이지만
만에 하나 외계 지성체가 파이오니어 탐사선을 탈취한들 칼 세이건이 주의
깊게 부호화한 메시지가 그 정보를 전달할 수 있을지 알아낼 방법은 없다.
그러나 과학적 수치와 인간의 형상을 채택하고, 탐사선이 행성들 사이를
가냘프게 날아가는 모습을 체계적으로 묘사한 이 금속판은 구문론적 야망을
앞지르는 의미론적 힘과 표현력을 보여준다. 각진 그리스문자와 벌레 먹은
파편과 섬유질이 오랜 세월의 간극을 한층 강조하는 한편으로 우리를 옛
선조와 한데 엮어주는 옥시린쿠스 파피루스를 떠올리지 않을 도리가 없다.

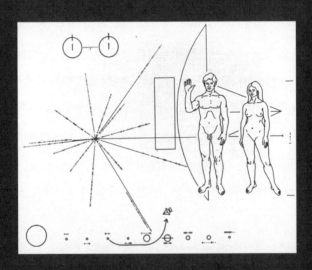

래를 위한 메시지를 금속판에 새겨 기념비의 토대에 담은 기원전 7세기 아시리아의 왕 에사르하돈(Esarhaddon)의 이야기를 들려준다. 에사르하돈의 기념비는 귀한 돌을 조각해 아시리아인에게 아름다움과 그 안에 응축된 힘의 의미가 무엇인가를 새긴 것이다. 인간은 오래전부터 신에게 소원을 빌고자 제물을 바쳤다. 라틴어로 신에 대한 서약을 의미하는 보툼(votum)에서 유래한 봉헌물(votive offerings)이 그것이다. 신이나 죽은 자들뿐만 아니라 미지의 외계인과 먼 미래의 사람들을 향하는 봉헌의 욕구는 문명이 가진 멈추지 않는 야망 중 하나를 드러낸다. 바로 기억되고자 하는 욕망이다.

사실 이런 목적으로 만들어진 탐사선도 존재하는데, 여기 실린 금속판은 외계 생명체가 아니라 (똑같이 낯선) 미래의 지구 거주자를 위한 것이었다. 1976년 발사된 레이저 지구역학 위성, 즉 라지오스(LAGEOS)는 지구의 대륙판을 측정하기 위한 것으로 라지오스 2호는 1992년 컬럼비아 우주왕복선에서 발사되었다. 라지오스 탐사선은 그 자체로도 보통의 위성들과는 달리 놀랍도록 근사한 외견을 지녔다. 지름이 50센티미터가량에 무게는 450킬로그램으로 커다란 디스코 볼처럼 반사판이 군데군데 달려 있는 황동 소재의 구체인 라지오스 안에는 전자 기기를 비롯한 여타의 계기 장치가 실려 있지 않다. 우주 시대의 이 유물은 청동기시대의 기술로도 충분히 만들 수 있음 직한 것이다. 본질적으로 라지오스는 표적이다. 지상의 정거장에서 라지오스의 반사되는 표면을 향해 레이저를 쏘아 거리를 측정하는 방식으로 지질의 미세한 움직임을 감지하는 것이다. 라지오스의 질량이 크기 때문에 추진 장치가 탑재되어 있지 않은데도 지극히 안정적으로 궤도에 오를 수 있다. 궤도에서 떨어져 나오기까지는 840만 년이 걸릴 것이고, 그때가 되면 라지오스는 오늘날 인류세라고 불리는 시대가 남긴 폐허 속 어딘가로 추락할 것이다. 역시 세이건이 고안한 라지오스 금속판에는 발사 시점의 지구 대륙의 지도와 1600만 년에 걸친 대륙 이동의 결과로 만들어질 미션 종료 시점의 지도가 그려져 있다. 인간일지 비인간일지 알 수 없는 미래에 살고 있을 지구의 거주자에게 그들이 살고 있는 대륙의 배치와 우리가 해낸 업적을 보여주려는 의도였다.

이런 금속판이며 골든 레코드 안에는 돈키호테적인 것과 오지만디아스적인 것이 혼합된 특성이 담겨 있다. 우리가 우주에서는 아무것도 아니라는 점을 인식하는 동시에 그 앎을 우주로 쏘아 올릴 수 있는 기술에 대한 교만함이 담겨 있는데, 이는 20세기 후반 과학에 깊게 밴 성격이다. 세이건 역시 최초의 보이저호 미션에 대한 글에서 같은 말을 했다. "이 '병'을 우주라는 '바다'로 보낸다는 것은 이 행성에서의 삶에 대한 아주 희망적인 무언가를 말하고 있다." 이 희망은 아무리 가냘프더라도 보이저호가 외계의 생명체와 마주칠 가능성에 비하면 너무나도 크다. 병 속에 담긴 메시지는 20세기 중반에 미국 과학기술이 심어준 경이로운 신화를 그 무엇보다도 분명하게 전달해준다. 원자력 시대에 과학이 촉발한 파괴적 힘의 관점에서, 과학 그 자체를 통해 지구에서의 삶의 기록을 보존하려는 시도였던 것이다.

글을 통해 미래의 지구 거주자들에게 우리의 문명이 촉발한 파괴력을 경고하고자 한 이들도 있었다. 1990년대 초반 미국 에너지부는 예술가, 기술자, 그리고 과학자(이들 중에는 칼 세이건의 협력자였던 프랭크 드레이크와 존 롬버그(Jon Lomberg)도 있었다.)로 패널을 구성해 미래에 우리의 핵폐기물 저장소를 발견할 이에게 보낼 경고 메시지를 고안하도록 했다. 1993년 이렇게 구성된 일명 마커 위원회(Marker Committee)가 제출한 보고서에는 오늘날까지의 글쓰기의 역사보다 두 배나 긴 시간인 1만 년 이상이 지난 먼 미래의 대화 상대를 향해 말을 거는 어려운 도전이 담겨 있다. 그들은 해당 지역에 불길해 보이는 스파이크나 검은색의 눈에 띄는 돌과 같은 다양한 시각 요소를 설치할 것을 제안했다. 그러나 결국 그들도 글에 의지할 수밖에 없었다.

이곳은 방사성 폐기물이 묻혀 있는 장소입니다.

우리는 이곳을 그대로 둔다면 위험하지 않다고
믿습니다! 우리는 이제 땅 밑에 무엇이 묻혀 있으며,
어째서 이 장소를 건드리면 안 되고, 만약 건드린다면
어떤 일이 일어날 것인지를 설명할 것입니다. 우리는
이 정보를 제공해 여러분을 비롯한 미래 세대를
이 폐기물의 위험으로부터 보호하고 싶습니다.

그들은 이 전설, 과학의 시대가 남긴 암울한 주문이 지
구 어딘가에 숨겨진 일종의 사원 벽을 이루는 돌에 새겨졌다
가 발견된다고 상상했다. 폐기물 저장소의 입구에 있지만, 이
메시지를 읽는 이들이 폐기물의 소리 없고 보이지 않는 파괴
에 노출될 만큼 깊이 들어가지 않아도 되는 장소에.

방사능은 시간이 지날수록 기하급수적으로
감소합니다. 이 폐기물이 이곳에 묻힌 뒤 1만 년이
지나면 이 폐기물은 그 방사성 물질의 원재료인
광석보다 위험하지 않을 것입니다. …… 이 그림에
담긴 것은 이 자리에서 보이는 가장 밝은 별 네
개(시리우스, 카노푸스, 아르크투르스, 베가)입니다. 별이
뜨는 위치는 시간이 지나면서 바뀔 것이기에 이
지도에 담긴 별들의 정렬 각도가 이 장소가 폐쇄된 지

얼마만큼의 시간이 지났는지를 알려줄 것입니다.

이곳에서 위원회의 경고는 문득 과학적 숭고미를 띠면서 물질과 에너지의 속성을 밝혀내게 한 우주의 장엄한 거대함과 냉혹한 수명에 대한 우리의 발견을 시사한다. 위원회 보고서의 결말은 현대적인 단순한 산문의 형식으로 글쓰기의 오래된 관습에 의지하여 표현된 엄중한 질책이다.

> 이 마커를 파괴하지 마십시오. 메시지를 읽기
> 어렵다면 이 벽의 빈 공간에 당신들의 언어로 새로
> 쓰십시오. 마커가 낡거나 유실된다면 더 오래가는
> 물질에 당신들이 쓰는 언어로 된 새로운 마커를
> 만드십시오. 미합중국 정부에 의해 ……에 지어진
> 이 처리장은 긴 시간에 걸쳐 책임감 있게 폐기물을
> 처리하고자 하는 첫 번째 시도를 나타냅니다.

내가 이룬 것들을 보아라, 위대하다는 이들아, 그리고 절망하라.

이 메시지는 아직 새겨지지 않았으니 전달되지도 않았다. 우리는 정치적으로, 문화적으로 우리가 장기간에 걸쳐 지구에 남긴, 서식지 파괴와 대량 멸종을 야기하는 방사성 폐기물에서부터 공해와 기후변화에 이르는 어마어마한 영향에 대처하지 못하고 있다. 북아메리카에서 장기간 동안의 방사성 폐기물 저장이 가능한 적합한 시설 건설은 정치적으로 불가능하고, 세계 곳곳에 존재하는 폐기장들은 완전히 봉쇄되려면 아직 멀었다. 그렇기에 우리가 장기간 지속되도록 남겨놓은 메시지는 의기양양한 희망에 불과하다. 지금은 달에 있는 아폴로 착륙선에 실렸던 금속판에는 "우리는 모든 인류의 평화를 위해서 왔다."라고 적혀 있다. 그러나 아직은 금속판에도 돌에도 새겨지지 못한 마커 위원회의 메시지야말로 우리의 문명이 미래 세대에게 전할 수 있는 가장 진실하고도 긴박한 메시지일는지 모른다.

물론 살아남는 것은 이 기념비적인 인간 문명의 자취도 무서운 경고도 아닐 것이다. 절대 그 의도대로는 아닐 것이다. 우리의 후손들이 해독해야 할 것은 수많은 색을 띤 임의적인 온갖 글들이 파편과 낙서의 형태로 뒤죽박죽 뒤섞인 무더기일 것이다. 점토 조각, 잘 문지른 파피루스, 원을 그릴 때는 서투른 흔적이 남았을 유리창에 새긴 글씨와 우아하지만 읽어낼 수 없는 낙서들일 것이다. 글을 아래로 밀어내며 다른 글을 담고자 하는 팰림프세스트의 팰림프세스트, 글자 위에 겹친 글자일 것이다. 글쓰기는 이미 복잡했던 인간의 사회에서 하나의 도구로서 등장했으며, 그것이 자아낸 자원과 결과물은 이제 인간이라는 종뿐 아니라 생명 그 자체의 미래를 위협하고 있다. 글이 우리로 하여금 문명이 촉발한 파괴적 힘을 피해갈 수 있도록 해줄지는 도저히 알 도리가 없다. 그러나 단한 가지만은 믿어도 되리라. 그 편재성과 지속성 덕분에, 확산되는 생명력 덕분에, 자기 자신을 기록하고 연결하고 세계의날실 속에 짜 넣고자 하는 충동 덕분에, 우리의 글은 우리들보다 오래 살아남으리라는 것이다.

나가며: 정신으로서의 페이지

"인간의 두뇌만큼이나 자연적이며 힘센 팰럼프세스트가 또 어디 있겠는가?" 나는 이 책의 시작을 연 드퀸시의 질문을 다시 한 번 쓴다. 6만 단어가 넘는 분량을 지나온 여기서 이 질문은 어떻게 달라졌을까?

　　토머스 드퀸시는 인간의 기지를 하나의 동물로서, 동시에 가장 고매한 형태로 접했던 낭만주의자였다. 우리가 그를 낭만주의자로 보는 큰 이유는 그가 15세의 나이에 『서정시집(*Lyrical Ballads*)』을 읽고 윌리엄 워즈워스(William Wordsworth)를 만나려고 삭막한 기숙학교를 뛰쳐나왔기 때문이다. 그 시도는 워즈워스의 어머니 집까지 찾아가는 것에 그쳤다. 물론 그는 결국 워즈워스가 한때 살았던 레이크 디스트릭트의 도브 코티지에 살면서 그와 오랜 시간을 보내게 되었고, 돈이 떨어지면 글을 썼으며—요즘에는 거의 없는 일이다.—돈이 있을 때면 아편을 잔뜩 피웠다.

드퀸시는 아편에 취한 환각 속에서 미친 사람처럼 횡설수설을 늘어놓는 『어느 영국인 아편 중독자의 고백』 그리고 『심연에서의 탄식』이라는 두 권의 에세이집을 썼는데, 후자의 제목을 더 간단하게 '깊은 한숨'이라고 해도 좋을 것이다. 그가 팰림프세스트에 대해 쓴 것은 바로 이 책이다. 이 글이 쓰이기 전에 팰림프세스트는 말 그대로 작가가 새로 글을 쓰기 위해 깨끗이 긁어내 원래의 글을 지워버린 양피지나 모조 피지 조각을 가리키는 말이었다. 드퀸시가 살았던 19세기 초반에도 종이는 비쌌다. 작가들은 종이에 글을 쓴 다음 옆으로 90도 돌려서 다시 글을 씀으로써 직접 팰림프세스트하기도 했다.(팰림프세스트는 동사로도 쓰일 수 있다.) 학자들이 고대에 관심을 가지기 시작하자 팰림프세스트는 유실된 글을 재구성하고 복원할 수 있는 문헌학의 중요한 자료가 되었는데, 오늘날에도 희귀본 도서관이나 기록 보관소에서 팰림프세스트는 이 역할을 이어가고 있다. 그러나 드퀸시는 팰림프세스트의 또 다른 측면을 알아차렸다. 인간의 두뇌 작용을 표현하기에 적절한 은유라는 점이다.

드퀸시는 우선 팰림프세스트의 물질적 측면인 특유의 경제성에 집중했다. 팰림프세스트가 변하기 쉬운 취향과 문화적 변화라는 무시할 수 없는 물적 차원의 지표로서 하는 역할이다. 한 작가의 문화적 자본의 가치가 하락하면 그/녀의(드퀸시는 항상 남성대명사를 사용하기는 했지만) 작품이 표현된 재료가 욕망의 대상이 된다. "한때 이것은 양피지 위에 가치를 새긴 인간 정신의 흔적이었다." 드퀸시는 이렇게 쓴다. "양피지는 비싸지만 전체적인 결과물에 부차적인 가치 요소로 기여할 뿐이다. 그러나 시간이 지나면 그 매체와 본질 간의 관계가 서서히 드러난다. 한때는 보석의 상감(象嵌)이었던 양피지는 시간이 지나 그 자체로 보석이 된다. 그리고 주된 가치를 양피지에게 내어준 사고라는 짐은 이제 양피지의 가치를 갉아먹는 가장 큰 장해물이 된다. 아니, 양피지에서 완전히 분리해내지 않는 한 완전히 가치를 상실해버린다." 드퀸시는 이런 우연한 경제학에 의해 우리에게 대대로 이어진 과거의 기록, 그리고 그 기록에 따라붙는 아이러니가 남겨진다고 쓴다. 덧쓰고 지워버리려는—잊어버리려는—각 세대의 욕망이 바로 그 보존을 가능하게 했기 때문이다. "그들은 자신들에게 주어진 일을 했고, 효과적으로 했다. 그들은 그 위에 필요한 것들을 만들어냈기 때문이다. 그럼에도 이는 헛된 일이기도 한데,

우리가 그들이 위에 덧쓴 것들을 지워버리고 그들이 지워버린 아래의 것을 복원하면서 그들의 작업을 풀어버렸기 때문이다." 드퀸시는 작가들은 초조함 때문이든 적개심 때문이든 선배들의 단어를 지우고 그 위에 덧쓰고, 이로써 팰림프세스트의 형태로 과거의 글의 흔적을 보존하여 그 귀중함과 의미를 더한다고 말한다. "내 두뇌는 팰림프세스트다. 그 팰림프세스트는, 독자들이여! 당신들의 것이다. 한없이 켜켜이 쌓인 사상과 이미지와 감정이 빛처럼 가볍게 당신들의 두뇌에 내려앉았다. 그러나 실제로는 단 하나도 사라지지 않았다." 드퀸시는 "인간의 기록 보관소나 도서관에 있는 여타의 고문서 사이에 놓인 양피지 팰림프세스트"에 결합된 여러 켜 중에는 종종 이상하거나 심지어 우스꽝스럽기까지 한 것들이 끼어 있다며, 그 의미의 행걸이가 "환상적이거나 웃음을 자아내는데, 자연스럽게 연결되는 것이 아니라 순전히 우연히 같은 양피지 위에 연속해서 쓰였다는 이유만으로 이어지는 주제가 그로테스크하게 충돌하는 경우가 종종 있기 때문"이라고 언급했다. 그러나 정신적인 팰림프세스트의 경우는 다르다. 양피지에 대대로 쓰고 덧쓴 겹들은 오로지 우연으로 연결되어 있는 반면 정신은 언제나 연관 관계를 만들고자 분투하기 때문이다. "하느님의 피조물인 우리의 팰림프세스트, 두뇌라는 심원한 기억의 팰림프세스트에는 그런 비일관성이 없으며, 있을 수가 없다."

　단순히 우연적인 것에서 의미를 찾아내는 것, 그것이 글이 우리에게 요구하는 것이며, 글이 수천 년간 우리를 소환하는 이유다. 한자가 가진 즉시성과 이미지즘의 힘에 매료된 것만큼이나 기계로 생산되는 문화에 경탄했던 에즈라 파운드 역시 그렇게 여겼다. 파운드는 빅토리아시대의 시가 타락한 것을 경멸했음에도 불구하고 그가 태어난 시대의 산업과 발명품의 가치는 높이 샀다. 비평가 휴 케너(Hugh Kenner)가 보여주었듯 이런 발명품―특히 타자기―은 파운드와 동료들에게 단순한 도구가 아니라 독창성의 시학을 제공했다. 현대적 기계 그리고 산업 그 자체가 파운드에게는 과거 세대의 발명 위에 놓여 때로는 편리하고 이따금 무시무시하지만 단연코 숭고한 의미를 지닌 체계로 서로를 이어주는 힘센 팰림프세스트로 보였으리라. 그리고 파운드 같은 현대 시인에게 이런 기계는 글쓰기의 세계와도 연결되었다. 케너는 파운드가 "고압 강철처럼 리듬 역시 발명"으로 인식했다고 쓴다.

　케너는 이어 이렇게 쓴다. "시는 단어로 이루어져 있으나 단어 이상의 것이다. 시는 단어 그리고 우리가 그 단어들을 보고 듣는 방식이 음조와 몸짓, 억양, 심지어 표정까지도 띨 수 있게 만드는 온갖 장치들로 이루어진 것이다."

　몸짓, 억양, 표정 역시 글 속에 함축된다. 쥐가 난 손, 피곤한 눈, 혼란해진 두뇌는 필경사들의 직업병이며 중세의 마지널리아*에 종종 그에 대한 한탄이 등장하기도 했다. 그러나 이들은 역사를 통틀어 작가들을 쫓아다닌 권태와 질투심, 불안의 객관적 상관물**이기도 하다. 심지어 컴퓨터 알고리즘을 통해 산출된 글조차도 유기체에 의해 만들어진 사물이며, 결과적으로 그 유기체를 다시금 만들어내는 사물이기도 하다. 계몽주의 시대에는 유기체가 정교한 부품들을 질서정연하게 배열해 만든 기계와 비슷하다고 보았다. 게다가 인간이라는 유기체는 차분한 이성의 레버를 잡아당기는 호문쿨루스라는 아주 작은 유령이 관리하는 기계였다. 드퀸시와 같은 낭만주의자들은 이런 모형을 거부했다. 낭만주의자들에게 유기체는 세계에 귀신처럼 홀연히 떠오른 존재이며 기계라기보다는 욕망과 감각, 힘, 효과의 폭풍, 서로 교감하는 겹겹의 층을 가진, 육체와 의미로 이루어진 팰림프세스트였다. 심지어 기계조차도 우리가 생각하는 그런 것이 아니다. 기계 역시 시간을 넘나들며 서로 연결되어 있기 때문이다. 기계는 서로에게 의존하고 궁극적으로는 그들에게 의미라는 원동력을 주는 우리에게 의존한다.

★ marginalia, 중세 서적의 본문 바깥 여백을 차지하던 손으로 쓴 주석이나 장식.

★★ T. S. 엘리엇이 처음 사용한 용어로 작품에서 표현하고자 하는 정서와 직접적으로 관련되지 않으나 그 표현 수단으로 사용되는 사물, 정황, 사건.

그럼에도 계몽주의 시대에 생각했던 작은 관리자라는 개념이 완전히 사라진 것은 아니다. 우리 시대에도 이 관리자는 집요하게 남아 네트워크를 통해 배포되는데, 이제는 제어장치 앞에 앉는 대신 사이버(cyber)—'관리자'를 뜻하는 그리스어에서 유래한 말이다.—의 어원에 숨겨진 속성으로서 활약한다. 그러나 궁극적으로 사이버란 우리다. 기호, 정, 깃펜, 활자, 키보드, 터치스크린을 호령하는 사람들 말이다. 디지털에 대해 이야기할 때 우리는 산술 능력 역시 글의 한 종이라는 것, 계산이 손가락으로 이루어지는 일이며, 이상과 추상에 다가가더라도 기호로 이루어진 지상의 물질에서 시작한다는 것을 알게 된다. 아무리 가느다란 섬유로 되어 있은들, 아무리 멀리까지 뻗어나간들 내 컴퓨터의 작업은 내 손으로 이루어진다. 그리고 그 작업이 아무리 내 능력을 넘어선 것처럼 보인들 그것을 빚어내고 인도하는 것은 나의 몫이다.

이 인도를 위해 나는 이 책의 처음에 한 번, 또 책의 말미에서—지금쯤이면 선명하게 드러났기를 바라는 글이 갖는 특유의 효과와 울림에 관해—한층 무게를 실어 물었던 드퀸시의 질문에 대한 의문으로 다시금 돌아온다. 솔직히 말하면 나는 이 질문을 '복사'의 단축키를 누른 뒤 '붙여 넣기' 해서 내가 이 책을 쓰고 있는 문서 창 맨 위에 있는 문장부호와 서체, 양식으로 완성했다.

이 행동이 프로이트의 신비스런 글쓰기 판에서 이루어지는 복사, 밀랍 위에 이랑을 짓듯 글씨를 새기는 유령 같은 흔적과 어떻게 다른가? 마르티알리스와 바울이 남긴 잉크 얼룩과 삭제와는 얼마나 다른가? 책 서두에 등장하는 드퀸시의 질문은 전자 문서에서 베껴 썼는데, 복사/붙여 넣기를 지원하지 않는 형식의 문서여서 어쩔 수 없이 직접 자판으로 입력할 수밖에 없었다. 컴퓨터와 네트워크, 그리고 내가 사용하는 웹 기반 워드프로세서를 운영하는 코드에 '사건'으로 등록되어 있는 이 입력은 나중에 내가 다시 끌어다 사용할 수 있도록 보이지 않는 데이터 테이블에 보관된다.

이 책을 본격적으로 쓰기 시작한 지 10년이 지나는 동안 이 책은 수많은 데이터 테이블 속에 흩어지고 서버에서 서버를 타고 전 세계로 날아다니는 정보의 패킷이 되었으며 서너 가지의 텍스트 편집 프로그램의 수많은 버전 속에 파일이라는 뼈로서 존재하게 되었다. 그리고 21세기 글의 기이한 현상학 속에서 내가 드퀸시의 질문으로 만든 팰림프세스트는 그 용어를 뒤집는다. 정신을 페이지로 보는 은유에서, 어쩌면 내 눈에는 12포인트 조지아체로 쓰인 이 페이지가 일종의 정신이 될 수 있을지도 모른다는 가능성으로 말이다.

마르티알리스의 해면은 홈이 파인 파피루스 표면의 맑은 잉크 자국을 훔쳐냈다. 중세의 필경사들은 몰식자 잉크로 쓰인 글씨가 망각 속으로 거의 자취를 감출 때까지 펜나이프로 파피루스 섬유를 긁고 파냈다. 이 책에서 내가 한 것처럼 한 구절을 복사하기 위해 과거의 필경사들은 기억에서 구술 담화로, 그리고 검은 찌끼가 묻어 굴러다니는 가동활자에 이르기까지 다양한 방식을 전전했다. 이제는 메시지의 조각이 회로를 타고 날아다니며 오래되고 새로운 글자와 단어와 구절이 커맨드 키의 조작에 따라 소용돌이친다. 이 새로운 종류의 페이지는 정신, 페이지로서의 정신을 뒤집으려는 정신일까? 나는 결론이 그렇게 간단하다고 생각지는 않는다. 글이 쓰이는 표면은 변화했지만 결국 우리가 만들어내는 음악의 성격을 정하는 것은 우리 독자, 사상가, 작가 모두가 맺는 인간관계이기 때문이다. 이전에는 학교의 위계가 있고 서예가와 학생 사이에 지도 관계가 있고 작가와 발행인 사이에 간결한 계약이 있었듯, 이제 이 관계들은 코드가 되고 소프트웨어가 된다. 그리고 인간의 정신과 페이지를 만들어내는 것은 글 속에서 함께 존재하는 우리가 맺는 관계다.

감사의 말

이 책은 글쓰기의 세계, 그리고 나의 세계에 어마어마한 변화가 있던 시기에 쓰였으며, 노턴출판사의 내 담당 편집자인 얼레인 살리에르노 메이슨의 현명함과 사려 깊음, 그리고 무엇보다도 인내심에 크나큰 감사를 표하고 싶다.

이 책의 초기 원고가 형태를 갖추기 시작한 것은 소셜 미디어가 움트기 시작하던 시기로 나는 이 소셜 미디어라는 명멸하는 매개를 통해 여러 친구, 동료와 함께 폭넓은 세미나를 수행했다. 결정적인 예시들과 핵심 개념들이 형성되고 블로그 포스트와 트윗으로 만들어지기 시작한 것은 이런 친구와 동료들과 함께한 대화가 있어 가능했다. 아직까지 모두 만나보지 못한 이 동료들은 엘리스 블랙웰, 팀 카모디, 앨런 제이컵스, 매슈 커센바움, 팀 말리, 조앤 맥닐, 로빈 슬로언, 앤 트루벡을 비롯해 이름을 모두 호명하기 힘들 만큼 많은 친구와 팔로어, 그리고 동료 여행자들이다. 이들은 모두 나와 내 연구를 단단히 다져주었다.(그럼에도 존재하는 여러 결함은 오로지 나의 책임이다.)

나는 운 좋게도 2011년부터 버크먼인터넷과사회센터 (Berkman Center for Internet and Society)에 본부를 둔 하버드의 실험적 강의·연구실인 메타랩(metaLAB)에 적을 두게 되었다. 센터도 연구실도 놀랄 만한 지성과 영향력의 산실이었다. 협력 관계와 동료애, 영감을 통해 우리를 지지해준 버크먼 커뮤니티의 일원이 될 수 있었음에 특히 감사한 마음이다. 지적이고 창의적인 에너지를 전해준 메타랩의 모든 동료들에게 감사하며, 그중 특히 야니 루키사스, 크리스 말리오치, 카일 패리, 제프리 슈냅은 이 책이 완성에 가까워질 무렵 결정적인 통찰력을 주었다. 또 큰 도움이 된 익명의 지지자들, 일군의 행복한 백부장이자 의기양양한 통신원들로 구성된 부대에게도 꼭 감사를 표해야겠다. 그들이 누구인지는 각자가 알 것이다.

문자의 공화국을 위해 이 책을 작업하던 수년간 함께

해준 여러 잡지 편집자들에게 감사한다. 특히《니먼 저널리
즘 랩(*Nieman Journalism Lab*)》의 조슈아 벤턴,《애틀랜틱(*The
Atlantic*)》테크놀로지 채널의 알렉시스 마드리갈, 그리고《반
스앤노블 리뷰(*Barnes and Noble Review*)》의 제임스 머스티치
와 빌 티퍼다. 이 책의 일부는《보스턴 글로브(*Boston Globe*)》
2007년 3월 4일자에 실린 데이비드 담로슈의『파묻힌 책』
서평「고대의 저녁(Ancient Evenings)」, 그리고《이온 매거진
(*Aeon Magazine*)》2013년 2월 19일자에 실린「불멸을 향한 열
망(The Ache for Immortality)」에 처음 게재되었다.

　　두 명의 뛰어난 사람들을 향한 추모로 이 책을 닫고자
한다. 먼저, 전자적 글쓰기의 해방적 측면에 헌신해 인터넷의
가시성과 자유로움, 아름다움을 드높인 에런 스워츠(Aaron
Swartz, 1986~2012)다. 다음으로는 이 책의 여정이 절반쯤에
이르렀을 때 작고한 처형 주디스 슐레진저(Judith Schlesinger,
1967~2008)다. D. H. 로런스(D. H. Lawrence)는 떠나간 이들
이 이동하는 제비처럼 우리 마음속 지붕의 처마에서 부스럭
거린다고 썼다. 나와 내 가족에게 이렇게 길 떠나는 새들은 주
디스가 글을 처음 배운 순간부터 움트기 시작하던 그의 천재
성과 너그러운 영혼을 담았던 일기장의 모습을 띤다. 지금 그
일기들은 쓰러질 듯 높이 쌓인 작문 공책의 모습으로, 네모난
글씨에서 필기체로, 어른의 빠른 글씨체로 서서히 변해가는

볼펜 글씨를 담은 페이지들이 세월의 흔적에 돌돌 말려가는 모습으로 남아 있다. 이 일기장들이 주디스의 모든 것을 담을 수는 없고, 그를 대신할 수는 더더욱 없지만, 그의 자매들과 남편, 아이들에게는 임시적이면서도 지속적인 친밀감을, 손글씨 속에 담긴 삶을 남겨주었다. 그것이 글이란 주어지는 것이며, 주는 것이라는 불멸의 힘과 교훈의 궁극적이면서도 가장 소중한 증거다.

참고문헌

1장 흐르는 개울 속의 책

에밀리 디킨슨은 "편지는 지상의 기쁨"이라는 구절을 찰스 H. 클라크(Charles H. Clark)에게 보내는 편지에 썼으며 이 편지는 현재 애머스트칼리지에 보존되어 있다.(Amherst Manuscript #776, page 2) 이 편지는 처음에는 *Letters*(1984)에 수록되었고, 나중에는 시집에 실렸다.(*Variorum* Edition(ed. by R. W. Franklin) #1672) 「이사야서」 4장 16절은 새국제역(NIV) 성서에서 따왔다. 자크 라캉의 말("편지는 언제나 그 목적지에 도착한다.")은 그의 「「도둑맞은 편지」에 관한 세미나」(『에크리』, 홍준기·이종영·조형준·김대진 옮김, 새물결, 2019)에 나온다. 영어 텍스트는 http://www.lacan.com/purloined.htm(맨 끝부분 가까이 가야 나온다.); *Ecrits: The First Complete Editions in English*, trans. by Bruce Fink(W. W. Norton, 2007) 여기서 언급하는 단편소설은 에드거 앨런 포의 가장 기발한 작품 중 하나다. 노공작의 대사("나무에게서 말을")는 『뜻대로 하세요』 2막 1장을 여는 대사다. "뒤엉킨 강둑"을 언급하는 다윈의 말은 『종의 기원』 마지막 문단에 나오며, 1859년 존 머리(John Murray)의 초판본에 등장한다. 나는 구텐베르크 프로젝트(http://www.gutenberg.org/files/1228/1228.txt)에서 이 텍스트 버전을 보았다.(『종의 기원』, 한국어 번역본 다수) 프로이트의 「'신비스런 글쓰기 판'에 대한 소고」는 *General Psychological Theory*(1925), 13장에서 처음으로 영어로 소개되었다.(『정신분석학의 근본 개념』, 윤희기 옮김, 열린책들, 2004) 존 스튜어트 밀이 '성격'에 대해 남긴 글은 *On Liberty*(Walter Scott Publishing, 1901), 112쪽(『자유론』, 한국어 번역본 다수)에 나온다. 구텐베르크 프로젝트(http://www.gutenberg.org/files/34901/34901-h/34901-h.htm)에서도 볼 수 있다. 리처드 세넷의 구절은 *The Craftsman*(Yale University Press, 2008), 184쪽(『장인』, 김홍식 옮김, 21세기북스, 2010)에서 인용했다. 스티븐 제이 굴드의 '교권'에 대한 논의는 *Natural History*(1997); *Rocks of Ages: Science and Religion in the Fullness of Life*(Ballentine, 1999)에 나온다. 내가 교권이라는 용어를 사용한 것에 대해 그를 탓해서는 안 된다.

2장 기원과 본성

에릭 길의 글자는 "사물 그 자체"라는 주장은 *Autobiography*(Biblo & Tannen Publishers, 1968), 120쪽에 나온다. 『칼레발라』는 엘리아스 뢴로트(Elias Lönnrot)에 의해 세상의 빛을 본 핀란드의 민족 대서사시를 19세기 존 마틴 크로포드(John Martin Crawford)가 번역한 판본인 *Kalevala: The Epic Poem of Finland*(『칼레발라』, 서미석 옮김, 물레, 2011)에서 인용한 것으로 구텐베르크 프로젝트(http://www.gutenberg.org/cache/epub/5186/pg5186.html)에서 읽을 수 있다. 오딘이 세계수인 위그드라실에 매달려 있는 장면은 *The Elder Edda of Saemund Sigfusson*, trans. by T. H. Smart(개인 출판, 1905)에서 발췌했다. 천사의 언어인 에녹문자를 만든 존 디의 기록은 D. 맥스웰(D. Maxwell)이 T. 가스웨이트(T. Garthwait)를 위해 출간한 *True and faithful relation of what passed for many years between Dr. John Dee……and some spirits*(London, 1659)(이는 축약한 버전의 제목이다!)에 실려 있다. 소크라테스의 글쓰기 비판은 이 이야기가 글쓰기의 교권에 충만하게 깃들어 있었던 플라톤을 통해 우리에게 전해졌음을 상기해볼 가치가 있을 것이다. 토트의 이야기와 글쓰기 비판은 *Dialogues*의 여러 판본에 수록된 *Phaedrus*(플라톤, 『대화』·『파이드로스』, 한국어 번역본 다수)에 등장한다. 온라인에서 『파이드로스』는 고전 텍스트에 대해 최고의 권위를 지닌 페르세우스 프로젝트(http://www.perseus.tufts.edu/hopper/text?doc= Perseus%3Atext%3A1999.01.0174%3Atext%3DPhaedrus)에서 찾을 수 있다. 이 버전은 *Dialogues*(Oxford's Clarendon Press, 1871~1875)에서 벤저민 조위트(Benjamin Jowett)가 발췌한 것이다. 칼라모스와 토트의 이야기는 내가 지어낸 것이고 내가 알기로는 신화에 이런 일화는 없다. 클로드 레비스트로스의 '브리콜라주' 개념은 *The Savage Mind*(University of Chicago Press, 1966)에서 참고했다.(원본은 *La pensée sauvage*(Librarie Plon, 1962); 『야생의 사고』, 안정남 옮김, 한길사, 1996) 스타니슬라스 드앤이 자신의 연구팀에서 진행했던 읽기의 두뇌생리학적 연구를 회상하는 부분은 *Reading in the Brain: The New Science of How We Read*(Penguin Books, 2010)(『글 읽는 뇌』, 이광오·배성봉·이용주 옮김, 학지사, 2017)에 나온다. R. 데일 거스리의 홍적세(Pleistocene) 예술의 특성에 대한 추측은 *The Nature of Paleolithic Art*(University of Chicago Press, 2006)에 등장한다. '유형성숙'은 발생생물학의 기초 개념으로 내가 이 개념을 처음 알게 된 것은 굴드의 *The Mismeasure of Man*(W. W. Norton and Company, 1996)(『인간에 대한 오해』, 김동광 옮김, 사회평론, 2003)에서다. 아마살리크의 나무 지도에 관해서는 구스타브 홀름이 그린란드 동해안 탐사를 덴마크어로 기록한 *Den danske Konebaads-Expedition til*

Grønlands Østkyst(1885), 246~250쪽에 나온다. 물에 뜨는 편리한 나무 지도에 대한 설은 Bill Buxton, *Sketching User Experience: Getting the Design Right and the Right Design*(Morgan Kaufmann, 2007), 36~37쪽(『사용자 경험 스케치』, 고태호·유지선 옮김, 인사이트, 2010)에 등장한다.

3장 그림과 사물

나는 하버드대학 도서관에 소속된 나의 다정하고 현명한 동료인 레이 룸(Ray Lum)으로부터 기초 중국어 수업을 들었다. 한자의 기본 원리에 대한 나의 이해는 대부분 이 경험에서 나왔다.(여기에 실수나 혼란이 존재한다면 이는 레이를 비롯한 누구의 탓도 아닌 나의 잘못이다.) 중국 문자의 기원에 대한 기록은 방대하다. Florian Coulmas, *Writing System of the World*(Blackwell, 1991)(『문자의 언어학』, 연규동 옮김, 연세대학교출판문화원, 2016); William Z. Bolts, *The Origin and Early Development of the Chinese Writing System*(American Oriental Society, 1994); David N. Keightley, *Sources of Shang History: The Oracle-bone Inscriptions of Bronze-Age China*(University of California Press, 1978); David N. Keightley, "Art, Ancestors, and the Origin of Writing in China", *Representation* 56호(1996), 68~95쪽. 그리고 표의문자의 '객관성'과 '보편성'이라는 개념의 역사와 비평을 포함한 중국어 로마자표기에 담은 논쟁적 연구서인 John DeFrancis, *Visible Speech: The Diverse Oneness of Writing Systems*(University of Hawaii Press, 1989). 하진의 소설은 *Ocean of Words: Army Stories*(Vintage, 1998)에 실려 있다. 마오쩌둥의 한자 간략화 정책은 Richard Kraus, *Brushes with Power: Modern Politics and the Chinese Arts of Calligraphy*(University of California Press, 1991)에서 초점을 맞춰 다룬다. 1871년 푸저우(福州)에서 출간된 《교무잡지(*Chinese Recorder and Missionary Journal*)》는 하버드대학 도서관 소장 자료에서 보았고, 디지털

자료로는 구글북스 프로젝트(http://books.google.com/books?vid=HARVAR D:32044079398210&print-sec=titlepage#v=onepage&q&f=false)에서 열람할 수 있다. 이는 중국 문자와 사상에 대한 에머슨의 접근과 함께 Donald Murray, "Emerson's 'Language as Fossil Poetry': An Analogy from Chinese", *New England Quarterly*, 29권 2호(1956. 6.), 204~215쪽에 논의되어 있다. 조슈아 마시먼의 책은 *Elements of Chinese Grammar: With a Preliminary Dissertation on the Character, and the Colloquial Medium of the Chinese, and an Appendix Containing the Ta-Hyoh of Confucius with a Translation*(Singapore: Mission Press at Secampore, 1814). 존 프랜시스 데이비스의 책은 *Poeseos Sinicae commentarii: The poetry of the Chinese*(London: Asher, 1879). 에머슨의 일기는 *Journals*, ed. by Edward Waldo Emerson · Waldo Emerson Forbes(Houghton Mifflin's Riverside Press, 1909); 인터넷 아카이브에서 디지털화된 자료는 https://archive.org/ details/journalsofralphw02emeruoft/page/n12/mode/2up에서 볼 수 있다. 에머슨이 소로에 대해 남긴 글을 처음 읽은 것은 Robert D. Richardson, *Emerson: Mind on Fire*(University of California Press, 1996)에서였다. 초절주의자들이 중국의 글과 사상을 어떻게 받아들였으며 송나라 학문과는 어떤 관계를 맺었는지는 Hongbo Tan, "Confucius at Walden Pond: Thoreau's Unpublished Confucian Translations", *Studies in the American Renaissance*, 275~303쪽. 에즈라 파운드의 「지하철 정거장에서」는 *Poetry* 1913년 4월호에 실렸으며, 해당 잡지의 웹사이트에서 찾아볼 수 있다.(http://poetryfoundation.org/poetrymagazine/ poem/1878) 파운드와 페놀로사의 작업에 대한 나의 이해는 *The Chinese Written Character as a Medium for Poetry: A Critical Edition*, eds. by Haun Saussy · Jonathan Stalling · Lucas Klein(Fordham University Press, 2008)에 결정적으로 의지하고 있다. 페놀로사의 에세이 「다가오는 동서양의 융합」은 *Harper's New Monthly Magazine*, 583권 98호, 115쪽에 실렸다. 글과 중국 의학철학의 관계에 대해서는 John Hay, "The Human Body as a Microcosmic Source of Macrocosmic Values in Calligraphy", eds. by Susan Bush · Christian Murck, *Theories of the Arts in China*(Princeton, 1983), 74~101쪽을 참고했다. 데이비드 힌턴의 『논어』 번역 *Analects of Confucius*(Counterpoint, 1998)는 훌륭한 자료였다. 문자 체계의 위상학에 대한 논의는 M. Changizi · Ye H. Zhang Q · S. Shimojo, "The Structures of Letters and Symbols Throughout Human History Are Selected to Match Those Found in Objects in Natural Scenes", *American Naturalist*, 167권 5호(2006. 5.), E117-39쪽. 소혜의 시에 대한 나의 설명은 힌턴이 *Classical Chinese Poetry*(Farrar, Straus & Giroux, 2010), 105~109쪽에서 한 논의에 바탕을 두었다. 이 시에 대한 힌턴의 논의는 http://www.davidhinton.net/classical-chinese-poetry-an-an/ckk5에서 읽을 수 있다. 쉬빙(徐冰)의 작품 「천서(天書)」는 『쉬빙의 예술(*The Art of Xu Bing*)』(Britta Erickson, Sackler Gallery)에 기록되어 있다.★

4장 글쓰기와 권력

월트 휘트먼의 시 「칼라무스」는 *Leaves of Grass*(『풀잎』, 허현숙 옮김, 열린책들, 2011)에 수록되어 있으며 나는 *Walt Whitman: Poetry and Prose*(Library of America Edition, 1982)를 참조했다. 레비스트로스 책의 판본은 *Tristes triopiques*, trans. by John Weightman(Penguin, 1992)(『슬픈 열대』, 박옥줄 옮김, 한길사, 1998). 장 자크 루소의 글은 "Essay on the Origin of Languages", trans. by John H. Moran · Alexander Godde, *On the Origin of Languages: Two Essays*(Rousseau and Johann Gottfried Herder)(University

---

★ 「천서」는 영어 알파벳을 한자 상형자로 변환해 만든 가짜 문자 체계를 목활자로 제작한 뒤 인쇄한 거대한 책을 설치한 작품이다. 본문 126~127쪽에서 다루어지는 자유로운 표현 또는 시각적인 말장난으로서의 글과 관련하여 참고.

of Chicago Press, 1986)(『언어 기원에 관한 시론』, 주경복·고봉만 옮김, 책세상, 2019)다. 루소의 다른 글은 "Social Contract", trans. by Donald H. Cress, *Basic Political Writings*(Hackett, 1987)(『사회계약론』, 한국어 번역본 다수). 로버트 그레이브스의 룬문자 이론은 *The White Goddess: A Historical Grammar of Poetic Myth*(Farrar, Straus & Giroux, 초판, 1948)에서 자세히 이야기하고 있다. 길가메시의 영향력에 대한 데이비드 담로슈의 설명은 *The Buried Book: The Loss and Rediscovery of the Great Epic of Gilgamesh*(Holt, 2007)에 담겨 있다. 방언의 불안정성에 대한 막스 바인리히의 고찰은 1945년의 연설에 등장하고, 이는 *YIVO Bleter* 제25권 제1호에 실려 있다. 앙리 미쇼가 한자에 대해 남긴 말은 *Ideograms in China*, trans. by Gustaf Sobin(New Directions, 2002)에서 인용한 것이다. 그리스문자의 탄생에 대한 존 맨(John Man)의 설명(본문 154~155쪽)은 *Alpha Beta: How 26 Letters Shaped the Western World*(Wiley, 2001)(『세상을 바꾼 문자, 알파벳』, 남경태 옮김, 예지, 2003)에 나온다. 헤시오도스의『일과 날』은 또다시 페르세우스 프로젝트를 참조했다.(http://www.perseus.tufts.edu/hopper/text?doc=Perseus%3Atext %3A1999.01.0132%3Acard%3D1)(「일과 날」, 『신들의 계보』, 천병희 옮김, 숲, 2009) 에릭 R. 도즈의 글은 *The Greeks and the Irrational*(University of California Press, 1951)(『그리스인들과 비이성적인 것』, 주은영·양호영 옮김, 까치, 2002)이다. 글쓰기와 고대 그리스 문화에 대한 에릭 해블록의 주장이 가장 잘 나와 있는 책은 *Preface to Plato*(Harvard's Belknap imprint, 1982)(『플라톤 서설』, 이명훈 옮김, 글항아리, 2011); *The Muse Learns to Write*(Yale University Press, 1988)이다. 카롤링거 서체의 전통은 Douglas Dales, *Alcuin: His Life and Legacy*(James Clarke & Co., 2012)를 보라. 팰코너 매던이 필경사들의 작업을 회상하는 장면은 *Books in Manuscript: A Short Introduction to Their Study and Use*(Trench, Trübner & Co., 1893)에 나온다. 찰스 디킨스의 핍 이야기가 나오는 *Great Expectations*(Norton Critical Edition, 1999)(『위대한 유산』, 한국어 번역본 다수)에서 9·49·53·59장을 참조했다. 기억의 서판을 삭제하고자 하는 햄릿의 독백은 셰익스피어의 동명 희곡(『햄릿』, 한국어

번역본 다수) 1막 5장에 등장한다. 버지니아 울프의 판본은 *A Room of One's Own*, ed. by Mark Hussey, Pref. by Susan Guber(Mariner Books, 2005)(『자기만의 방』, 한국어 번역본 다수)이다. 글과 문학의 관계에 대한 로버트 브링허스트의 논의는 캐나다에서 출간된 작고 아름다운 책인 *The Solid Form of Language: An Essay on Writing and Meaning*(Gaspereau Press, 2004)에 나온다. 해럴드 블룸은 "The Glories of Yiddish", *New York Review of Books*(2008년 11월 6일자)에서 막스 바인리히를 재논의했다. 월터 옹의 기록방언에 대한 논의는 *Orality and Literacy*(Routledge New Accents edition, 2002)(『구술문화와 문자문화』, 임명진 옮김, 문예출판사, 2018)를 참조했다.

5장 성전

호르헤 루이스 보르헤스의 「바벨의 도서관」이 내게 근본적인 역할을 해주었다. 이 소설의 영어 번역본은 trans. by Anthony Kerrigan, *Ficciones*(Grove, 1994)(『픽션들』, 송병선 옮김, 민음사, 2011)이다. 이 장에서 성서의 내용이 많이 언급되는데, 내가 사용한 판본은 eds. by M. Jack Suggs · Katherine Doob Sakenfeld, *Oxford Study Bible: Revised English Bible with the Apocrypha*(Oxford University Press, 1992)이다. 노스럽 프라이의 성서와 글쓰기에 대한 논의는 *The Great Code: The Bible and Literature*(Mariner, 2002)(『성서와 문학』, 숭실대학교출판부, 1993)에 등장한다. 리처드 루스(Richard Rouse)와 메리 루스(Mary Rouse)는 "The Vocabulary of Wax Tablets", *Harvard Library Bulletin*, 1권 3호(1990년 가을)에서 exarare의 의미를 탐구한다. 불가타 성서(The Vulgate Bible)는 온라인에서 여러 판본으로 읽을 수 있는데 나는 시카고대학교에서 제작한 버전을 이용했다.* (http://www.lib.uchicago.edu/efts/ARTFL/public/bibles/

* 현재 이 판본은 서비스되지 않는다.

vulgate.search.html) 히에로니무스의 속기와 받아쓰기에 대한 이야기는 "Epistle CXVII, Letter to a Mother and Daughter Living in Gaul", *Selected Letters of St. Jerome*, trans. by F. A. Wright(Heinemann, 1933)에 실려 있다. 해럴드 블룸은 *The Book of J*(Random House, 1991)에서 야휘스트의 저자권을 논한다. 마이모니데스의 '우상숭배의 유혹'에 대한 논의는 James Towney, *The Reasons of the Laws of Moses, from the More Nevochim of Maimonides*(London: Longman, 1827)에서 읽을 수 있다. 바울의 서한에 대한 나의 해석은 *Oxford Study Bible: Revised English Bible with the Apocrypha*를 바탕으로 E. 랜돌프 리처즈의 *Paul and First-Century Letter Writing: Secretaries, Composition and Collection*(IVP Academic, 2004)의 도움을 받았다. 옥시린쿠스 파피루스는 1898년부터 오늘날까지 이어지고 있는 학술 편집 프로젝트인 이집트탐사기금(Egyptian Exploration Fund)을 통해 출판되고 있다. 카툴루스와 마티알리스의 풍자시 「카르멘 1(Carmen 1)」 4.10과 1.29는 페르세우스 프로젝트의 라틴어 버전을 참조하여 내가 번역했다. T. C. 스키트의 코텍스에 대한 주장은 ed. by K. Elliott, *The Collected Biblical Writings*(Brill, 2004)에 나온다. 오리게네스가 필사 전통에 미친 영향은 앤서니 그래프턴과 메건 윌리엄스의 *Christianity and the Transformation of the Book: Origen, Eusebius, and the Library of Caesarea*(Harvard University Press, 2006)에서 무게 있게 다루어진다.

6장 로고스 엑스 마키나

인용한 자바스크립트는 내가 소속된 연구팀인 하버드의 메타랩이 미국 디지털공공도서관(Digital Public Library of America)을 위해 진행한 라이브러리 옵저버토리(Library Observatory)의 코드베이스 일부다. 이 코드는 자유로이 사용하고 수정하고 용도 변경할 수 있는 오픈 소스다. 웹을 위한 대개의 프로그래밍처럼 이 코드는 공개된 여러 기록

보관소의 코드에 링크로 연결되고 그 자취를 찾아볼 수 있는 일종의
팰림프세스트다. 이 코드를 주도적으로 구성한 것은 메타랩 동료 제시카
유르콥스키(Jessica Yurkofsky)다. 인용한 한 줄의 베이직 코드에 대해서는
Nick Montfort · Patsy Baudoin · Ian Bogost · Jeremy Douglass · Mark
C. Marino · Michael Mateas · Casey Reas · Mark Sample · Noah
Vawter, *10 PRINT CHR$(205.5+RND(1)); : GOTO 10*(Software Studies
series eds. by Matthew Fuller · Lev Manovich · Noah Wardrip-Fruin)(MIT
Press, 2013)에서 면밀히 논의되고 있다. 베닝의 책 작업에 대한 나의 사유는
Raymond Clemens · Timothy Graham, *Introduction to Manuscript
Studies*(Cornell University Press, 2007); M. D. Reeve, "Manuscripts
Copied from Printed Books", *Manuscripts in the Fifty Years After the
Invention of Printing*, ed. by J. B. Trapp(Warburg Institute, 1983)을 읽고
얻은 것이다. 로툰다 서체와 바타르드 서체에 대한 논의는 Sheila Edmunds,
"From Schoeffer to Vérard", *Printing the Written Word*, ed. by Sandra
H. Hindman(Cornell University Press, 1992)와의 대화에서 나온 것이다.
필사본에서 활자로 넘어가는 이행 과정에서 압형 제작의 역할에 대한 나의
이해에 결정적인 도움을 준 것은 프레트 스메이예르스의 *Counterpunch:
Making Type in the Sixteenth Century, Designing Typefaces Now*(Hyphen
Press, 2판, 2011)이다. 교황 비오 2세의 "그 신묘한 자" 구텐베르크에 관한
편지는 Martin Davies, "Juan de Carvajal and Early Printing: The
42-Line Bible and the Sweynheym and Pannartz Aquinas", *The
Library* 6:XVIII 3호(1996. 9.)를 참고해 내가 번역했다. 캑스턴의 인용구는
그가 번역하고 서문을 쓰고 1490년 6월 23일 이후에 출판한 *The Boke
of Eneydos*의 서문(ii쪽)에 나온다. 이 작품의 전체 제목은 다음과 같다.
『라틴어에서 프랑스어로 번역된, 베르길리우스가 편찬한 아이네이스의
책을 나 윌리엄 캑스턴이 헨리 7세 즉위 5년 후인 1490년 6월 23일에
프랑스어에서 영어로 번역하였다(*Here fynyssheth the boke yf Eneydos, compyled
by vyrgyle, which hathe be translated oute of latyne in to frenshe, and oute of frenshe*

reduced in to Englysshe by me wyll[ia]m Caxton, the xxij, the yere of our lorde. M.iiij.

Clxxx. The fythe yere of the regne of kyenge Henry the seuenth)』. 해당 구절을
찾기 위해서 대영도서관에 소장된 원본을 복제하여 전자책으로 제공하는
시리즈인 '초기 영어 도서 온라인(Early English Book Online)'(Ann Arbor,
University of Michigan)을 참고했다. 캑스턴 글의 초기 영어는 내가 현대
영어로 번역했다. 로버트 브레이엄의 글은 *Caxton's Trace: Studies in History
of English Printing*, ed. by William Kuskin(Notre Dame, 2006)에 실린
Tim William Machan의 글에서 재인용했다. 성실청, 불온서적죄, 청교도의
출판에 대한 설명은 Marvin Olasky, *Central Ideas in the Development
of American Journalism*(Routledge, 1990)을 일부 발전시킨 것이다. 앤
여왕법에 대한 에이드리언 존스의 논의는 *The Nature of Books: Print and
Knowledge in the Making*(University of Chicago Press, 2000)에 등장한다.
엘리자베스 시대의 그래피티에 대한 줄리엣 플레밍의 탐구는 *Graffiti and the
Writing Arts of Early Modern England*(Reaktion, 2009)에 나온다. 문설주에
글을 쓰라는 에머슨의 권고는 에세이 "Self-Reliance"(『자기 신뢰』, 한국어
번역본 다수)에 나온다. 로버트 서비스의 시 "The Telegraph Operator"는
Poetry Foundation의 웹사이트 http://www.poetryfoundation.org/
poem/174351에서 찾았다. 톰 제닝스(Tom Jennings)는 보도의 부호에서
아스키코드가 등장하기까지를 에세이 "An Annotated History of Some
Character Codes"에 훌륭하게 기록했으며 이는 https://web.archive.org/
web/20160522024759/http://worldpowersystems.com/J/
codes/#ASCII-1967에 게재되었다. 또 하나의 대단한 자료는 켄 보상(Ken
Beauchamp)이 쓴 *The History of Telegraphy*(IEEE, 2001)이며, 전신을
둘러싼 장대한 맥락을 알고 싶다면 제임스 글릭(James Gleick)의 *The
Information*(Pantheon, 2011)(『인포메이션』, 박래선·김태훈 옮김, 김상욱 감수,
동아시아, 2017)을 보라. 컴퓨터가 글쓰기에 가져온 변화에 대한 나의 이해는
여러 자료에 바탕을 두었는데, 그중에는 Jon Agar, *Turing and the Universal
Machine: The Making of the Modern Computer*(Icon, 2001)(『수학 천재 튜링과

컴퓨터 혁명』, 이정 옮김, 몸과마음, 2003); Paul E. Ceruzzi, *A History of Modern Computing*(MIT Press, 1998); Martin Campbell-Kelly · William Aspray, *Computer: A History of the Information Machine*(Basic Books, 1996)이 있다. 앨런 튜링의 글은 "Intelligent Machinery: National Physical Laboratory Report", *Machine Intelligence*, eds. by B. Meltzer · D. Michie(Edinburgh University Press, 1969)에서 재인용했다. 또 튜링의 유명한 에세이 "Computing Machinery and Intelligence", *Mind*, 59권 236호(1950. 10.), 433~460쪽을 참조했다. 유니코드 표준 5.2.0(http://www.unicode.org/versions/Unicode5.2.0/)은 이 책을 쓴 현재 기준으로 가장 최신판이다. 비티스틱스에 대한 스타니스와프 렘의 글은 "An Introduction to Bitic Literature", *Imaginary Magnitude*(Mariner, 1985)에 영어로 수록되어 있다. 발터 베냐민의 글은 "Theses on the Philosophy of History", *Illuminations*, ed. by Hannah Arendt(Schocken, 1969) 판본이 가장 잘 알려져 있다(『역사의 개념에 대하여/폭력비판을 위하여/초현실주의 외』, 최성만 옮김, 길, 2008). 프랜시스 예이츠의 기억술에 대한 고전적인 저작 *The Art of Memory*는 최근 개정판이 나왔다.(Random House, 2014) 니컬러스 카의 책 *The Shallows*(Norton imprint, 2011)(『생각하지 않는 사람들』, 최지향 옮김, 청림출판, 2019)는 논쟁적이며 뛰어난 책이다. 매리언 울프는 읽기와 쓰기가 일으키는 인지적 변화 효과를 *Proust and Squid: The Story and Science of the Reading Brain*(Harper Perennial, 2008)(『책 읽는 뇌』, 이희수 옮김, 살림, 2009)에서 고찰했다. 스타니슬라스 드앤의 *Reading in the Brain: The New Science of How We Read*(Penguin, 2010)(『글 읽는 뇌』, 이광오 · 배성봉 · 이용주 옮김, 학지사, 2017)를 통해 오늘날의 뇌과학이 읽고 쓰는 능력을 어떻게 이해하고 있는지를 개괄할 수 있을 것이다. 칼 세이건은 *Murmurs of Earth: The Voyager Interstellar Record*(Random House, 1978)(『지구의 속삭임』, 김명남 옮김, 사이언스북스, 2016)에서 보이저와 파이오니어의 금속판에 관해 이야기한다. 라지오스 탐사선의 메시지는 1976년 4월 13일 NASA 보도자료 76-67에 수록되어 있다. 글쓰기와 깊은 시간의 도전에 대해 다룬

David B. Givens, "From Here to Eternity: Communicating with the Distant Future", *A Review of General Semantics*, 39권 2호(1982년 여름), 159~179쪽을 보라. 고위험 방사성 폐기물 보관소의 위험을 전달고자 하는 설계는 미국 에너지부 샌디아국립연구소(Sandian National Laboratory) 소속 Kathleen M. Trauth et al., *Expert Judgement on Markers to Deter Inadvertent Human Intrusion into Waste Isolation Pilot Plant*, Sandia Report SAND92-1382/UC-721(1993. 11.)에 명확하게 나와 있다.

나가며: 정신으로서의 페이지

토머스 드퀸시의 에세이는 *Confessions of an English-Opium Eater*, *Suspiria de Profundis*(Boston: Ticknor & Fields, 1850)(『어느 영국인 아편 중독자의 고백』, 김명복 옮김, 펭귄클래식코리아, 2011)(『심연에서의 탄식/ 영국의 우편 마차』, 유나영 옮김, 워크룸프레스, 2019). 나는 디지털 버전(https://archive.org/details/confessionsofeng03dequ)을 참조했다. 휴 케너는 *Mechanic Muse*(Oxford University Press, 1988)에서 기술과 문학을 고찰한다.

찾아보기

도판 출처

p.24 Amherst Manuscript #776, p. 2, Letters to Mr. and Mrs.
E. J. Loomis. Courtesy the Emily Dickinson
Collection, Amherst College Archives and Special
Collections.

p.74 Emile Cartailhac and Henri Breuil, La caverne
d'Altamiraa Santillane pres Santander (1906).
Planche XVII.
사진 출처: Harvard Library Imaging Services.

p.84 Cylinder Seal: Deities and Worshipper.
Harvard Art Museums/Arthur M. Sackler Museum,
Gift of Edward Waters, 1958.51.
사진 출처: Imaging Department ⓒ President and

Fellows of Harvard College.

p.94 "You" Covered Ritual Wine Vessel with Decoration of
Confronting Birds. Harvard Art Museums/
Arthur M. Sackler Museum,
Bequest of Grenville L. Winthrop, 1943.52.107.
사진 출처: Imaging Department ⓒ President and
Fellows of Harvard College.

p.112~113 A Compendium of Seals on Japanese and Chinese
Calligraphy and Paintings (Wakan shoga inshû).
Harvard Art Museums/Arthur M. Sackler Museum, Gift
of Dr. Ernest G. Stillman, Class of 1908, 1975.8.
사진 출처: Imaging Department ⓒ President and
Fellows of Harvard College.

p.211 Gospel of Thomas. Greek, MS Gr SM4367,
Houghton Library, Harvard University.

p.229 Ostraca (3168) Letter, second century CE. In Greek.
10 x 9.5 cm. MS Richardson 32, Houghton Library,
Harvard University. Photo by the author.

p.245 Livy. Les décades, manuscript (c. 1415.1430),
MS Richardson 32, Houghton Library, Harvard University;
and Biblia Latina vol. 1 (Mainz: Johann Gutenberg, ca. 1454),
HEW Biblia Latina, Houghton Library, Harvard University.

p.314 The Pioneer Plaque (1972). NASA 이미지.
https://solarsystem.nasa.gov/multimedia/display.cfm?
Category=Spacecraft&IM_ID=8683에서
2015년 2월 12일 다운로드

흔적을 남기는 글쓰기

쐐기문자에서 컴퓨터 코드까지, 글쓰기의 진화

1판 1쇄 찍음 2020년 8월 14일
1판 1쇄 펴냄 2020년 8월 21일

지은이 매슈 배틀스
옮긴이 송섬별

편집 최예원 조은
미술 김낙훈 한나은
전자책 이미화
마케팅 정대용 허진호 김채훈 홍수현 이지원
홍보 이시윤
제작 박성래 임지헌 김한수 이인선
관리 박경희 김하림 김지현

펴낸이 박상준
펴낸곳 반비

출판등록 1997. 3. 24.(제16-1444호)
(06027) 서울시 강남구 도산대로1길 62 강남출판문화센터
대표전화 515-2000, 팩시밀리 515-2007
편집부 517-4263, 팩시밀리 514-2329

ISBN 979-11-90403-84-9 (03700)

반비는 민음사출판그룹의 인문·교양 브랜드입니다.

만든 사람들
책임편집 최예원
교정교열 엄정원
디자인 한나은
조판 강준선